Versicherungsrechtliche Fragen der Lebendspende von Organen

AF821106

Frankfurter Schriften zur Gesundheitspolitik und zum Gesundheitsrecht

Schriftenreihe des Instituts für Europäische Gesundheitspolitik und Sozialrecht an der Johann Wolfgang Goethe-Universität Frankfurt

Herausgegeben von Ingwer Ebsen und Roland Eisen

Band 6

PETER LANG

Frankfurt am Main · Berlin · Bern · Bruxelles · New York · Oxford · Wien

Marcus Assion

Versicherungsrechtliche Fragen der Lebendspende von Organen

PETER LANG
Internationaler Verlag der Wissenschaften

Bibliografische Information der Deutschen Nationalbibliothek
Die Deutsche Nationalbibliothek verzeichnet diese Publikation in der Deutschen Nationalbibliografie; detaillierte bibliografische Daten sind im Internet über <http://www.d-nb.de> abrufbar.

Zugl.: Frankfurt (Main), Univ., Diss., 2007

D 30
ISSN 1610-899X
ISBN 978-3-631-56940-5

© Peter Lang GmbH
Internationaler Verlag der Wissenschaften
Frankfurt am Main 2007
Alle Rechte vorbehalten.

Das Werk einschließlich aller seiner Teile ist urheberrechtlich geschützt. Jede Verwertung außerhalb der engen Grenzen des Urheberrechtsgesetzes ist ohne Zustimmung des Verlages unzulässig und strafbar. Das gilt insbesondere für Vervielfältigungen, Übersetzungen, Mikroverfilmungen und die Einspeicherung und Verarbeitung in elektronischen Systemen.

www.peterlang.de

Antje, dieses Buch wäre ohne Deine Geduld niemals fertig gestellt worden. Dafür danke ich Dir.

Inhaltsverzeichnis

Abkürzungsverzeichnis

a. a. O.	am angegebenen Ort
A. d. V.	Anmerkung des Verfassers
AuA	Arbeit und Arbeitsrecht (Zeitschrift)
BAG	Bundesarbeitsgericht
BBl.	Bundesblatt der Schweizerischen Eidgenossenschaft
Bd.	Band
BGBl.	Bundesgesetzblatt
BKK	Die Betriebskrankenkasse (Zeitschrift)
BKV	Berufskrankheiten-Verordnung
BKV-ÄndV	Änderungsverordnung zur Berufskrankheiten-Verordnung
BMGS	Bundesministerium für Gesundheit und Soziales
BR	Bundesrat
BR-Drs.	Bundesratsdrucksache
BSG	Bundessozialgericht
BSGE	Entscheidungssammlung des Bundessozialgerichts
BSHG	Bundessozialhilfegesetz
BT	Bundestag
BT-Drs.	Bundestagsdrucksache
BtMG	Betäubungsmittelgesetz
BVerfG	Bundesverfassungsgericht
BVerfGE	Entscheidungssammlung des Bundesverfassungsgerichts
DÄBl.	Deutsches Ärzteblatt (Zeitschrift)
ders.	derselbe
DSO	Deutsche Stiftung Organtransplantation
DTG	Deutsche Transplantationsgesellschaft e. V.
Einf.	Einführung
EFZG	Entgeltfortzahlungsgesetz
EStG	Einkommensteuergesetz
Ff	folgende
Fn.	Fußnote
FPV	Fallpauschalenvereinbarung
GBL.	Gesetzblatt der Deutschen Demokratischen Republik
GdB	Grad der Behinderung
GG	Grundgesetz
GK-SGB	Sozialgesetzbuch Gesamtkommentar
GKV	Gesetzliche Krankenversicherung
GUV	Gesetzliche Unfallversicherung
HdbdSozVersR	Handbuch des Sozialversicherungsrechts
Hrsg.	Herausgeber
HVBG-INFO	Aktueller Informationsdienst für die berufsgenossenschaftliche Sachbearbeitung
JZ	Juristenzeitung
KFPV	Verordnung zum Fallpauschalensystem für Krankenhäuser (Fallpauschalenverordnung
Kom.-Drs.	Kommissionsdrucksache

LPK	Lehr- und Praxiskommentar
LSG	Landessozialgericht
LT-Drs.	Landtagsdrucksache
MdE	Minderung der Erwerbsfähigkeit
MedR	Zeitschrift für Medizinrecht
MedSach	Der medizinische Sachverständige – Zeitschrift für die gesamte medizinische Gutachtertätigkeit
MüKo	Münchener Kommentar zum Bürgerlichen Gesetzbuch
NDV	Nachrichtendienst des Deutschen Vereins für öffentliche und private Fürsorge
NJW	Neue Juristische Wochenschrift
NZS	Neue Zeitschrift für Sozialrecht
Rdn.	Randnummer
RVO	Reichsversicherungsordnung
SchR	Schuldrecht
SG	Sozialgericht
SGb	Die Sozialgerichtsbarkeit (Zeitschrift)
SGB	Sozialgesetzbuch
SozR	Sozialrecht
SozVers	Die Sozialversicherung (Zeitschrift)
StGB	Strafgesetzbuch
TPG	Gesetz über die Spende, Entnahme und Übertragung von Organen – Transplantationsgesetz
u. U.	unter Umständen
VersR	Zeitschrift für Versicherungsrecht
vgl.	vergleiche
WHO	World Health Organisation – Weltgesundheitsorganisation
ZfMedEthik	Zeitschrift für medizinische Ethik
ZfTxMed	Zeitschrift für Transplantationsmedizin
Ziff.	Ziffer
ZRP	Zeitschrift für Rechtspolitik
ZTR	Zeitschrift für Tarifrecht

A Einführung

I. Die historische Entwicklung des Transplantationsrechts

Der Deutsche Bundestag hat am 05.11.1997 das erste gesamtdeutsche Transplantationsgesetz beschlossen.[1] Vorangegangen waren mehr als zwanzig Jahre mühseligen Ringens um eine rechtliche Grundlage für eine Rechtsmaterie, die wie nur wenige andere die Grenzbereiche des menschlichen Daseins direkt berührt.[2]

Auf Landesebene hatte die CDU-Fraktion des Berliner Abgeordnetenhauses bereits im Jahre 1973 einen Entwurf für ein „Gesetz über Sektionen und Transplantationen"[3] vorgelegt, der jedoch mangels parlamentarischer Mehrheiten nicht zur Umsetzung kam. Im Jahre 1979 war von der seinerzeitigen Bundesregierung ein erster Entwurf zu einem Transplantationsgesetz[4] vorgelegt worden, dem der Bundesrat einen eigenen Entwurf[5] gegenüberstellte. Beide Entwürfe scheiterten bereits damals an einer Frage, die auch im Gesetzgebungsverfahren zum Transplantationsgesetz von 1997 eine der Kernstreitpunkte blieb: Sollen Organe von Toten immer bereits dann entnommen werden dürfen, wenn der Verstorbene einer Organentnahme nicht zu Lebzeiten widersprochen hat,[6] oder soll eine Organentnahme nur dann zulässig sein, wenn der Verstorbene zu Lebzeiten ausdrücklich seine Einwilligung in die Organentnahme erklärt hat?[7] Außer diesem Streit spielte in den Beratungen des Deutschen Bundestages zum Transplantationsgesetz von 1997 die zweite wichtige Rolle die Diskussionen um die Hirntoddiagnostik als geeigneter Methode zur Todesfeststellung.[8]

Nach dem Scheitern dieser Gesetzesinitiativen auf Bundesebene verstummte die parlamentarische Diskussion zunächst. Zu Beginn der neunziger Jahre des vergangenen Jahrhunderts tauchte dann die Thematik erneut auf der politischen Ta-

---

1 Gesetz über die Spende, Entnahme und Übertragung von Organen (Transplantationsgesetz – TPG) vom 05.11.1997, BGBl. I 1997, S. 2631-2638. Eine gesetzliche Regelung gab es zuvor lediglich in Form einer Rechtsverordnung der Deutschen Demokratischen Republik, GBl. 1975 Teil I, S. 597 ff., deren Weitergeltung in den neuen Bundesländern nach der Wiedervereinigung jedoch umstritten war.

2 Zur geschichtlichen Entwicklung des Transplantationsrechts vgl. die Ausführungen bei Lührs, ZRP 1992, S. 302-305; Weber/Lejeune, NJW 1994, S. 2392-2397 und Deutsch, NJW 1998, S. 777-782.

3 Gesetzentwurf v. 23.06.1973, LT-Drs 6/948.

4 Entwurf der Bundesregierung zu einem Gesetz über Eingriffe an Verstorbenen zu Transplantationszwecken vom 16.03.1979, BT-Drs. 8/2681.

5 BR-Drs. 395/78.

6 Diese sogenannte Widerspruchslösung war Grundlage des Gesetzentwurfs der Bundesregierung, BT-Drs. 8/2681.

7 Der Zustimmungslösung folgte der Bundesratsentwurf, BR-Drs. 395/78.

8 Siehe hierzu insbesondere die Darstellung zu diesen beiden zentralen Themen der Beratungen im Bundestagsausschuss für Gesundheit in BT-Drs. 13/8017, S. 27 ff.

gesordnung auf. So legte eine Gruppe leitender Medizinalbeamter der Länder den Entwurf eines Mustertransplantationsgesetzes vor.[9] Im Jahr 1994 wurde nach zweijährigen parlamentarischen Beratungen in Rheinland-Pfalz ein erstes Ländergesetz verabschiedet.[10] Noch vor seinem Inkrafttreten ruderte der rheinland-pfälzische Landtag jedoch wieder zurück und hob das Gesetz am 25.08.1994 auf. Auch diese Initiative war letztlich an der Diskussion um die Widerspruchslösung einerseits und die enge oder erweiterte Zustimmungslösung andererseits gescheitert.[11]

Die wenig erfolgreichen Bemühungen der Länder um eine Gesetzgebung im Bereich der Transplantationsmedizin beendete schließlich die Grundgesetznovelle vom 27.10.1994,[12] mit der dem Bund die konkurrierende Gesetzgebung auf diesem Gebiet ausdrücklich übertragen wurde. Als erste legte danach die Bundestagsfraktion von BÜNDNIS 90/DIE GRÜNEN einen Gesetzentwurf[13] vor, dem schließlich der gemeinsame Gesetzentwurf der Fraktionen von CDU/CSU, SPD und F.D.P.[14] folgte, der Grundlage des heutigen TPG ist.

II. Die Lebendorganspende in der Diskussion um ein Transplantationsgesetz

Gegenüber den Fragen im Zusammenhang mit der postmortalen Organspende spielten in den seinerzeitigen parlamentarischen Beratungen solche der Lebendspende von menschlichen Organen nur eine untergeordnete Rolle. So enthielt der bereits erwähnte erste bundesdeutsche Gesetzentwurf[15] zu einer Regelung der Transplantationsmedizin keine Bestimmungen zur Lebendspende.[16]

1) Statistische Bedeutung der Lebendspende

Hierfür mag ein Grund gewesen sein, dass in den Jahren vor den Beratungen des Deutschen Bundestages zum Transplantationsgesetz der Anteil der Lebendspenden am Gesamtaufkommen der Organspenden in Deutschland verhältnismäßig gering war. So betrug der Anteil der Nieren-Lebendspenden an der Nierentransplantation im Jahr 1995 nur 3,9 % (oder absolut 83 Lebendspenden), 1996 schon

---

9 Arbeitsgemeinschaft der Leitenden Medizinalbeamten der Länder, Entwurf eines Mustergesetzes der Länder über die Entnahme und Übertragung von Organen (Transplantationsgesetz), Anlage zur Ergebnisniederschrift über die 65. Sitzung der Gesundheitsministerkonferenz am 05./06.11.1992, zit. nach: Gutmann, MedR 1997, S. 147-155 (S. 147).

10 LT-Drs. 12/2094.

11 Ausführlich zum rheinland-pfälzischen Transplantationsgesetz: Weber/Lejeune, NJW 1994, S. 2392- 2397.

12 BGBl. I 1994, S. 3146.

13 Entwurf eines Gesetzes über die Spende, Entnahme und Übertragung von Organen (Transplantationsgesetz, TPG), BT-Drs. 13/2926 v. 07.11.1995.

14 Entwurf eines Gesetzes über die Spende, Entnahme und Übertragung von Organen (Transplantationsgesetz, TPG), BT-Drs. 13/4355 v. 16.04.1996.

15 BT-Drs. 8/2681.

16 Gutmann, MedR 1997, S. 147-155 (147).

6,4 % (oder absolut 129).[17] Die Zahl der Teilleber-Lebendspenden war zu dieser Zeit noch weit geringer. So wurden 1995 in Deutschland nur ganze 9 und 1996 nur 10 Teilleber-Lebendspenden durchgeführt, was einem prozentualen Anteil an den insgesamt durchgeführten Lebertransplantationen von 1,5 % im Jahre 1995 bzw. 1,4 % im Jahre 1996 entsprach.[18]

Die Situation hat sich seitdem insbesondere in den Jahren kurz nach Inkrafttreten des TPG rasant weiterentwickelt. So stieg die Zahl der Nierenlebendspenden im Jahr 1997 auf 279, was im Vergleich zum Vorjahr einer Steigerung um über 100 % entspricht. Nach einem weiteren, deutlichen Anstieg in den Jahren 1998 und 1999 auf 343 bzw. 380 Nierenlebendspenden lässt sich seit 1999 auf einem Niveau zwischen etwa 380 und 480 eine gewisse Stabilisierung erkennen. Diese Zahlen entsprechen einem Anteil der Lebendspenden an allen Nierentransplantationen von zwischen 14,7 % (1998) und 19,7 % (2004).[19]

Eine ähnliche Entwicklung zeigte sich zunächst auch bei den Teilleber-Lebendspenden, deren Zahl im Jahr 1997 bereits auf 24 anstieg, eine Steigerung zum Vorjahr um 140 %. Hier setzte sich der Trend – vermutlich auch aufgrund der medizinischen Entwicklung dieser Behandlungsmethode – bis zum Jahr 2001 fort, in dem es zu 95 Teilleber-Lebendspenden kam. Jedoch nimmt seitdem die Zahl der Teilleber-Lebendspenden wieder kontinuierlich ab auf absolut nur noch 64 im Jahr 2004, was einem Anteil an allen Lebertransplantationen von nur noch 7,3 % gegenüber 12,5 % im Jahr 2001 entspricht.

2) Die Lebendspende in Rechtsprechung und öffentlicher Diskussion

Einzelne Fälle, die nicht zuletzt auch in der Rechtsprechung für Aufsehen gesorgt hatten, schürten die Angst, eine völlige Freigabe der Lebendspende könne zu einem über die Staatsgrenzen hinweg unkontrollierbaren Organhandel führen. In einem Fall hatte sich 1992 ein deutscher Dialyse-Patient gegen ein Entgelt in Höhe von 35.000 US-$ in Bombay eine Niere von einem indischen Lebendspender transplantieren lassen. Das Bundessozialgericht bestätigte 1997[20] die Rechtmäßigkeit der Entscheidung der Krankenkasse, die dem deutschen Empfänger der Spenderniere die Erstattung der Kosten für die Nierentransplantation in Indien mit dem Hinweis darauf verweigert hatte, dass in Deutschland eine Organübertragung unter nicht verwandten Lebenden aus medizinisch-ethischen Gründen nicht vorgenommen würde und darum auch die Kosten hierfür nicht erstattet werden könnten.

---

[17] Deutsche Stiftung Organtransplantation (DSO, Hrsg.), Organspende und Transplantation in Deutschland 2004, S. 28.

[18] DSO (Hrsg.), Organspende und Transplantation in Deutschland 2004, S. 37.

[19] Alle Zahlen wurden entnommen: DSO (Hrsg.), Organspende und Transplantation in Deutschland 2004.

[20] BSG, Urt. v. 15.04.1997 – 1 RK 25/95, NZS 1997, S. 570 ff.

In diesem Urteil erweiterte das BSG seine bereits etablierte Rechtsprechung zur fehlenden Erstattungsfähigkeit von Kosten für die Beschaffung eines zu transplantierenden Organs dahingehend, dass nicht nur keine Erstattung der Kosten für das Organ selbst oder etwaiger Abfindungen an den Spender, sondern auch keine Erstattung für die reine medizinische Leistung des Transplantationsteams erfolgen kann. Zu ersterem hatte das BSG bereits 1996 in einem ähnlich gelagerten Fall Stellung genommen;[21] hier hatte ein Dialyse-Patient, dem in Deutschland ein Organ seines in der Türkei lebenden Bruders transplantiert worden war, bei seiner Krankenkasse Erstattung angeblich an seinen Bruder für die im Rahmen der Nierenspende erlittenen Nachteile gezahlter 55.000 DM beantragt.

Nicht zuletzt angesichts derartiger Fälle war im parlamentarischen Verfahren im Zusammenhang mit der Lebendspende die Vermeidung einer Kommerzialisierung ein wesentliches gesetzgeberisches Motiv. Sowohl in der Literatur[22] als auch in den parlamentarischen Beratungen waren vor diesem Hintergrund zwei Aspekte besonders stark ausgeprägt. Dies war zum einen die Beschränkung des Spenderkreises auf dem Spender nahestehende Personen.[23] Zum anderen wurde dem Aspekt der Sicherstellung der Freiwilligkeit der Organspende ein wesentliches Augenmerk gewidmet. Beides wurde flankiert von der Diskussion um die rechtliche Ausgestaltung der Strafbarkeit des Organhandels.[24]

3) Sozialversicherungsrecht und Transplantationsgesetz

Es drängt sich der Eindruck auf, dass diese Fragen die Auseinandersetzung so prägten, dass letztlich kein Raum war für die Lösung naheliegender und ebenfalls von erhöhter Praxisrelevanz gekennzeichneter Fragen der Lebendspende. Erstaunlich ist in diesem Zusammenhang zuvorderst die Ignoranz, mit der die Gesetzesberatungen den sozialversicherungsrechtlichen Fragen der Lebendorganspende begegneten. Denn es wäre schlicht unzutreffend, zu behaupten, die sozialversicherungsrechtliche Brisanz der Organtransplantation sei den Beteiligten nicht bekannt gewesen.

Die zitierten Gerichtsverfahren waren ausnahmslos am BSG anhängig und zwar deshalb, weil gerade die Leistungs- oder Erstattungspflicht der Gesetzlichen Krankenversicherung (GKV) bezüglich Aufwendungen für bestimmte Kostenpositionen bei der Organtransplantation nach den Regelungen der seinerzeit gel-

---

21 BSG, Urt. v. 16.07.1996 – 1 RK 15/9, SozR 3 – 2500 § 27 Nr. 7.

22 Vgl. insbes. Gutmann, ZRP 1994, S. 111-114; ders. in: MedR 1997, S. 147-155; zuvor bereits Schreiber/Wolfslast, MedR 1992, S. 189-195 (193/194).

23 Hierzu etwa Gutmann, ZRP 1994, S. 111-114; ders. in: MedR 1997, S. 147-155 (148-151).

24 Zum – insoweit isolierten – Gesetzentwurf des seinerzeitigen Bundesjustizministeriums zur Pönalisierung des Handels mit menschlichen Organen: Lührs, ZRP 1992, S. 302-305 (303 f.); zum TPG: Gutmann, MedR 1997, S. 147-155 (153 ff.), Schroth, JZ 1997, S. 1149-1154, Heger, JZ 1998, S. 506.

tenden Reichsversicherungsordnung (RVO) im Streit stand.[25] Daneben hatte das BSG lange vor den Beratungen zum TPG zur Frage der Leistungspflicht der Sozialversicherungsträger bei der Lebendspende[26] und der insoweit vergleichbaren Blutspende[27] Stellung genommen, ohne zu überzeugenden Ergebnissen zu gelangen. Schließlich hatte das BAG bereits 1986 auch zur Frage von Lohnfortzahlungsansprüchen eines abhängig beschäftigten Spenders bei einer Hauttransplantation Stellung zu nehmen.[28]

Schon beim Blick auf den allgemeinen Teil der Begründung des Entwurfs zum TPG[29] wird jedoch deutlich, dass das Sozialversicherungsrecht in den Gesetzesberatungen eine vernachlässigbare Rolle gespielt haben muss. Danach sollten mit dem TPG in erster Linie ein rechtlicher Rahmen für die Durchführung der Spende, der Entnahme und Übertragung menschlicher Organe normiert sowie die strafrechtlichen und datenschutzrechtlichen Fragen einer rechtlichen Regelung zugeführt werden.[30] Der sozialversicherungsrechtlichen Thematik widmete sich der allgemeine Teil der Entwurfsbegründung zum TPG mit keiner Silbe. In dem Abschnitt, der sich mit der Organentnahme bei Lebenden beschäftigt,[31] finden sich keinerlei Ausführungen zur versicherungsrechtlichen Absicherung des Organspenders. Aber auch darüber hinaus ergeben sich nur an wenigen Stellen in den Einzelbegründungen zu den für die Lebendorganspende relevanten Normen für den aufmerksamen Betrachter Bezüge zum Sozialversicherungsrecht.

In der Begründung zu dem die Lebendorganspende regelnden § 7 des Entwurfs[32] wird das Sozialversicherungsrecht nicht angesprochen. Einzig bei der Begründung des Verbots des Handeltreibens mit Organen in § 16 des Entwurfes[33] wird beiläufig darauf hingewiesen, dass zu den finanziellen Zuwendungen, die die-

---

25 Bereits 1992 hatte etwa Lührs in ZRP 1992, S. 302-305 (304), unter Hinweis auf die nach seiner Auffassung lückenhafte Absicherung des Lebendspenders durch die RVO – eine unfallversicherungsrechtliche Hinterbliebenenrente wurde nur bei Unfällen gewährt und zudem musste für Entschädigungsleistungen gem. § 539 Abs. 1 Nr. 9 RVO eine „gemeine Gefahr“, „Not“ oder der aktive Einsatz des Spenders zugunsten eines aktuell gefährdeten Empfängers als Tatbestandsmerkmal verwirklicht sein – für eine der Transplantationsverordnung der DDR vergleichbare Regelung der Entschädigung des Lebendspenders unter Aufopferungsgesichtspunkten plädiert.

26 BSG Urteil vom 12.12.1972 – 3 RK 47/70 (BSGE 35, S. 102-104; BSG NJW 1973, S. 1432-1433).

27 BSG, Urt. v. 22.11.1984 – 2 RU 49/83 (BSGE 57, 231-235).

28 BAG, Urt. v. 06.08.1986 – 5 AZR 607/85 (NJW 1987, S. 1508).

29 BT-Drs. 13/4355, S. 1-33.

30 BT-Drs. 13/4355, S. 12.

31 BT-Drs. 13/4355, S. 14.

32 BT-Drs. 13/4355, S. 20/21; hier werden - lediglich beispielhaft – der Verdienstausfall und die Fahrtkosten des Spenders als Nebenkosten der Organentnahme im Zusammenhang mit der Frage der Zulässigkeit von finanziellen Zuwendungen an den Spender erwähnt, jedoch auf die diesbezüglichen Ausführungen zu § 16 des Entwurfes verwiesen.

33 Entspricht dem späteren § 17 TPG.

sem Verbot nicht unterliegen, jedenfalls die Erstattung von Aufwendungen des Spenders für Verdienstausfall und Fahrtkosten gehören sollen.[34] An keiner Stelle findet sich jedoch etwa ein klarstellender Hinweis auf die Rechtsprechung des BSG zur Leistungspflicht hinsichtlich dieser Kostenpositionen.[35] Dabei war bereits seinerzeit bekannt, dass die vom BSG der Krankenkasse des Empfängers aufgegebene Pflicht zur Erstattung dieser Aufwendungen keineswegs den gesamten Verdienstausfall des Spenders abdecken muss.

Einzig in seinem achten Abschnitt (Schlussbestimmungen) enthält das TPG in den §§ 22 und 23 Regelungen, die sich mit sozialversicherungsrechtlichen Fragen allgemeiner Art beschäftigen.

So ergänzt § 22 TPG zwar das Recht der gesetzlichen Krankenversicherung durch die Neufassung des § 115a Abs. 2 SGB V. Geregelt wird hier jedoch nicht die sozialversicherungsrechtliche Absicherung von Spender oder Empfänger. Vielmehr wird nur das Verhältnis zwischen dem Träger der GKV und dem Transplantationszentrum präzisiert.[36] Ausweislich der Entwurfsbegründung[37] sollte den Transplantationszentren durch die Möglichkeit, Organempfänger auch nach Beendigung der nachstationären Behandlung weiter zu behandeln, ein größerer zeitlicher Spielraum bei der Behandlung etwa nachträglich auftretender Komplikationen eingeräumt werden. Dabei ging es dem Gesetzgeber ursprünglich nur um die Behandlung des Empfängers, denn die Entwurfsbegründung spricht von der Behandlung von Patienten, „denen ein Organ oder Organteil [...] übertragen wurde".[38] Erst die Beschlussempfehlung des Ausschusses für Gesundheit sorgt insoweit für Klarstellung, als die Möglichkeiten der Transplantationszentren für die Nachbetreuung von Lebendorganspendern insoweit denjenigen der Organempfänger gleichgestellt werden.[39]

Nach § 23 TPG wird, durch eine entsprechende Neufassung des § 2 Abs. 1 Nr. 13 lit. b SGB VII, neben der Blutspende auch die Spende körpereigener Organe, Organteile oder Gewebe unter den Schutz der Gesetzlichen Unfallversicherung (GUV) gestellt. Auch diese Ergänzung des SGB VII wurde erst durch die Beschlussempfehlung des Ausschusses für Gesundheit in den Gesetzentwurf zum TPG aufgenommen, diente nach der Begründung des Ausschusses lediglich

---

[34] BT-Drs. 13/4355, S. 29/30.

[35] BSGE 35, S. 102-104 .

[36] Zur Wirkung des § 22 TPG vgl. auch: Gutmann in. Schroth u. a., TPG, § 22 Rdn. 1 f.

[37] BT-Drs. 13/4355, S. 32.

[38] BT-Drs. 13/4355, S. 32.

[39] In BT-Drs. 13/8017, S. 44; heißt es zum seinerzeitigen § 21 des Entwurfes: „Die Vorschrift schafft für die Nachbetreuung von Lebendspendern im Hinblick auf die gesundheitlichen Risiken einer Lebendspende den gleichen gesetzlichen Rahmen wie für die Nachbetreuung von Patienten, die Empfänger postmortal oder zu Lebzeiten gespendeter Organe nach § 8 Satz 1 sind".

der Rechtsklarheit und sollte keine materielle Änderung des Rechts der GUV bewirken.[40]

III. Jüngste Entwicklung der Diskussion um die Lebendorganspende

Seit Inkrafttreten des TPG im Jahr 1997 hat sich ein gegenüber früher wesentlich kontinuierlicherer öffentlicher Diskurs um die Lebendorganspende entwickelt. Dies ist sicher nicht zuletzt darauf zurückzuführen, dass das TPG die in seine Verabschiedung gesetzten Hoffnungen auf eine verbesserte Versorgung mit Spenderorganen bislang nicht erfüllen konnte. So ist die Zahl der Personen, die auf ein geeignetes Spenderorgan warten, unter dem Regime des TPG nicht zurückgegangen sondern vielmehr weiter angestiegen. 2003 umfasste die aktive Warteliste für Nierentransplantationen für Deutschland 9479 Personen (1997 waren es noch 8546).[41]

Statt jedoch die im TPG für postmortale Organspenden gewählte erweiterte Zustimmungslösung zu hinterfragen, setzt die Diskussion hinsichtlich einer möglichen Erweiterung des Spenderkreises heute primär bei der Lebendorganspende an. Einige Stimmen befürworten die Zulassung der anonymen Lebendspende, regelmäßig mit der Einschränkung, diese habe zur Verhinderung des Organhandels an einen Organpool zu erfolgen.[42] In der Schweiz geht der Gesetzgeber nun so weit, den Spenderkreis völlig freizugeben.[43]

Zwischenzeitlich hatte sich auch die vom Deutschen Bundestag in seiner 15. Legislaturperiode eingesetzte Enquete-Kommission "Ethik und Recht in der modernen Medizin" mit der Lebendorganspende befasst. Am 01.03.2004 fand eine öffentliche Anhörung[44] zum Thema statt, bei der auch die sozialversicherungsrechtlichen Probleme der Lebendorganspende angesprochen wurden. Als

---

[40] So auch ausdrücklich die Beschlussempfehlung des Ausschusses für Gesundheit, BT-Drs. 13/8017, S. 45.

[41] DSO (Hrsg.), Organspende und Transplantation in Deutschland 2003, S. 22.

[42] Schreiber in seiner schriftlichen Stellungnahme zum Fragenkatalog der Enquete-Kommission, Kom.-Drs 15/139a, S. 5, die insoweit das Ergebnis der Beratungen der Ständigen Kommission Organtransplantation bei der Bundesärztekammer wiedergibt (vgl. Kom.-Drs. 15/139a, S. 1); ebenfalls dafür plädiert auch Gutmann, Kom.-Drs. 15/135, S. 18.

[43] Art. 12 des erst jüngst beschlossenen Bundesgesetzes der schweizerischen Eidgenossenschaft über die Transplantation von Organen, Geweben und Zellen vom 08.10.2004, BBl. 2004, S. 5453- 5478, der die Voraussetzungen für eine Entnahme beim lebenden Spender regelt, verlangt anders als § 8 Abs. 1 Satz 2 TPG kein besonderes Näheverhältnis zwischen Spender und Empfänger.

[44] Vgl. im Einzelnen das Wortprotokoll Nr. 15/14 der Anhörung „Organlebendspende" der Enquete-Kommission „Ethik und Recht in der modernen Medizin" in deren 14. Sitzung vom 01.03.2004 (Wortprotokoll Nr. 15/14), abzurufen auf der Internetseite des Deutschen Bundestages unter: http://www.bundestag.de/parlament/kommissionen/ethik_med/anhoerungen1/04_03_01_organlebendspende/index.html

Ergebnis dieser öffentlichen Anhörung hat die Enquete-Kommission ihren Zwischenbericht zur Lebendorganspende[45] (nachfolgend als „Zwischenbericht Organlebendspende" oder nur „Zwischenbericht" bezeichnet) vorgelegt, der zum ersten Mal auf der parlamentarischen Ebene dezidiert die sozialversicherungsrechtlichen Probleme bei der Lebendorganspende auflistet.[46] Insofern stellt der Zwischenbericht eine Zäsur im Umgang des Gesetzgebers mit der Lebendorganspende dar und gibt gleichzeitig der Auseinandersetzung um eine Regelung der sozialversicherungsrechtlichen Absicherung der Lebendspender neue Impulse.[47]

Dass gerade die sozialversicherungsrechtlichen Fragen der Lebendorganspende bislang keineswegs zufriedenstellend[48] geregelt sind, beweist neben den durchaus zahlreichen Vorschlägen, welche die Enquete-Kommission in ihrem Zwischenbericht[49] anregt, auch der jüngst bekannt gewordene Fall des Ehepaars Müller.[50] Hier hatte der Streit der für eine Leistungspflicht bei Komplikationen der Spenderin in Frage kommenden Sozialversicherungsträger beinahe den wirtschaftlichen Ruin des Betroffenen Ehepaares zur Folge (ganz abgesehen von der enormen psychischen Belastung des Verhältnisses zwischen dem ohnehin mit Schuldgefühlen geplagten Empfänger der Niere und seiner Frau). Erst die Presseberichterstattung hat hier schließlich zu einem Einlenken der Sozialversicherungsträger geführt.

Die Spenderin Müller war hinsichtlich der Kosten für die Behandlung aufgetretener Komplikationen von ihrer Krankenkasse auf die Zuständigkeit der GUV verwiesen worden. Bei dieser ist ein Organspender nach § 2 Abs. 1 Nr. 13 lit. b SGB VII unfallversichert. Die Unfallversicherung zahlt allerdings nur, wenn die aufgetretene Komplikation gleichzeitig die gesetzlichen Tatbestandsvoraussetzungen eines Arbeitsunfalles nach § 8 Abs. 1 SGB VII erfüllt. Dass das Vorliegen eines Arbeitsunfalles bei Komplikationen nach einer Lebendorganspende in der Rechtsprechung keineswegs einheitlich bejaht wird, zeigt ein rechtskräftiges

---

45 Zwischenbericht „Organlebendspende" der Enquete-Kommission „Ethik und Recht in der modernen Medizin" v. 17.03.2005, BT-Drs. 15/5050.

46 BT-Drs. 15/5050, S. 59-67.

47 Erstmals eingehend mit den Ergebnissen der Enquete-Kommission zur versicherungsrechtlichen Situation der Lebendorganspender beschäftigt sich: Gutmann, Für eine neues TPG; S. 89-100.

48 Wenngleich insbesondere die öffentlich-rechtlichen Krankenkassen im Rahmen der Arbeit der Enquete-Kommission diesen Eindruck zu vermitteln versuchten. So schreibt etwa der AOK-Bundesverband in seiner Stellungnahme zum Fragenkatalog zur öffentlichen Anhörung „Organlebendspende" der Enquete-Kommission, Kom.-Drs. 15/136, S. 7: „Aus Sicht des AOK-Bundesverbandes sind die bestehenden rechtlichen Regelungen zur Risikoabsicherung von Lebendspendern ausreichend".

49 BT-Drs. 15/5050, S. 76/77.

50 Vgl. hierzu Silvia Matthies, Sozialfall nach Organspende – Krankenkassen verweigern OP-Kosten, ausgestrahlt am 24.01.2005 in der Sendung „report München" des Bayerischen Rundfunks, abrufbar auf dessen Internetseite unter: http://www.br-online.de/daserste/report /archiv/2005/00214/.

Urteil des SG Freiburg aus dem Jahr 2002.[51] Darin war für einen ganz typischen Fall sogenannter Komplikationen eine Subsumtion unter den Begriff des Arbeitsunfalls nach § 8 Abs. 1 Satz 2 SGB VII gerade verneint worden. Dennoch verweisen selbst Einrichtungen wie die Stiftung Lebendspende, deren Zweck nach eigenem Bekunden die Lobbyarbeit für Lebendspender ist, geradezu sorglos auf den bei Komplikationen bestehenden Unfallversicherungsschutz für den Lebendspender.[52]

Man sollte zwar eine Dramatisierung solcher Fälle schon deswegen vermeiden, weil es sich meist um reine Zuständigkeitsstreitigkeiten unter den Sozialversicherungsträgern handelt, der Betroffene letztlich also niemals selbst die entstandenen Kosten tragen muss. Dennoch zeigen diese Fälle, dass für Lebendspender auf dem Gebiet des Sozialversicherungsrechts offenbar nach wie vor keine ausreichende Rechtssicherheit besteht.

IV. Der „Status quo“ der Lebendorganspende im Sozialversicherungsrecht

Warum die sozialversicherungsrechtlichen Fragen der Lebendorganspende bislang ein solches Schattendasein fristeten, erscheint angesichts solcher Fälle kaum nachvollziehbar. So stellt gerade die Lebendorganspende aufgrund der notwendigen Einbeziehung des Organspenders einen für die Sozialversicherung ungewöhnlichen und daher nur eingeschränkt rechtlich fassbaren Sachverhalt dar. Das Sozialversicherungsrecht ist geprägt von dem grundsätzlich dreiseitigen Verhältnis zwischen dem Versicherten als Leistungsempfänger, dem Träger der Sozialversicherung als Leistungspflichtigem und den jeweiligen Leistungserbringern. Der Beziehung zu außerhalb dieses Dreieckverhältnisses stehenden Personen kommt allenfalls am Rande Bedeutung zu. Hingegen ist bei der Lebendorganspende nicht allein der sozialversicherungsrechtliche Status des Organempfängers als Versicherter tangiert. Vielmehr muss auch die Organentnahme beim Spender sozialversicherungsrechtlich abgesichert werden. Für eine solche Absicherung sind vorliegend – alternativ oder kumulativ – grundsätzlich zwei Wege denkbar: Zum einen kommt eine Absicherung des Spenders über seine eigenen Sozialversicherungsverhältnisse in Betracht. Zum anderen besteht aber ebenso die Möglichkeit, den Spender über die Versicherung des Organempfängers abzusichern und/oder zu entschädigen. Neben der primären Frage der Kostenträgerschaft für die beim Spender erforderlichen Behandlungsleistungen steht insbesondere die Regelung der Trägerschaft einer Reihe von Neben- oder Folgekosten der Organspende im Fokus.

---

[51] SG Freiburg, Urt. v. 26.06.2002, S 9 U 3437/99, HVBG-INFO 2002, S. 2377-2395; eingehend zur dem Urteil zugrunde liegenden Rechtsauffassung unten in Kapitel E unter IV.

[52] So jedenfalls die Informationen der Stiftung Lebendspende e. V. zum Versicherungsschutz des Lebendspenders auf deren Internetseite: http://www.stiftung-lebendspende.de/lobby2.html (28.06.2006).

So werden etwa im Vorfeld einer Lebendorgantransplantation bei der Suche nach einem geeigneten Spender (-organ) mehrere Personen auf ihre Spendereignung hin untersucht. Da nicht jeder Spender aus dem gesetzlich zulässigen Spenderkreis für eine Organtransplantation gleich gut geeignet ist, bedarf es im Vorfeld der Prüfung einer Reihe medizinischer Aspekte bei den verschiedenen potentiellen Spendern. Hierunter fallen zuvorderst die Blutgruppen- und Gewebeverträglichkeit aber auch weitergehende Untersuchungen im Hinblick auf die gesundheitliche Konstitution des Spenders selbst. All diese Untersuchungen müssen nicht nur dem krankenversicherungsrechtlich zuständigen Kostenträger zugeordnet werden. Bei diesen Untersuchungen besteht vielmehr darüber hinaus grundsätzlich die Gefahr von Unregelmäßigkeiten, die, führen sie zu Beeinträchtigungen der Gesundheit der untersuchten Person, möglicherweise versicherungsrechtliche Relevanz erlangen können.

Während die Frage der Trägerschaft hinsichtlich der reinen Behandlungskosten des Organspenders seit dem bereits erwähnten Urteil des BSG[53] weitgehend gelöst schien, blieb die Verantwortlichkeit hinsichtlich anderer Kostenpositionen offen. So ist bis heute die Regelung der Leistung von Verdienstausfall an den Organspender nicht abschließend geklärt, obwohl die Entwurfsbegründung zum TPG diesen Aspekt wie selbstverständlich im Zusammenhang mit der Unentgeltlichkeit der Organspende erörtert.[54] Die Problematik besteht hier in erster Linie darin, dass diese Leistung an den Spender, die nach dem Urteil des BSG grundsätzlich von der Empfängerkrankenkasse zu erbringen ist, keine Rechtsgrundlage im Recht der GKV findet, weil Leistungen an außerhalb des Versicherungsverhältnisses stehende Dritte darin nicht vorgesehen sind.[55] Daher gestand das BSG dem gesetzlich versicherten Spender lediglich einen Anspruch analog dem Hausgeld nach der Reichsversicherungsordnung (RVO)[56] zu. Nicht zu entscheiden hatte das BSG hingegen darüber, ob in anderen Konstellationen – zu denken wäre hier etwa an einen nicht in der GKV versicherten Spender – die Zahlung des gesamten Verdienstausfalles erfolgen muss. Wird von der Krankenkasse des Empfängers nicht der gesamte Verdienstausfall erstattet, so drängt sich zum einen die Frage nach der Zuständigkeit der GKV des Spenders für die Zahlung des Differenzbetrages und schließlich der Zulässigkeit direkter Kompensationszahlungen vom Empfänger an den Spender auf. Daneben stehen et-

---

[53] BSGE 35, S. 102-104.

[54] BT-Drs. 13/4355, S. 21 und 30. Gerade die Zahlung von Verdienstausfall an den Organspender wird vom strafrechtlichen Begriff des „verbotenen Handeltreibens" ausdrücklich ausgenommen. Auf die Frage, wer die Zahlung des Verdienstausfalles zu leisten hat und auf welcher Rechtsgrundlage diese Pflicht fußt, gibt die Entwurfsbegründung hingegen keine Antwort.

[55] Zu dieser Erkenntnis ist das BSG bereits 1972 gelangt. Ob jedoch die vom BSG gefundene Lösung einer genaueren rechtlichen Analyse standhält, wird im Verlauf dieser Untersuchung zu prüfen sein.

[56] Das Hausgeld nach § 186 RVO ist in etwa mit dem heute bei Krankheit an den Versicherten nach § 44 ff. SGB V zu zahlenden Krankengeld vergleichbar.

waige mittelbare finanzielle Einbußen des Spenders wegen eines nach der Organentnahme möglicherweise bestehenden erhöhten gesundheitlichen Risikos[57] auf dem Prüfstand der Vereinbarkeit mit dem Grundsatz der Unentgeltlichkeit der Lebendorganspende.

Einen weiteren Sachbereich, der bislang keinen Eingang in die Gesetzgebung gefunden hat, bildet der Komplex der Nachbehandlung des Organempfängers. Dass die Kosten hierfür solche der GKV sind, dürfte unbestritten sein. Welche der beiden in Frage kommenden Krankenkassen - die des Spenders oder des Empfängers - insoweit eintrittspflichtig ist, ist bis heute rechtlich nicht gelöst.

Eng verwandt mit den Nachbehandlungsfragen ist auch die in der Literatur immer wieder aufgegriffene Problematik der sogenannten „Einnierigkeit" des Organspenders, also der besonderen Probleme, zu denen der Umstand führen kann, dass der Spender nur noch über eine gesunde Niere verfügt. Wer tritt ein, wenn der Organspender krank wird und aufgrund seiner Einnierigkeit erhöhte Krankenbehandlungsaufwendungen erforderlich werden? In Frage kommen als Kostenträger neben den zuständigen Krankenkassen der Beteiligten auch die GUV des Spenders, nämlich dann, wenn man, wie teilweise vertreten,[58] die Einnierigkeit als Komplikation der Organspende und damit als gemäß § 2 Abs. 1 Nr. 13 lit. b SGB VII von der GUV zu decken betrachtet. Daneben kommt ein möglicher Rentenanspruch des Spenders aufgrund der „Einnierigkeit" und damit etwa verbundener Minderung der Erwerbsfähigkeit im Sinne des SGB VI oder SGB VII in Betracht.

Ferner wurde die Frage der Kostenträgerschaft für beim Spender aufgrund der Organentnahme etwa auftretende Komplikationen nicht gesetzlich geregelt, obwohl hierfür, wie der bereits zitierte Fall der Eheleute Müller zeigt, durchaus gute Gründe sprächen. Das TPG hat § 2 Abs. 1 Nr. 13 lit. b SGB VII, der bereits vor dessen Inkrafttreten das Risiko von Unfällen des Organspenders bei der Organentnahme der gesetzlichen Unfallversicherung zugewiesen hatte, zwar sprachlich neu gefasst, inhaltlich jedoch unangetastet gelassen.[59] Bis heute besteht allerdings Streit darüber, wann die Voraussetzungen für die Leistungspflicht der GUV tatbestandlich erfüllt sind und daher die GUV des Spenders und

---

[57] Zu nennen sind hierbei insbesondere erhöhte Beiträge zu einer privaten Kranken- oder Lebensversicherung. Aber auch die finanzielle Absicherung eines erhöhten Gesundheitsrisikos des Spenders durch entsprechende Versicherungen kommt insoweit in Betracht.

[58] Schreiber, M., Gesetzliche Regelung der Lebendspende, S. 212; auch Gutmann, ZfTxMed 2000, S. 174-183 (179), ordnet die Risiken der Einnierigkeit dem Leistungsspektrum der gesetzlichen Unfallversicherung zu; Kraushaar in: Kirste (Hrsg.), Nieren-Lebendspende, S. 74 ff. (78), lässt dies offen.

[59] Vgl. insoweit die Beschlussempfehlung des Ausschusses für Gesundheit, BT-Drs. 13/8017, S. 45.

nicht die GKV des Organempfängers eintrittspflichtig ist.[60] Die in der wissenschaftlichen Diskussion häufiger anzutreffende, generalisierende Behauptung, Komplikationen bei der Organentnahme seien vom Schutz der GUV erfasst,[61] greift angesichts der engen Voraussetzungen der GUV, die an den Begriff des „Arbeitsunfalls" nach § 8 Abs. 1 SGB VII geknüpft sind, zu kurz. Ebenso scheint die Frage der sachlichen Zuständigkeit der Träger der GUV untereinander bislang nicht zufriedenstellend geklärt.[62]

Offenbar nicht einmal als regelungsbedürftig erkannt[63] wurden zudem die Rechtsfragen, welche sich in einem Fall ergeben, in dem der Organempfänger nicht der GKV unterliegt, sondern aufgrund seiner wirtschaftlichen Situation auf Sozialhilfe angewiesen ist. Hier sind in jüngster Vergangenheit durch umfangreiche gesetzgeberische Maßnahmen rechtliche Umwälzungen erfolgt, deren Auswirkungen auf die Lebendorganspende bislang rechtlich nicht untersucht worden sind.

Aber auch im Hinblick auf Konstellationen, bei denen einer der Beteiligten nicht gesetzlich sondern privat krankenversichert ist, bietet der bestehende Rechtsrahmen keine zufriedenstellenden Antworten. So drängt sich diesbezüglich besonders die Frage nach einer etwaigen Beitragsanpassung für den privatversicherten Organspender nach erfolgter Organspende aufgrund einer damit verbundenen Erhöhung des Gesundheitsrisikos auf. Gleiches kommt etwa auch bei dem Abschluss einer privaten Lebensversicherung nach einer Organspende in Betracht. Unklar ist, wer für derartige Mehrbelastungen aufzukommen hat.

Problematisch ist schließlich die sozialversicherungsrechtliche Handhabung von Organtransplantationen mit Auslandsbezug. Einerseits ist hier die Kostenerstattungspflicht der Krankenkasse für Auslandsbehandlungen nach § 18 Abs. 1 SGB V rechtlich umstritten.[64] So hat der 1. Senat des BSG einem Organempfänger, der sich in den USA eine postmortal gespendete Niere hat transplantieren lassen, jüngst zwar die Kostenerstattung nach § 18 Abs. 1 SGB V versagt.[65] Den prominent gewordenen Fall der Überkreuz-Organtransplantation am Kantonsspital Basel hat der 9. Senat des BSG jedoch zur erneuten Verhandlung an das LSG

---

[60] Vgl. auch die Darstellung im Zwischenbericht Organlebendspende, BT-Drs. 15/5050, S. 62/63.

[61] So in jüngster Zeit etwa: Höfling, schriftliche Stellungnahme zum Fragenkatalog zur öffentlichen Anhörung „Organlebendspende" der Enquete-Kommission, Kom-Drs. 15/143, S. 8; früher schon ähnlich undifferenziert: Murauer, Organtransplantation, S. 37.

[62] Darauf weist auch Höfling in seiner Stellungnahme, Kom-Drs. 15/143, S. 8, hin.

[63] Lobenswert ist insoweit, dass sich der Zwischenbericht Organlebendspende endlich auch diesem Thema widmet, BT-Drs. 15/5050, S. 61/62.

[64] Hierzu äußert sich auch der Zwischenbericht Organlebendspende, BT-Drs. 15/5050, nicht.

[65] BSG Urt. v. 17.02.2004 – B 1 KR 5/02 R, BSGE 92, S. 164-172.

Nordrhein-Westfalen zurückverwiesen.[66] Die Vornahme von Lebendorgantransplantationen erfolgt außerdem häufig deswegen im Ausland, weil sie in Deutschland wegen eines unzureichenden Näheverhältnisses zwischen Spender und Empfänger rechtlich unzulässig oder bei entgeltlichen Spenden sogar strafbar wäre. Inwieweit der Sozialversicherungsträger bei derartigen Konstellationen gegenüber den Versicherten, die nach ihrer Rückkehr aus dem Ausland in Deutschland behandlungsbedürftig werden, zur Leistungserbringung rechtlich verpflichtet ist, ist bislang ebenfalls nicht untersucht worden.

V. Methodisches Vorgehen

Die Aufarbeitung der sozialversicherungsrechtlichen Fragen im Zusammenhang mit der Lebendorganspende wird sich weitgehend auf die vorstehend dargestellten Themenkomplexe konzentrieren. Sie bilden das inhaltliche Fundament der vorliegenden Arbeit. Ziel ist es jedoch nicht, Gesetzesänderungen um jeden Preis das Wort zu reden. Stattdessen wird, nachdem anhand des jeweiligen Sachzusammenhangs das juristische Kernproblem herausgearbeitet wurde, im Kontext der bestehenden Gesetzeslage ein Lösungsansatz entwickelt. Dabei werden insbesondere die von der Enquete-Kommission im Zwischenbericht Organlebendspende[67] vorgelegten Vorschläge zur Neuregelung des Sozialversicherungsrechts im Hinblick auf die Lebendorganspende kritisch gewürdigt.

Ein Vorschlag für eine gesetzliche Neuregelung wird für all jene Fälle entworfen, für welche die Gesetzeslage keine Lösung bereithält. Dabei soll dem Umstand ausreichend Rechnung getragen werden, dass die Lebendorganspende im System der sozialen Sicherung wegen der Notwendigkeit einer versorgungsrechtlichen Absicherung eines Dritten eine Sonderstellung innehat. Soweit das Ergebnis der Untersuchung Änderungen in den Vorschriften des SGB erforderlich macht, fügen sich die entwickelten, allgemein gültigen Rechtssätze in die grundsätzliche Konzeption des Rechts der gesetzlichen Krankenversicherung reibungslos ein.

Die rechtliche Betrachtung orientiert sich dabei am chronologischen Ablauf einer Lebendorganspende. Hierdurch wird einerseits sichergestellt, dass die dem jeweiligen Stadium der Organspende zuzuordnenden sozialversicherungsrechtlichen Fragen unter Berücksichtigung des jeweils zugehörigen tatsächlichen Kontexts behandelt werden. Gleichzeitig sollen durch diese situationsbezogene Be-

---

[66] BSG Urt. v. 10.12.2003 – B 9 VS 1/01 R (BSGE 92, S. 19-34). Das LSG Nordrhein-Westfalen hatte die Kostenerstattung seinerzeit mit dem Argument abgelehnt, bei der Überkreuz-Lebendspende bestehe keine nach § 8 TPG grundsätzlich erforderliche persönliche Verbundenheit zwischen Spender und Empfänger und die Transplantation sei daher in Deutschland unzulässig gewesen. Das BSG sah jedoch die Tatsachenbasis für diese Feststellung der Vorinstanz nicht als ausreichend ermittelt an und hat die Sache daher zur weiteren Sachverhaltsaufklärung an die Vorinstanz zurück verwiesen.

[67] BT-Drs. 15/5050, S. 76/77.

trachtung die tatsächlichen Schwierigkeiten bei der Lebendorganspende als medizinischem Eingriff, aber auch des verwaltungstechnisch zu organisierenden Verfahrens Lebendorganspende deutlich werden. Praxisnahe Lösungsansätze fließen in die rechtswissenschaftlichen Überlegungen ein. Denn nicht jeder gesetzestechnische oder rechtswissenschaftliche Lösungsansatz wird auch praktischen Anforderungen gerecht.

Zusätzlich werden Aspekte näher betrachtet, die zwar mit dem deutschen Sozialversicherungsrecht in einem mittelbaren Zusammenhang stehen, jedoch jeweils aufgrund spezifischer Besonderheiten weitergehende Überlegungen erforderlich machen. Das sind neben den Konstellationen, bei denen an einer Lebendorgantransplantation Personen beteiligt sind, die nicht der gesetzlichen Sozialversicherungspflicht unterliegen, insbesondere die Fälle mit Auslandsbezug.

Abschließend werden die Vorschläge für gesetzliche Neuregelungen oder Änderungen zusammengetragen und den Ergebnissen des Zwischenberichts Organlebendspende der Enquete-Kommission[68] gegenübergestellt. In einer Schlussbetrachtung werden die bestehenden Unterschiede herausgearbeitet und eine Begründung dafür gegeben, warum die hier in Abweichung zu den Vorschlägen der Enquete-Kommission entworfenen Änderungsvorschläge gegenüber deren Konzepten vorzugswürdig sind.

---

[68] BT-Drs. 15/5050, S. 76/77.

B Absicherung spendebereiter Personen

Am Beginn einer geplanten Lebendorgantransplantation steht die Suche nach einem geeigneten Lebendspender. Hier werden häufig mehrere grundsätzlich in Frage kommende Personen auf ihre Geeignetheit hin geprüft. Bei geplanten Nieren-Lebendtransplantationen unterziehen sich die potentiellen Spender neben Ultraschalluntersuchungen der Nieren und des Bauchraumes auch technisch-apparativen Untersuchungen wie etwa einem Nierenperfusionsszintigramm zur Prüfung der Gleichwertigkeit beider Nieren oder Untersuchungen des Magen-/Darmtraktes, die endoskopisch oder mittels Kontrastmitteleinlaufs vorgenommen werden. Schließlich wird die Gefäßversorgung der Nieren der möglichen Spender – ebenfalls unter Zuhilfenahme eines Kontrastmittels – geprüft.

All diese Untersuchungen sind nicht nur kostenträchtig sondern bergen, jedenfalls soweit sie mit körperlichen Eingriffen einhergehen, grundsätzlich auch ein – wenngleich kalkulierbares – Behandlungsrisiko für die spendebereiten Personen.

I. Zuständiger Leistungsträger für die Voruntersuchungen

Die Kostenträgerschaft für solche Voruntersuchungen richtet sich danach, ob dem Leistungsempfänger ein Anspruch gegenüber dem jeweiligen Kostenträger zusteht. Im Rahmen der GKV besteht ein solcher Anspruch, wenn die begehrte Leistung im Hinblick auf den jeweils Versicherten einer der Leistungsarten der GKV nach § 11 SGB V zugeordnet werden kann.

Direkter Empfänger der in Anspruch genommenen medizinischen Leistung ist der untersuchte potentielle Spender. Folglich liegt es nahe, zuerst nach dessen Anspruch gegenüber seiner Krankenkasse zu fragen. Ausgangspunkt für die Bestimmung der Leistungspflicht ist der Begriff der „Krankheit" im Sinne des § 11 Abs. 1 SGB V. Im SGB V selbst ist der Krankheitsbegriff nicht bestimmt. Jedoch hat das BSG in ständiger Rechtsprechung eine Krankheit als regelwidrigen körperlichen, geistigen oder seelischen Zustand definiert, der der Behandlung bedarf und solcher zugänglich ist.[69] Dieser zweigliedrige Krankheitsbegriff setzt sich aus den Elementen Regelwidrigkeit sowie Behandlungsbedürftigkeit und Behandlungsfähigkeit zusammen. Regelwidrig in diesem Sinne ist ein Körper- oder Geisteszustand des Versicherten, der vom Leitbild des gesunden Menschen abweicht. Behandlungsbedürftigkeit im obigen Sinne besteht, wenn dieser regelwidrige Zustand nur mit ärztlicher Hilfe mit Aussicht auf Erfolg behoben, mindestens aber gebessert oder vor Verschlimmerung bewahrt werden kann, Schmerzen oder sonstige Beschwerden gelindert werden können oder das Leben

---

[69] BSGE 13, S. 134 ff. (136); ausführlich zur Entwicklung der Rechtsprechung zum Krankheitsbegriff: Kummer in: Schulin (Hrsg.), HdbdSozVersR, Bd. 1, Krankenversicherungsrecht, § 20 Rdn. 26-84.

für eine gewisse Zeit verlängert werden kann.[70] Behandlungsfähigkeit schließlich setzt voraus, dass der regelwidrige Zustand einer ärztlichen Behandlung überhaupt noch zugänglich ist.[71] Letzteres Kriterium dient damit in erster Linie der Abgrenzung der Krankheit zur reinen Behinderung oder Pflegebedürftigkeit.

Der potentielle Spender befindet sich bei Vornahme der Untersuchungen bezüglich seiner Spendereignung nicht in einem regelwidrigen körperlichen Zustand. Er ist regelmäßig gesund, denn für die Organspende ist dies wesentliche Voraussetzung. Die an ihm vorzunehmenden Untersuchungen dienen allein der Feststellung der Geeignetheit für eine Organübertragung auf den Empfänger. Eine Inanspruchnahme seiner eigenen Krankenkasse wegen der Leistungen im Zusammenhang mit den Voruntersuchungen zur Spendereignung scheidet daher aus, weil der Spender nicht an einer Krankheit im Sinne des § 11 Abs. 1 SGB V leidet.

Gleichwohl muss die Vergütung der Leistungen des Transplantationszentrums durch die Versicherung einer der beteiligten Personen sichergestellt werden. Als Kostenträger kommt alternativ nur die Krankenkasse des Organempfängers in Betracht. Der Empfänger leidet unzweifelhaft unter einem regelwidrigen Zustand, dessen Behandlung durch die Organübertragung angestrebt wird. Er ist der eigentliche Urheber der Leistungsanforderung für den potentiellen Spender. Das BSG hat daher bereits im Jahr 1972 festgestellt, dass sämtliche Aufwendungen für die ambulante oder stationäre Behandlung des Organspenders als Nebenleistungen zu der dem Empfänger zu gewährenden Krankenhilfe anzusehen und daher von dessen Krankenkasse zu tragen sind.[72]

Mit dem Urteil des BSG wurde zwar die Leistungspflicht der Krankenkasse des Organempfängers im Hinblick auf die Kosten für alle Leistungen gegenüber dem Organspender festgestellt. Das Urteil befasste sich jedoch nicht mit der Frage, ob daneben auch die Kosten für Voruntersuchungen an letztlich ungeeigneten spendebereiten Personen von der Krankenkasse des Empfängers zu tragen sind. Es ist allerdings konsequent, dass die Krankenkasse des Organempfängers auch für diese Kosten aufkommen muss. Denn auch Voruntersuchungen an potentiellen Spendern dienen dem einzigen Zweck der Prüfung der Geeignetheit des Spenderorgans für die Behandlung einer Krankheit des Empfängers. Dass sich eine Person als ungeeignet erweist, kann die verschiedensten medizinischen oder nicht medizinischen Ursachen[73] haben. Dementsprechend sind derartige Voruntersuchungen unabhängig von ihrem Ergebnis über die Empfänger-Krankenkasse abzurechnen.

---

[70] BSGE 35, S. 10 ff. (12); BSGE 28, S. 199 ff. (201).

[71] BSGE 35, S. 10 ff. (13).

[72] BSGE 35, S. 102-104.

[73] Insbesondere kann sich etwa der Grad der Nähebeziehung zwischen Empfänger und Spender erst später in der Anhörung der Lebendspendekommission nach § 8 Abs. 3 Satz 2 TPG als unzureichend herausstellen und daher eine Spende aus Rechtsgründen ausscheiden.

Die Voruntersuchung eines möglichen Organspenders stellt eine notwendige Maßnahme zur Vorbereitung einer möglichen Transplantation eines Organs auf den Empfänger dar. Dieser ist krank im Sinne des § 11 Abs. 1 SGB V. Die Transplantation dient zur Behandlung seiner Krankheit nach §§ 11 Abs. 1 Nr. 4, 27 ff. SGB V. Die Leistungspflicht der Krankenkasse des Empfängers für die Voruntersuchungen sämtlicher möglicher Spender – unabhängig von einer sich im Zuge der Untersuchungen herausstellenden Ungeeignetheit für eine Spende – ergibt sich daraus, dass die Maßnahmen als unerlässlicher Teil der Krankenbehandlung des Empfängers anzusehen sind. Die entsprechenden Sachleistungen zur Untersuchung potentieller Spender werden daher von der Krankenkasse des Empfängers im Rahmen der Krankenbehandlung des Empfängers zur Verfügung gestellt.

Entsprechend stellt § 1 Abs. 4 der Vereinbarung über die Neufassung der Transplantationsentgelte für Herz, Niere und Leber[74] klar: „Mit den Entgelten für Lebendspenden sind alle mit der Organbeschaffung beim Organspender verbundenen Kosten abgegolten. Kommt es nicht zu einer Transplantation, werden die bei den potentiellen Organspendern entstandenen Kosten für die Abklärung der Spendemöglichkeit von der leistungspflichtigen Krankenkasse des vorgesehenen Organempfängers separat vergütet“.

Diese seit längerem geübte Praxis bei Lebendorgantransplantationen hat zwischenzeitlich in dem im Jahr 2004 eingeführten System zur Kostenerstattung nach Fallpauschalen eine weitere rechtliche Grundlage gefunden. Nach § 4 Abs. 1 Satz 1 Fallpauschalenverordnung 2004 (KFPV 2004)[75] sind von der Fallpauschalenregelung bei Lebendorganspendern zwar grundsätzlich nur die Vor-

---

[74] Vereinbarung über die Neufassung der Transplantationsentgelte für Herz, Niere und Leber zwischen den Spitzenverbänden der öffentlichen Krankenkassen, der privaten Krankenversicherungen und der Deutschen Krankenhausgesellschaft, in Kraft seit dem 01.01.2001

[75] Verordnung zum Fallpauschalensystem für Krankenhäuser für das Jahr 2004 (Fallpauschalenverordnung 2004 – KFPV 2004) des Bundesministeriums für Gesundheit und Soziale Sicherung (BMGS) v. 13.10.2003, BGBl. I 2004, S. 1995. Die KFPV 2004 wurde im Jahr 2004 vom BMGS aufgrund einer entsprechenden Ermächtigung zum Erlass einer Rechtsverordnung in § 17b Abs. 7 Krankenhausfinanzierungsgesetz (KHG)[75] erlassen, weil sich die gesetzlich hierfür eigentlich zuständigen Verbände der öffentlichen Krankenkassen, des Verbandes der Privaten Krankenversicherung und der Deutschen Krankenhausgesellschaft nicht auf den Abschluss einer Vereinbarung zum Fallpauschalensystem einigen konnten. Die KFPV 2004 wurde inzwischen durch eine entsprechende Vereinbarung zum Fallpauschalensystem für Krankenhäuser für das Jahr 2005 (Fallpauschalenvereinbarung 2005 – FPV 2005) der genannten Verbände und der Deutschen Krankenhausgesellschaft vom 16.09.2004 (abrufbar auf der Internetseite der Selbstverwaltung für „German Refined Diagnosis Related Groups“ der Spitzenverbände der gesetzlichen Krankenkassen, des Verbandes der Privaten Krankenversicherung und der deutschen Krankenhausgesellschaft, unter: http://www.g-drg.de/service/download/veroeff_2005/Abrechnungsbestimmungen_2005_0 0916_1500.pdf (28.06.2006) abgelöst, die im Hinblick auf die Regelungen zu Transplantationen einen mit der KFPV 2004 identischen Wortlaut enthält.

untersuchungen nach § 8 Abs. 1 Satz 1 Nr. 1 lit. c TPG beim tatsächlichen Spender erfasst. Voruntersuchungen bei möglichen Lebendspendern werden also nicht über die Fallpauschale vergütet. Jedoch sind weitere Voruntersuchungen an möglichen Spendern nach § 4 Abs. 1 Satz 2 Nr. 5 KFPV 2004 neben der Fallpauschale gesondert, und zwar gemäß § 4 Abs. 4 Satz 2 KFPV 2004 gegenüber dem Sozialversicherungsträger des Empfängers abrechenbar.

II. Unfallversicherungsrechtliche Einordnung

1) Relevante tatsächliche Anknüpfungspunkte

Als unfallversicherungsrechtlich relevant kommen verschiedene tatsächliche Ereignisse im Zusammenhang mit den Voruntersuchungen zur Spenderidentifikation in Betracht. Zum einen kann es bei der Anreise eines Spendewilligen zum Untersuchungstermin zu einem Unfall kommen, bei dem der potentielle Spender Schaden nimmt, ohne dass hierfür ein Dritter schadensersatzpflichtig wäre (sog. Wegeunfälle). Weiter können im Verlauf der Untersuchungen Komplikationen auftreten, die zu unerwarteten und behandlungsbedürftigen gesundheitlichen Beeinträchtigungen des potentiellen Spenders führen. Schließlich ist denkbar, dass potentielle Spender bei dem Aufenthalt im Krankenhaus Opfer von Unfällen allgemeiner Art werden, für deren Verursachung Dritte nicht haftbar gemacht werden können. Fraglich ist, ob jene Ereignisse nach den Vorschriften des SGB VII einen Versicherungsfall darstellen.

2) Versicherungsfall im Sinne der gesetzlichen Unfallversicherung

Als Versicherungsfälle definiert § 7 Abs. 1 SGB VII „Arbeitsunfälle und Berufskrankheiten“. Arbeitsunfälle sind nach § 8 Abs. 1 Satz 1 SGB VII Unfälle von Versicherten infolge einer den Versicherungsschutz begründenden Tätigkeit nach den §§ 2, 3 oder 6 SGB VII.

Das Unfallversicherungsrecht knüpft von seiner Entstehungsgeschichte an die Gefahren im Zusammenhang mit der Ausübung einer abhängigen Beschäftigung an. Im Laufe seines Bestehens wurde der Versicherungsschutz darüber hinaus auch auf Tätigkeiten erweitert, die zwar nicht in einem inneren Zusammenhang mit dem Erwerbsprozess stehen, jedoch aufgrund ihres Nutzens für die Allgemeinheit[76] grundsätzlich erwünscht sind. Derartige Tatbestände, im Gesetz unter den § 2 Abs. 1 Nr. 8-17 SGB VII zusammengefasst, werden daher im Unterschied zu den klassischen Unfallversicherungstatbeständen als „unechte Unfall-

---

[76] Vgl. zur Diskussion über die Eignung dieses Kriteriums zur Abgrenzung von echter und unechter Unfallversicherung: Muckel, SozR, § 10 Rdn. 10. Eichenhofer, SozR, § 20 Rdn. 437 knüpft für die Abgrenzung allein an die jeweilige Trägerschaft an, was jedoch einem Austausch von Ursache und Wirkung gleichkommt, da die Finanzierung der unechten Unfallversicherung durch die öffentliche Hand gerade mit dem Allgemeinnutzen der Tätigkeit begründet wird und nicht umgekehrt.

versicherung“ bezeichnet. Der Grundgedanke der unechten Unfallversicherung rührt aus dem sozialen Entschädigungsrecht[77] her, welches im Verfassungsrecht im Rechtsinstitut des allgemeinen Aufopferungsanspruches seine Verankerung gefunden hat.[78] Da von solchen Tätigkeiten Gefahren für denjenigen ausgehen, der sie wahrnimmt, bestand das Bedürfnis für eine unfallversicherungsrechtliche Absicherung.

Nach § 2 Abs. 1 Nr. 13 lit. b SGB VII sind Personen gesetzlich unfallversichert, die „Blut oder körpereigene Organe, Organteile oder Gewebe spenden“. Betrachtet man den Wortlaut dieser Vorschrift ist die Einbeziehung von Voruntersuchungen in den gesetzlichen Unfallversicherungsschutz aus zwei Aspekten fraglich. Zum einen ist als versicherte Tätigkeit nur das Spenden eines Organs, nicht hingegen die Voruntersuchung als solche ausdrücklich dem Versicherungsschutz unterworfen. Zum anderen ist vom Wortlaut nur die Person in den Unfallversicherungsschutz einbezogen, die tatsächlich ein Organ spendet. Diejenigen, die als für eine Organspende ungeeignet identifiziert wurden, werden vom Wortlaut des § 2 Abs. 1 Nr. 13 lit. b SGB VII nicht erfasst.

a) Voruntersuchungen zur Organspende als versicherte Tätigkeit

Voruntersuchungen unterfallen, wie eben dargestellt, nach dem Wortlaut des § 2 Abs. 1 Nr. 13 lit. b SGB VII nicht dem gesetzlichen Unfallversicherungsschutz. Wenn die Organspende selbst als Tätigkeit nach § 2 Abs. 1 Nr. 13 lit. b SGB VII den Versicherungsschutz des Spendewilligen im Rahmen der unechten Unfallversicherung begründet,[79] müssen - jedenfalls bei dem in dieser Untersuchung einzig betrachteten (Normal-) Fall der Organspende zugunsten eines bestimmten Empfängers - nach dem Sinn und Zweck der Vorschrift auch die notwendigen Voruntersuchungen zur versicherten Tätigkeiten zählen. Sie sind integraler Bestandteil des Organspendevorganges. Ohne die Prüfung der Geeignetheit des Spenderorgans für die geplante Übertragung auf den Empfänger kann eine Organspende nicht durchgeführt werden. Sie ist zudem nach § 8 Abs. 1 Satz 1 Nr. 1 lit. c TPG erforderliche rechtliche Zulässigkeitsvoraussetzung für die Organentnahme.

Unabhängig von der – später im einzelnen zu erörternden – Frage, ob eine Organspende, bei der Komplikationen auftreten, einen Versicherungsfall im Sinne des § 7 Abs. 1 SGB VII in Form des Arbeitsunfalles nach § 8 Abs. 1 SGB VII darstellen,[80] liegt bei planmäßig verlaufenden Untersuchungen der potentiellen Organspender jedenfalls noch keine im Sinne der GUV leistungsrelevante Beeinträchtigung dieser Personen vor. Denn etwaige mit der Untersuchung not-

---

[77] Schulin/Igl, SozR, § 24 Rdn. 402; Eichenhofer, SozR, § 19 Rdn. 419.

[78] Zu dieser verfassungsrechtlichen Einordnung BVerfGE 75, S. 348 ff. (359), BVerfGE 81, S. 156 ff. (207).

[79] Lang in: Höfling (Hrsg.), TPG, § 23 Rdn. 4.

[80] Eingehend erörtert wird diese Thematik noch unten in Kapitel E unter IV.

wendig einhergehende und regelmäßig vorübergehende gesundheitliche Beeinträchtigungen – wie etwa die Stichwunde aufgrund einer erforderlichen Blutentnahme – stellen als Teil der den Versicherungsschutz tatbestandlich begründenden Tätigkeit[81] für sich genommen noch keinen Versicherungsfall im Sinne des § 7 Abs. 1 SGB VII dar.[82] Neben Unfällen allgemeiner Art, welche sich anlässlich des zur Spenderevaluierung erfolgenden Aufenthalts im Krankenhaus ereignen, können allenfalls untersuchungsbedingte Komplikationen unter bestimmten Umständen den Versicherungsfall auslösen. Denn nur sie können zu einem Gesundheitsschaden führen, der über die – insoweit geplante und damit vorhersehbare – Beeinträchtigung der körperlichen Integrität durch den Eingriff als solchen hinaus geht und grundsätzlich als Anknüpfungspunkt für eine Zurechnung im Sinne des § 8 Abs. 1 Satz 2 SGB VII dienen kann.[83]

b) Ungeeigneter Spendewilliger als versicherte Person

Der spätere Organspender ist schon nach dem Wortlaut des § 2 Abs. 1 Nr. 13 lit. b SGB VII unzweifelhaft vom Versicherungsschutz der GUV erfasst. Vom Wortlaut nicht umfasst sind dagegen potentielle Spender, die – etwa aufgrund medizinischer Unverträglichkeit – nicht als Spender in Frage kommen und folglich tatsächlich kein Organ „spenden“ sondern lediglich ein Organ „spenden wollten“.

Der Anwendungsbereich von § 2 Abs. 1 Nr. 13 lit. b SGB VII ist also vom Wortlaut her sehr eng. Wie auch bei der Blutspende und sonstigen, Gemeinwohlzwecken dienenden Tatbeständen des § 2 Abs. 1 SGB VII, soll dem Spender wegen des anerkennenswerten Nutzens seiner Spendebereitschaft gesetzlicher Unfallversicherungsschutz gewährt werden. Allerdings unterscheidet sich die Organspende erheblich von der Blutspende oder ähnlichen, dem Gemeinwohl dienenden Tätigkeiten, die dem Schutz der – unechten - Unfallversicherung unterstellt sind. Anders als beispielsweise die Blutspende, die regelmäßig als Anonymspende erfolgt, ist die Organspende wegen der gesetzlichen Vorga-

---

[81] Zur Abgrenzung von versicherter Tätigkeit und Versicherungsfall bei Blut- und Organspenden: Kater/Leube, SGB VII; § 2 Rdn. 320.

[82] Zu dieser Auffassung kommt auch die Enquete-Kommission, Zwischenbericht, BT-Drs. 15/5050, S. 62. Gleichfalls: Gutmann, Für ein neues TPG, S. 90 sowie ders. in: Schroth u. a., TPG, § 23 Rdn. 1.

[83] Lang in: Höfling (Hrsg.), TPG, § 23 Rdn. 8; ebenso Heemann/Demmer in: Deutsche Transplantationsgesellschaft e. V. (DTG, Hrsg.), Versicherungsschutz für die Lebendorganspende, Essen 2003, S. 15; vgl. auch die Informationen des Bundesverbandes der Unfallkassen für Organspender unter: http://www.unfallkassen.de/webcom/show_article.php?wc_c=424&wc_id=15&PHPSESSID=8e28a8cf5f45f0013b73e0fcac3f6888 (28.06.2006).

ben streng empfängerorientiert und kann bislang nicht anonym erfolgen.[84] Darum werden an den Organspender verschiedene medizinische aber auch rechtliche Anforderungen gestellt, welche andere Hilfeleistende, die gemäß § 2 Abs. 1 SGB VII dem Schutz der GUV unterliegen, nicht erfüllen müssen. Auch hat die strenge Empfängerorientierung der Lebendspende zur Folge, dass sie niemals der Allgemeinheit als solcher dient sondern primär einem einzelnen Empfänger zugute kommt. Ihr Nutzen für die Allgemeinheit ergibt sich lediglich mittelbar. Der Empfänger benötigt kein postmortal gespendetes Organ mehr, so dass er von der Warteliste der Vermittlungsstelle Eurotransplant gestrichen werden kann, was wiederum die Chancen anderer Menschen auf der Warteliste auf ein postmortal gespendetes Organ erhöht. Bei der Nierenlebendspende ergeben sich zudem Einsparungen von Behandlungsaufwendungen für eine gegebenenfalls langjährige Dialyse während der Wartezeit auf ein geeignetes, postmortal gespendetes Organ.

Dem potentiellen Organspender, der sich als für die konkrete Organübertragung ungeeignet herausstellt, könnte man daher nur seine diesbezügliche gemeinwohlorientierte Motivation zugute halten. Fraglich ist, ob die Vorschriften des SGB VII einer so weiten Auslegung zugänglich sind.

Auf einen Erfolg der Hilfeleistung kommt es auch bei anderen Tatbeständen des § 2 Abs. 1 SGB VII nicht an. Entscheidend ist vielmehr, dass ein den Versicherungsfall auslösendes Verhalten überhaupt dazu bestimmt war, dem tatsächlichen oder mutmaßlichen Interesse der versicherten Tätigkeit zu dienen.[85] So reicht im Rahmen von § 2 Abs. 1 Nr. 13 lit. c SGB VII der persönliche Einsatz des Helfers bei einer Verfolgung straftatverdächtiger Personen für die Einbeziehung in die GUV aus. Im Rahmen des § 2 Abs. 1 Nr. 12 SGB VII genügt schon die Teilnahme an Fortbildungsveranstaltungen von Zivilschutz- oder Hilfsunternehmen für die Einbeziehung in den Versicherungsschutz der GUV. Es zeigt sich damit, dass der Gesetzgeber in anderen Tatbeständen des § 2 Abs. 1 SGB VII durchaus den Kreis der Versicherten bewusst weit formuliert hat, um die hinter der dem Allgemeinwohl dienenden Tätigkeit stehende Motivation zu würdigen. Nicht anders kann es sich daher im Hinblick auf spendebereite Personen im Rahmen einer Lebendorganspende verhalten.

Dementsprechend muss auch derjenige vom Unfallversicherungsschutz erfasst sein, der medizinische Untersuchungen einzig zu dem Zweck an sich vornehmen lässt, einem anderen ein Organ zu spenden, unabhängig davon, ob er letztlich als

---

[84] Von der kontrovers geführten Diskussion um die anonyme Lebendspende wurden auch die Beratungen der Enquete-Kommission erfasst, was zur Aufnahme eines diesbezüglichen Sondervotums einzelner Mitglieder in den Zwischenbericht „Organlebendspende" geführt hat; vgl. hierzu die Ausführungen der Gruppe zur Spenderkreisbeschränkung des TPG im Zwischenbericht, BT-Drs. 15/5050, S. 78 ff., zur anonymen Lebendspende insbesondere S. 83/84.

[85] Leube in: Kater/Leube, SGB VII, vor §§ 2-6 Rdn. 20.

Spender ausgewählt wird. Denn letzteres kann der Anspruchsteller vor Durchführung der Untersuchungen gar nicht selbst abschätzen. Wie weit die Unsicherheit über das Tatbestandsmerkmal des „Spendens“ gehen kann, zeigt der Blick auf die gesetzlichen Voraussetzungen, die für eine zulässige Organentnahme vorliegen müssen. So kann trotz eines unfallversicherungsrelevanten Vorfalles bei der Spenderevaluierung die Spende zum Beispiel deswegen unterbleiben, weil das Näheverhältnis im Sinne des § 8 Abs. 1 Satz 2 TPG entgegen der Annahme von Spender, Empfänger und Transplantationszentrum nicht ausreichend eng ist oder die Lebendspendekommission Anhaltspunkte für mangelnde Freiwilligkeit sieht und ein ablehnendes Votum abgibt. All diese, teilweise von rechtlich komplizierten Wertungsfragen abhängigen Unwägbarkeiten können nicht zu Lasten des Spendewilligen gehen, der einen unfallversicherungsrechtlichen Schutz einfordert.

Würde dem potentiellen Spender unter Hinweis auf die unterbliebene Organentnahme der Unfallversicherungsschutz verweigert, könnte dies dazu führen, dass Menschen, die sich einer solchen Entscheidung gegenüber sehen, davor zurückschrecken, weil sie das hiermit verbundenen Risiko scheuen. Dieser Reaktion soll aber gerade durch die Einbeziehung solcher Handlungen in den Schutz der GUV vorgebeugt werden. Daher kann allein die erfolgsunabhängige Einbeziehung sämtlicher potentiellen Spender in den Unfallversicherungsschutz zu sachgerechten Entscheidungen führen.

c) Wegeunfälle

Dass diese Wertung zutreffend ist, zeigt schließlich auch die gesetzlich angeordnete Aufnahme von sogenannten Wegeunfällen in den Unfallversicherungsschutz. Nach § 8 Abs. 2 Nr. 1 SGB VII unterliegt das Zurücklegen des mit der versicherten Tätigkeit zusammenhängenden unmittelbaren Weges nach und von dem Ort der Tätigkeit dem Unfallversicherungsschutz. Soll aber bereits der Hinweg zur versicherten Tätigkeit vom Unfallversicherungsschutz erfasst ein, kann es nicht darauf ankommen, ob der potentielle Spender tatsächlich geeignet ist oder nicht. Es muss allein darauf abgestellt werden, dass das den Versicherungsfall auslösende Verhalten – hier also die Fahrt zum Ort der Voruntersuchungen – dazu bestimmt war, den tatsächlichen oder mutmaßlichen Interessen der versicherten Tätigkeit zu dienen.

Daher sind auch An- und Abreise jedes potentiellen Spenders zu einer Untersuchung, die im Zusammenhang mit der Organentnahme durchgeführt wird, vom Versicherungsschutz der GUV erfasst.[86]

---

[86] Zutreffend insoweit Kraushaar in: Kirste (Hrsg.), Nieren-Lebendspende, S. 74 ff. (78).

3) Zuständigkeit des Unfallversicherungsträgers

Wenn nun die Frage des „Ob" des Unfallversicherungsschutzes der potentiellen Organspender positiv beantwortet ist, ist zu klären, welcher Unfallversicherungsträger für Versicherungsfälle im Zusammenhang mit der Lebendorganspende leistungspflichtig ist. Die bestehende Gesetzeslage ist insoweit rechtlich nicht unproblematisch.

Zwar hat der Gesetzgeber ausweislich der Begründung des Gesetzentwurfes[87] bei der Überführung der Vorschriften der ehemaligen Reichsversicherungsordnung zum Unfallversicherungsrecht in das SGB VII[88] Blut- und Gewebespenden wegen ihrer häufig kommerziellen Nutzung der sachlichen Zuständigkeit der jeweiligen Berufsgenossenschaft des entnehmenden Unternehmens unterworfen. Lebendorganspenden dürfen aber nach dem im TPG verankerten Grundsatz der Unentgeltlichkeit der Lebendspende[89] gerade für keinen der Beteiligten – sei es Spender, Empfänger oder Transplantationszentrum – einen kommerziellen Hintergrund haben. Das Erfordernis einer „besonderen, die Versicherung begründenden Beziehung" zu einem Unternehmen nach § 133 Abs. 1 SGB VII führt bei nach § 2 Abs. 1 Nr. 13 lit. b SGB VII versicherten Lebendorganspendern auch zu rechtsdogmatische Schwierigkeiten. Denn ob überhaupt einer der Beteiligten an der Lebendorganspende als Unternehmen nach § 133 Abs. 1 SGB VII qualifiziert werden kann, ist fraglich.

Daher herrscht Streit darüber, welcher Unfallversicherungsträger für Lebendorganspender sachlich zuständig sein soll.[90] Dieser Streit ist nicht allein von theoretischer Bedeutung, denn die Frage, ob die Lebendorganspende als allgemein nützliche Tätigkeit dem Bereich der unechten Unfallversicherung zugeordnet werden soll,[91] entscheidet letztlich auch darüber, ob deren unfallversicherungsrechtliche Absicherung aus dem allgemeinen Steueraufkommen oder durch Beiträge der Mitglieder des jeweiligen Unfallversicherungsträgers finanziert werden soll. Vor diesem Hintergrund ist im Interesse einer sachgerechten Zuordnung der Kosten der Unfallversicherung eine genauere Betrachtung erforderlich.

---

[87] BT-Drs. 13/2204, S. 107, Begründung zu § 128 SGB VII – Hinweis.

[88] Gesetz zur Einordnung des Rechts der gesetzlichen Unfallversicherung in das Sozialgesetzbuch (Unfallversicherungseinordnungsgesetz – UVEG) v. 07.08.1996, BGBl. I 1996, S. 1254 ff.

[89] Dieser gilt gerade auch für das Transplantationszentrum, wie § 17 Abs. 1 Satz 2 Nr. 1 TPG zeigt. Dort ist lediglich die Annahme eines angemessenen Entgelts für die zu erbringenden ärztlichen Leistungen vom Tatbestand des verbotenen Handeltreibens nach § 17 Abs. 1 Satz 1 TPG ausgenommen.

[90] Vgl. etwa: Wolber, SozVers 1998, S. 147-150; Leube, SozVers 1998, S. 232-234 mit Erwiderung von Wolber, SozVers 1998, S. 235. Eine von der Gesetzeslage abweichende Auffassung vertritt auch Kraushaar in: Kirste (Hrsg.), Nieren-Lebendspende, S. 74 ff. (77).

[91] Dafür spricht sich Lang in: Höfling (Hrsg.), TPG, § 23 Rdn. 4, aus.

a) Systematik der Zuständigkeitsregelungen der §§ 121 ff. SGB VII

Die Zuständigkeitsregeln des SGB VII bieten kaum Anhaltspunkte für eine von der zuvor zitierten Entwurfsbegründung[92] abweichende Auslegung. In den §§ 121 ff. SGB VII wird zwar die sachliche Zuständigkeit der verschiedenen Unfallversicherungsträger ausführlich geregelt; jedoch verweisen diese Vorschriften nur vereinzelt auf § 2 SGB VII, so dass eine lückenlose Zuordnung der versicherten Tätigkeiten zu den jeweiligen Unfallversicherungsträgern nur anhand einer systematischen Betrachtung der Zuständigkeitsregeln insgesamt möglich ist.

Die Systematik der Zuständigkeitsvorschriften ist vom ursprünglichen Gesetzeszweck und der Historie des SGB VII geprägt. Primär wird die unfallversicherungsrechtliche Handhabung von Arbeitsunfällen und Berufskrankheiten geregelt. Diesem Grundsatz trägt zunächst die allgemeine Zuständigkeitsregelung des § 133 Abs. 1 SGB VII Rechnung, die an das Unternehmen anknüpft, in welchem der Versicherte tätig ist oder zu dem er in einer besonderen, die Versicherung begründende Beziehung steht.

Im Vordergrund steht entsprechend der Bedeutung der einzelnen Sektoren der Gesamtwirtschaft der durch den Bereich Landwirtschaft ergänzte gewerbliche Sektor sowie, daneben, die öffentliche Hand. So stellt § 121 Abs. 1 SGB VII für die gewerblichen Berufsgenossenschaften eine Regelzuständigkeit auf, die für besondere Tatbestände von den Sonderzuständigkeiten der landwirtschaftlichen Berufsgenossenschaften, § 123 SGB VII, sowie den Unfallversicherungsträgern der öffentlichen Hand nach §§ 125 ff. SGB VII durchbrochen wird. Die gesonderte Zuständigkeit der landwirtschaftlichen Berufsgenossenschaften ist – ebenso wie die der ehemaligen Staatsbetriebe Bahn und Post – historisch bedingt.[93]

Die sachliche Zuständigkeit der Unfallkasse des Bundes und der Unfallversicherungsträger im Landes- und kommunalen Bereich ergibt sich aus der Zuständigkeit der jeweiligen Körperschaften für die einzelnen Unternehmen, in denen der versicherte Personenkreis tätig wird oder zu denen er aufgrund der Tätigkeit in einer besonderen Beziehung steht. In der Literatur[94] wird zudem vertreten, dass die unechte Unfallversicherung regelmäßig von der öffentlichen Hand zu tragen sei. Dies wird zum einen mit der besonderen Schutzbedürftigkeit der versicherten Personen und Tätigkeiten, zum anderen mit dem Fehlen eines dem Unternehmen im Sinne der §§ 121 Abs. 1 SGB VII vergleichbaren Trägers des Risikos begründet.[95]

Die allgemeinen Hilfsdienste nach § 2 Abs. 1 Nr. 13 lit. a und 13 lit. c SGB VII sind den Länderunfallkassen gemäß § 128 Abs. 1 Nr. 7 SGB VII zugeordnet.

---

92 BT-Drs. 13/2204, S. 107.

93 Muckel, SozR, § 10 Rdn. 15.

94 Muckel, SozR, § 10 Rdn. 93; Eichenhofer, SozR, Rdn. 438.

95 Muckel, SozR, § 10 Rdn. 93.

Diese Vorschrift erfasst hingegen gerade nicht die Tätigkeiten nach § 2 Abs. 1 Nr. 13 lit. b SGB VII. Entsprechende Auslassungen finden sich auch in den Vorschriften über die örtliche Zuständigkeit, § 130 Abs. 4 Satz 1 SGB VII und in den Kollisionsvorschriften bei Versicherung nach mehreren Vorschriften, § 135 Abs. 1 Nr. 5, Abs. 2 SGB VII.

b) Die Lebendorganspende im System der sachlichen Zuständigkeit der Unfallversicherungsträger

Nach der Entwurfsbegründung[96] zum UVEG[97] ist § 2 Abs. 1 Nr. 13 lit. b SGB VII wegen der teilweise kommerziellen Nutzung der Blut- und Gewebespenden[98] aus der regelmäßigen Versicherung durch die Unfallkassen ausgegliedert worden. Künftig sollten Blut- oder Gewebespender daher bei dem Unfallversicherungsträger versichert sein, „der für das Unternehmen zuständig ist, das die Maßnahme zur Gewinnung von Blut oder Gewebe durchführt (§ 133 Abs. 1 SGB VII)".

Der Organspender müsste nach dieser Systematik einem Unternehmen im Sinne des § 133 Abs. 1 SGB VII zugeordnet werden, in dem er tätig ist oder zu dem er in einer besonderen, die Versicherung begründende Beziehung steht.

aa) Tätigkeit „für das Unternehmen" im Sinne des § 133 Abs. 1 1. Alt. SGB VII

Als Unternehmen im Sinne der Vorschrift kommt das Transplantationszentrum, genauer: das Klinikum, bei dem das Transplantationszentrum angesiedelt ist, in Betracht. Der Spender ist jedoch für die Klinik nicht im Sinne des § 133 Abs. 1 1. Alt SGB VII tätig. Erfasst sind von der Vorschrift nur solche Tätigkeiten, die mit dem Unternehmen in einem rechtlich wesentlichen Zusammenhang stehen und ihm wesentlich dienen.[99] Die Tätigkeit des Betroffenen muss dem Unternehmen wirtschaftlich zuzurechnen sein, wobei die Frage, ob die Person ständig für das Unternehmen tätig ist, ein weiteres Kriterium darstellt.[100] Von alledem kann jedoch bei dem Lebendspender nicht die Rede sein. Ein wirtschaftlicher Mehrwert entsteht für das Transplantationszentrum durch die Lebendspende nicht. Sie dient wesentlich dem Organempfänger und nicht dem Transplantationszentrum. Folglich ist der Lebendspender für letzteres nicht ständig tätig.

---

96 BT-Drs. 13/2204, S. 107.

97 BGBl. I 1996, S. 1254 ff., vgl. Fn. 88.

98 Zu diesen zählten nach der seinerzeitigen Terminologie bereits die Organspenden. Der Begriff Organspende in § 2 Abs. 1 Nr. 13 lit. b SGB VII wurde durch § 23 TPG lediglich der Terminologie des Transplantationsgesetzes angepasst. Eine materielle Änderung der Rechtslage war damit nicht verbunden, vgl. BT-Drs. 13/8017, S. 45 (im Gesetzgebungsverfahren als § 21a TPG geführt).

99 Schmitt, SGB VII, § 133 Rdn. 3.

100 Schulin/Igl, SozR, § 27 Rdn. 426.

Zudem kommt als Unternehmen, für das der Spender im Sinne des § 133 Abs. 1 SGB II „tätig" sein könnte, auch die Krankenkasse des Empfängers in Betracht: Sie ist letztlich diejenige, welche dem Empfänger die Organtransplantation im System der gesetzlichen Krankenversicherung in Form der Sachleistung zur Verfügung stellen muss. Gemäß § 2 Abs. 2 Satz 3 SGB V schließt die Krankenkasse, um ihre Sachleistungspflicht gegenüber den Versicherten zu erfüllen, Verträge mit den verschiedenen Leistungserbringern. Demnach könnte das Zurverfügungstellen des Spenderorgans durch den Spender auch als Erfüllung der Sachleistungspflicht der Krankenkasse im Verhältnis zum Organempfänger angesehen werden. Der Organspender diente durch seine Spende wirtschaftlich den Zwecken der Krankenkasse.

Bei der Lebendorganspende ist die Organentnahme beim Spender zwar Teil der Sachleistung, welche der Organempfänger in Anspruch nimmt. Allerdings besteht zwischen Krankenkasse und Organspender – anders als zu den eigentlichen Vertragspartnern der Krankenkasse im Rahmen des Sachleistungsprinzips – kein beiderseitige Pflichten begründendes Rechtsverhältnis. Der Spender verpflichtet sich nämlich gerade nicht gegenüber der Krankenkasse zur Zurverfügungstellung des Spenderorgans an den Organempfänger im Wege der Sachleistung. Schon insoweit ist der Spender nicht für die Krankenkasse tätig.

Die Entscheidung über die Organspende fällt zwischen den unmittelbar Beteiligten. Letztlich ist der Krankenkasse die Tätigkeit des Spenders auch nicht wirtschaftlich zuzurechnen. Denn die Leistungspflicht der Krankenkasse gegenüber dem Organempfänger als ihrem Versicherten bei einer Lebendorganspende erwächst primär aus der Entscheidung von Spender und Empfänger zur Lebendorgantransplantation. Die Krankenkasse hat auf die Umstände, welche zur Lebendorgantransplantation führen, keinerlei Einfluss. Auch ob ihr die Lebendorganspende wirtschaftlich überhaupt dient, lässt sich nicht ohne weiteres feststellen. Zwar erspart die Krankenkasse bei einer frühzeitigen Lebendorganspende möglicherweise hohe Kosten für Ersatztherapien wie die Dialysebehandlung. Allerdings können auch bei einer Lebendorganspende Abstoßungsreaktionen auftreten, die eine weitere Dialysebehandlung des Empfängers erforderlich machen, so dass aus Sicht der Krankenkasse im Ergebnis wirtschaftlich nichts gewonnen ist.

bb) Besondere, die Versicherung begründende Beziehung im Sinne des § 133 Abs. 1 2. Alt. SGB VII

Eine Zuständigkeit des Transplantationszentrums als Unfallversicherungsträger würde allenfalls dann bestehen, wenn der Lebendspender nach § 133 Abs. 1 2. Alt SGB VII zu ihm in einer besonderen, die Versicherung begründenden Beziehung stünde. Als eine solche Beziehung beschreibt die Entwurfsbegründung beispielhaft die Beziehung des Kindergartenkindes zur Kindertagesstätte.[101] In dieser Konstellation besteht die Beziehung zwischen versichertem Kind und Kindergarten primär in einem – häufig privatrechtlichen – Vertragsverhältnis. Geeigneter Anknüpfungspunkt ist demnach also auch eine Leistungsbeziehung zwischen dem Versicherten und dem Unternehmen. Sie besteht zweifelsohne zwischen dem Organspender und dem Transplantationszentrum, welches seine Dienstleistung zur Verfügung stellt, so dass die Zuordnung des Organspenders als versicherter Person zum Transplantationszentrum als versichertes Unternehmen möglich ist.

Zur Krankenkasse des Empfängers jedoch hat der Organspender keine nach § 133 Abs. 1 2. Alt. SGB VII erforderliche, die Versicherung begründende Beziehung. Denn zwischen beiden bestehen gerade keinerlei vertragliche Leistungsbeziehungen.[102] Die von der Empfängerkrankenkasse zu erbringenden Sachleistungen und Kostenerstattungen schuldet diese ihrem Versicherungsnehmer. Der Spender hat keine eigenen Ansprüche gegen die Krankenkasse des Empfängers sondern leitet seine Ansprüche – etwa auf Verdienstausfallerstattung – allein aus der Leistungsbeziehung zwischen Empfänger und Krankenkasse ab. Auch ist der Spender zu keiner Zeit der Krankenkasse gegenüber zu irgendeiner Leistung verpflichtet. Daher scheidet eine Inanspruchnahme der Krankenkasse als Unternehmen im Sinne des § 133 Abs. 1 SGB VII insoweit aus.

Eine Zuordnung des Organspenders kann also allenfalls zum jeweiligen Transplantationszentrum in Betracht kommen. Welcher Unfallversicherungsträger im Ergebnis zuständig ist, richtet sich nur noch danach, ob es sich bei dem Klinikum, in welchem die Organentnahme durchgeführt wird, um eines in öffentlicher oder privater Trägerschaft handelt.[103] Im praktisch häufigsten Fall handelt es sich bei den Transplantationszentren um Einrichtungen der Universitätskliniken. Diese sind Landeseinrichtungen, so dass zuständige Träger nach § 128 Abs. 1 Nr. 1 SGB VII die Landesunfallkassen sind. Soweit Transplantationszentren in privater oder etwa kirchlicher Trägerschaft stehen, sind nach der allgemeinen Zuständigkeitsregel des § 121 Abs. 1 i. V. m. § 114 Abs. 1 Nr. 1 SGB VII die gewerblichen Berufsgenossenschaften zuständig. Nach Anlage 1 zu § 114 SGB VII ist das für Krankenhäuser in der Regel die Berufsgenossenschaft für Gesundheitsdienste und Wohlfahrtspflege.

---

101 BT-Drs. 13/2204, S. 108; Schmitt, SGB VII, § 133 Rdn. 4; Leube in: Kater/Leube, SGB VII, § 133 Rdn. 6 zählt zu den Versicherten mit einer besonderen Beziehung im Sinne des § 133 Abs. 1 2. Alt. SGB VII darüber hinaus ohne weitere Differenzierung auch die Versicherten nach § 2 Abs. 1 Nr. 13 SGB VII.

102 Zu den rechtlichen Beziehungen zwischen der Krankenkasse des Empfängers und dem Organspender siehe auch die Ausführungen unten in Kapitel A II. 2) c).

103 So auch Leube, SozVers 1998, S. 232-234 (233).

Die Anknüpfung der sachlichen Zuständigkeit an den Unternehmensbegriff des § 133 Abs. 1 SGB VII mag für die vom Gesetzgeber erwähnten Fälle der kommerziellen Spenden sachlogisch nachvollziehbar sein. Wegen des grundsätzlich auf den Nutzen eines bestimmten Dritten gerichteten Zweckes der Lebendorganspende wird jedoch auch ein anderer Lösungsansatz vertreten.[104]

cc) Zuständigkeit der Unfallkassen der Länder wegen des Nutzens für die Allgemeinheit

Weil das Transplantationsgesetz im Interesse der Volksgesundheit erlassen und die Lebendorganspende damit eine Angelegenheit der Volksgesundheit sei, wird vertreten, die Organspende aufgrund ihres „Nutzens für die Volksgesundheit" generell den Unfallversicherungsträgern der Länder zuzuordnen.[105] Zur Begründung dieser Auffassung wird ferner damit argumentiert, dass das BSG in einem Urteil aus dem Jahr 1984 die Zuständigkeit eines Eigenunfallversicherungsträgers einer Stadt für Komplikationen aus einer Blutspende festgestellt habe, obwohl das Blut für ein Pharmaunternehmen zum Zwecke der Arzneimittelherstellung gespendet worden sei.[106]

dd) Rechtliche Würdigung

Der Hinweis auf diese Rechtsprechung des BSG ist durch die eindeutige Aussage des Gesetzgebers bei Überführung der gesetzlichen Unfallversicherung aus der RVO in das SGB[107] überholt. Denn hier hat der Gesetzgeber ausdrücklich betont, dass gerade wegen der häufig kommerziellen Blut- und Gewebespenden für die Zuständigkeit des Unfallversicherungsträgers künftig an das jeweilige Unternehmen angeknüpft werden soll.[108]

Für die im Hinblick auf die Lebendorganspende von der derzeitigen Gesetzeslage abweichenden Auffassungen,[109] nach denen die Organspende nach § 128 Abs. 1 Nr. 7 SGB VII den Unfallkassen der Länder zuzuordnen ist, streiten dennoch gewichtige Argumente. Wie sich an der gesetzlichen Stellung der Blut-, Organ- und Gewebespender in § 2 Abs. 1 Nr. 13 lit. b SGB VII zeigt, hat der Gesetzgeber ihnen eine gewisse Vergleichbarkeit mit den weiteren in § 2 Abs. 1 Nr. 13 SGB VII aufgeführten Personenkreisen zuerkannt. Schließlich leisten auch sie, ohne hierzu rechtlich verpflichtet zu sein, Hilfe für Dritte. Dass im Zu-

---

[104] Wolber, SozVers 1998, S. 147-150; Kraushaar in: Kirste (Hrsg.), Nieren-Lebendspende, S. 74 ff. (77).

[105] Ausdrücklich Wolber, SozVers 1998, S. 147-150; bestätigend ders., SozVers 1998, S. 235.

[106] Wolber, SozVers 1998, S. 235.

[107] BT-Drs. 13/2204 S. 107, Begründung zu § 128 SGB VII – Hinweis.

[108] BT-Drs. 13/2204 S. 107, Begründung zu § 128 SGB VII – Hinweis.

[109] Wolber, SozVers 1998, S. 147-150; Kraushaar in: Kirste (Hrsg.), Nieren-Lebendspende, S. 74 ff. (77).

sammenhang mit der Organentnahme anders als in den Fällen der § 2 Abs. 1 Nr. 13 lit. a und 13 lit. c SGB VII der Versicherte nicht nur allein tätig wird, sondern die Beteiligung des Transplantationszentrums zwingend erforderlich ist, vermag dieses Argument nicht zu entkräften.

Zwar bestimmt § 133 Abs. 1 SGB VII die Zuständigkeit für die Versicherten danach, für welche Unternehmen diese tätig sind oder zu welchen sie in einer besonderen, die Versicherung begründenden Beziehung stehen. Verglichen mit den anderen an eine besondere Beziehung zu einem Unternehmen anknüpfenden versicherten Tätigkeiten des § 2 Abs. 1 SGB VII birgt die Organspende aber eine Besonderheit: Bei den anderen Tätigkeiten nach § 2 Abs. 1 SGB VII ist das Unternehmen selbst oder der Träger des Unternehmens teilweise Nutznießer,[110] regelmäßig aber zumindest Veranlasser[111] der versicherten Tätigkeit. Dass dort eine die Versicherung begründende Beziehung zwischen Versichertem und Unternehmen besteht, liegt auf der Hand. Bei der Organspende hingegen begibt sich der Organspender zwecks Durchführung der Organentnahme auf eigene Veranlassung in das Transplantationszentrum. Das Transplantationszentrum hat aber – abgesehen von der Vergütung für die medizinischen Leistungen durch die Krankenversicherung – von der Organentnahme weder einen Nutzen von noch ist es deren Veranlasser. Das ist in erster Linie der Organempfänger. Daher erscheint eine Anknüpfung der Unfallversicherungszuständigkeit an das Unternehmen bei Organspenden nicht sachgerecht.

Für eine Zuordnung der Organspende nach § 128 Abs. 1 Nr. 7 SGB VII zu den Unfallkassen der Länder spricht ein weiterer Gesichtspunkt: § 185 Abs. 2 Satz 1 SGB VII bestimmt als Ausnahme von der allgemeinen Beitragspflicht der Unternehmen nach § 150 Abs. 1 SGB VII unter anderem, dass für nach § 2 Abs. 1 Nr. 13 lit. a und 13 lit. c SGB VII Versicherte keine Beiträge von den Unfallversicherungsträgern der öffentlichen Hand erhoben werden. Die Nichtberücksichtigung der nach § 2 Abs. 1 Nr. 13 lit. b SGB VII Versicherten in dieser Ausnahmevorschrift führt dazu, dass die Krankenhäuser, in denen Lebendorgantransplantationen vorgenommen werden, grundsätzlich der allgemeinen Beitragspflicht nach § 150 Abs. 1 SGB VII unterliegen.[112]

---

110 Etwa die Körperschaften nach § 2 Abs. 1 Nr. 11 lit. a SGB VII.

111 Hierunter fallen z. B. die Unternehmen nach § 2 Abs. 1 Nr. 3, Schulen und Kindergärten nach § 2 Abs. 1 Nr. 8 oder die Bundesagentur für Arbeit nach § 2 Abs. 1 Nr. 14 SGB VII.

112 Dennoch erhebt zum Beispiel die Unfallkasse Hessen keine Beiträge von den Trägern der Transplantationszentren sondern behandelt die Fälle des § 2 Abs. 1 Nr. 13 lit. b SGB VII beitragsrechtlich wie solche des § 2 Abs. 1 Nr. 13 lit. a und lit. c SGB VII. Nach Auskunft der Unfallkasse Hessen werden die im Rahmen der Unfallversicherung für diese Fälle entstehenden Kosten auf die Kommunen umgelegt. Dies entspricht der Handhabung, wie sie § 185 Abs. 2 Satz 1 SGB VII unter anderem für die Fälle des § 128 Abs. 1 Nr. 7 SGB VII vorsieht, zu denen die nach § 2 Abs. 1 Nr. 13 lit. a und lit. c SGB VII versicherten Tätigkeiten gehören.

Eine solche Beitragspflicht der Krankenhäuser ist jedoch systemwidrig. Denn diese Einrichtungen erbringen für Spender und Empfänger lediglich Dienstleistungen. Sie veranlassen die versicherungsbegründende Tätigkeit gerade nicht selbst. Sie haben unfallversicherungsrechtlich nur gegenüber den eigenen Beschäftigten einzustehen. Ein tragender Gesichtspunkt des TPG war die Verhinderung einer Kommerzialisierung der Organspende.[113] Darum wurde jedwede Form des Organhandels unter Strafe gestellt. Schon deshalb kann die Kommerzialisierung der Transplantation im SGB VII schlicht nicht zur Begründung dafür dienen, die Kosten für die gesetzliche Unfallversicherung der Lebendspender auf die Träger der Transplantationszentren abzuwälzen.[114] Der Gesetzgeber hat dazu in § 17 Abs. 1 Nr. 1 TPG ausdrücklich bestimmt, dass nur die Annahme eines angemessenen Entgelts für die zur Erreichung des Ziels der Heilbehandlung gebotenen Maßnahmen vom Verbot des Organhandels ausgenommen ist. Andere als die nach der Fallpauschalenverordnung vorgesehenen Pauschalvergütungssätze für im Zusammenhang mit der Organentnahme beim Lebendorganspender erbrachten klinischen Behandlungsleistungen erhält das Transplantationszentrum nicht. Insoweit kann in Bezug auf die Lebendorganspende von einer Kommerzialisierung, wie sie etwa im Bereich der Blutspende - insbesondere bei der Blutplasmaspende – an pharmazeutische Unternehmen nicht unüblich ist, keine Rede sein. Auch vor diesem Hintergrund erscheint die aufgrund der vom Gesetzgeber vorgenommenen Zuordnung der sachlichen Zuständigkeit der Unfallversicherungsträger erfolgte, gleichzeitige Beitragspflicht der Transplantationszentren nach § 150 Abs. 1 SGB VII als verfehlt.

Einen generellen Unfallversicherungsschutz für Patienten in Einrichtungen der Gesundheitsfürsorge sieht das SGB VII nicht vor. Gegenüber Patienten obliegen den Krankenhäusern daher in der Regel lediglich die allgemeinen zivilrechtlichen Sorgfaltspflichten, die sich aus Gesetz oder (Behandlungs-) Vertrag ergeben. Die finanziellen Folgen, die mit einem möglichen Fehlverhalten der Beschäftigten des Krankenhauses und daraus resultierenden Sach- oder Personenschäden beim Spender einhergehen, sind durch vertragliche und gesetzliche Haftungsansprüche abgesichert. Für die versicherungsrechtliche Absicherung ihres diesbezüglichen allgemeinen Haftungsrisikos müssen die Krankenhäuser selbst Sorge tragen.

Eine Orientierung am Unternehmensbegriff des § 133 Abs. 1 SGB VII hat außerdem zur Folge, dass die nach § 104 Abs. 1 SGB VII vorgesehene Haftungsbeschränkung auf Vorsatz im Verhältnis Krankenhaus – Organspender griffe, was die Absurdität dieser Vorgehensweise zusätzlich unterstreicht. Damit wären sämtliche zivilrechtlichen Ansprüche des Organspenders gegen das Transplanta-

---

[113] Dies lässt sich der Gesetzesbegründung an verschiedenen Stellen entnehmen, so etwa BT-Drs. 13/4355 S. 11, 14 sowie insbesondere in der Begründung der Vorschriften zum Organhandelsverbot S. 29, 30.

[114] Dazu führt aber die Eingliederung der Tatbestände des § 2 Abs. 1 Nr. 13 lit. b SGB VII in die allgemeine Zuständigkeitsregel des § 133 Abs. 1 SGB VII.

tionszentrum – oder genauer gegen das Klinikum als Träger desselben – faktisch ausgeschlossen, da Personenschäden beim Organspender regelmäßig auf fahrlässiges Handeln der Beteiligten zurückzuführen sein dürften, dieser Verschuldensgrad aber gerade vom Haftungsausschluss des § 104 Abs. 1 Satz 1 SGB VII erfasst wird. Folgerichtig hat der BGH bereits früh erkannt, dass für Personen, die nach § 2 Abs. 1 Nr. 13 lit. a SGB VII gerettet werden, keine Haftungsbeschränkung gegenüber dem Rettenden besteht.[115]

ee) Ergebnis

Richtigerweise sollte daher entsprechend § 128 Abs. 1 Nr. 7 SGB VII den Unfallkassen der Länder die Zuständigkeit nach § 2 Abs. 1 Nr. 13 lit. b SGB VII jedenfalls für die Gruppe der Organspender zugewiesen werden und zwar unabhängig davon, ob das die Organentnahme durchführende Transplantationszentrum unter öffentlich-rechtlicher oder privatrechtlicher Trägerschaft steht.[116] Aufgrund des zweifelsfreien Wortlautes des § 128 Abs. 1 Nr. 7 SGB VII kommt eine erweiternde Auslegung der Vorschrift im genannten Sinne nicht in Betracht. Erforderlich ist daher eine Änderung der Vorschrift durch Aufnahme der Organspende in den Katalog des § 128 Abs. 1 Nr. 7 SGB VII. Anders als die – häufig entgeltliche – Blutspende darf die Lebendorganspende nur unentgeltlich erfolgen. Folglich greift das Argument, wonach die Zuordnung dieser Versichertengruppe wegen der kommerziellen Nutzung der Spende unternehmensbezogen erfolgen soll,[117] hier eben nicht.

Gleichzeitig wäre damit gemäß § 185 Abs. 2 Satz 1 SGB VII auch die Finanzierung dieser Aufwendungen der Unfallversicherungsträger aus Steuermitteln und nicht aus Beiträgen der Träger der Transplantationszentren sichergestellt.[118]

Schließlich blieben dem Spender wegen der Unanwendbarkeit des § 104 Abs. 1 Satz 1 SGB VII zivilrechtliche Schadensersatzansprüche wegen fahrlässiger Schadensverursachung durch das Klinikpersonal erhalten.

---

[115] Kater in Kater/Leube, SGB VII, § 104 Rdn. 28, unter Verweis auf BGH VersR 1979, S. 668 und VersR 1981, S. 260.

[116] Ebenso: Kraushaar in: Kirste (Hrsg.), Nieren-Lebendspende, S. 74 ff. (77).

[117] Von genau dieser Überlegung war allerdings ausweislich der Entwurfsbegründung zum UVEG der Gesetzgeber geleitet, vgl. BT-Drs. 13/2204, S. 107, Hinweis zu § 128 SGB VII.

[118] Dies ist nach den Recherchen des Verfassers jedenfalls im Zuständigkeitsbereich der Unfallkasse Hessen ohnehin die Praxis, vgl. oben Fn. 112.

C Der medizinische Eingriff der Lebendorgantransplantation

Ist der geeignete Spender gefunden, ist als nächstes die Transplantation als medizinischer Eingriff versicherungsrechtlich zu bewerten. An dieser Stelle wird zunächst die komplikationslos verlaufende Lebendorgantransplantation betrachtet. Komplikationen können nicht nur während der Organentnahme selbst sondern auch kurze oder sogar längere Zeit nach dem operativen Eingriff beim Spender auftreten.[119] Die insoweit gegenüber der komplikationslosen Organtransplantation besonderen sozialversicherungsrechtlichen Auswirkungen erfordern daher eine gesonderte Betrachtung.

Als erstes erfolgt ein Blick auf die Leistungspflichten der Sozialversicherungsträger hinsichtlich der Organentnahme selbst. Danach werden deren Leistungspflichten bezüglich etwaiger Nebenleistungen zur Organentnahme, wie etwa Verdienstausfall oder Fahrtkosten des Spenders erörtert.

I. Kosten der Organentnahme

Hinsichtlich der Frage, welche Krankenkasse (diejenige des Spenders oder des Empfängers) für die im Zusammenhang mit der Organentnahme beim Spender erbrachten ärztlichen Leistungen aufzukommen hat, besteht seit der Grundsatzentscheidung des BSG[120] weitgehender Konsens. Alle ärztlichen Leistungen sowie der stationäre Aufenthalt im Zusammenhang mit der Organentnahme beim Spender sind Leistungen zur Behandlung der Krankheit des Organempfängers und dementsprechend nach § 27 Abs. 1 Satz 1 SGB V über dessen Krankenkasse abzurechnen.[121]

Ob, wie im Rahmen der Beratungen zur Lebendorganspende vor der Enquete-Kommission teilweise gefordert,[122] wünschenswert ist, den Leistungsanspruch als einen im Anspruch des Empfängers gegenüber seiner Krankenkasse auf Krankenbehandlung wurzelnden, eigenen Anspruch des Organspenders auszugestalten, ist fraglich. Das BSG[123] hat die gegenüber dem Organspender zu erbringenden medizinischen Leistungen als eine der Krankenbehandlung des Empfängers zuzurechnende Nebenleistungen angesehen. Der Organspender steht mit der Krankenkasse des Empfängers in keinerlei vertraglicher Beziehung, so dass die rechtliche Konstruktion eines Krankenbehandlungsanspruches des Organspenders selbst, wie er von Höfling[124] gefordert wird, dogmatisch

---

119 Zu den medizinischen Risiken bei der Lebendspende allgemein: Stiftung Lebendspende e. V., Ablauf einer Lebendspende, abzurufen unter: http://www.stiftung-lebendspende.de/ablauf1.html (28.06.2006).

120 BSGE 35, S. 102-104.

121 So ausdrücklich BSGE 35, S. 102-104 (103).

122 Höfling, Kom.-Drs. 15/143, Schriftliche Stellungnahme zum Fragenkatalog zur öffentlichen Anhörung „Organlebendspende", S. 7.

123 BSGE 35, S. 102-104 (102).

124 Höfling, Kom.-Drs. 15/143, Anhörung „Organlebendspende", S. 7.

nicht zufriedenstellend begründet werden kann. Andere Ausformungen von Ansprüchen Dritter gegenüber der Krankenkasse eines Versicherten, die sich jeweils aus deren Beziehung zum Versicherten herleiten, sind im SGB V nur vereinzelt zu finden.[125] § 11 Abs. 3 SGB V stellt lediglich den Umfang der Leistungspflicht der GKV dem Versicherten selbst gegenüber dar. § 18 Abs. 2 SGB V ist als Kostenerstattungsanspruch insoweit schon systemwidrig, als hierin eine Ausnahme vom das Krankenversicherungsrecht ansonsten beherrschenden Sachleistungsprinzip formuliert ist.

Zudem ist aus praktischen Erwägungen, jedenfalls was die Sachleistungen im unmittelbaren Zusammenhang mit der eigentlichen Organentnahme betrifft, die Zuordnung zu dem Leistungsanspruch des Organempfängers gegenüber seiner Krankenkasse wünschenswert. Denn der Organspender nimmt mit der Organspende ein nicht unerhebliches gesundheitliches Risiko auf sich und muss sich in diesem Zusammenhang einer Vielzahl von medizinischen, verwaltungstechnischen und verwaltungsrechtlichen Prozeduren unterordnen. Daher sollte er so weit als möglich von zusätzlichem bürokratischen Aufwand frei bleiben. Muss sich der Spender jedoch wegen der ihm gegenüber zu erbringenden Leistungen auch noch rechtlich mit der Krankenkasse des Empfängers auseinandersetzen, stellt dies eine erhebliche Belastung dar, die nur schwer zumutbar erscheint. Organentnahme und Organtransplantation erfolgen in der Regel im selben Transplantationszentrum, so dass die Abrechnung der jeweiligen medizinischen Leistungen mit der Krankenkasse des Empfängers grundsätzlich einheitlich und ohne Beteiligung des Spenders durchgeführt werden kann. Diesem Prinzip folgt die übliche Abrechnungspraxis bereits. Nach § 4 Abs. 3 KFPV 2004[126] ebenso wie § 4 Abs. 3 FPV 2005[127] werden die für Organtransplantationen abzurechnenden Fallpauschalen allein gegenüber dem Transplantatempfänger selbst oder dessen Sozialversicherungsträger abgerechnet.

Anders kann dies allerdings hinsichtlich der dem Organspender gegenüber zu erbringenden, nur in mittelbarem Zusammenhang mit der Organspende stehenden Leistungen zu beurteilen sein. So könnte es aufgrund des unter Umständen langen Zeitraumes zwischen Organentnahme und abzurechnender ärztlicher Leistung sachgerecht sein, dem Spender einen eigenen Anspruch gegen die

---

125 Höfling bezieht sich in Kom-Drs. 15/143 insbesondere auf §§ 11 Abs. 3, 18 Abs. 2 und 13 Abs. 6 SGB V, wobei letzterer lediglich einen Verweis auf § 18 Abs. 2 SGB V enthält.

126 Fallpauschalenverordnung 2004 (KFPV 2004) des Bundesministeriums für Gesundheit und soziale Sicherung vom 13.10.2003, BGBl. I 2003, S. 1995 ff.

127 Vereinbarung zum Fallpauschalensystem für Krankenhäuser für das Jahr 2005 (Fallpauschalenvereinbarung 2005 – FPV 2005) vom 16.09.2004, abrufbar auf der Internetseite der Selbstverwaltung für „German Refined Diagnosis Related Groups" der Spitzenverbände der gesetzlichen Krankenkassen, des Verbandes der Privaten Krankenversicherung und der deutschen Krankenhausgesellschaft, unter: http://www.g-drg.de/service/download/veroeff_2005/Abrechnungsbestimmungen_2005_040916_1500.pdf (28.06.2006).

Krankenkasse des Empfängers insbesondere für die Nachsorgemaßnahmen nach § 8 Abs. 3 Satz 1 TPG einzuräumen. Denn werden solche erbracht, liegt nicht notwendig gleichzeitig eine abrechnungsrelevante Leistungserbringung an den Empfänger zugrunde, so dass eine Abrechnung über dessen Krankenkasse nur mit erhöhtem Aufwand möglich ist. Außerdem ist nicht auszuschließen, dass sich im Zeitpunkt der Durchführung von Nachsorgemaßnahmen der versicherungsrechtliche Status des Organempfängers zwischenzeitlich geändert hat, etwa weil er nicht mehr bei der zum Zeitpunkt der Organentnahme zuständigen Krankenversicherung versichert ist, oder der Empfänger zwischenzeitlich verstorben ist und kein Krankenversicherungsverhältnis mehr besteht. Hierauf wird an entsprechender Stelle jedoch noch gesondert einzugehen sein.[128]

II. Verdienstausfall

Neben den im Zusammenhang mit der Organentnahme beim Spender von der Krankenkasse des Empfängers zu erbringenden Sachleistungen entstehen dem Spender aber weitere Aufwendungen, bezüglich derer ebenfalls eine Kostentragung durch die Krankenkasse des Empfängers in Betracht kommt. Wirtschaftlich am bedeutendsten ist hierbei der dem Spender möglicherweise entstehende Verdienstausfall.

Qualitativ handelt es sich bei dieser Leistung um eine Barleistung an den Organspender, also um eine direkte Geldleistung der Krankenkasse an eine Person, die regelmäßig nicht bei der leistungspflichtigen Krankenkasse versichert sein wird. Zur Leistungserbringung ist ein Sozialversicherungsträger nach § 31 SGB I nur dann befugt, wenn hierfür eine ausdrückliche Ermächtigungsgrundlage besteht.[129] Ermächtigungsgrundlagen für Leistungen mit Verdienstausfallersatzcharakter finden sich zwar in den Vorschriften der §§ 44 ff. SGB V zum Krankengeld für die Versicherten. Für Barleistungen zur Erstattung von Einkommenseinbußen eines nicht bei der zahlenden Krankenkasse versicherten Dritten gibt es im SGB V jedoch keine gesonderte Ermächtigungsgrundlage.

1) Die Entwicklung der Diskussion um die Erstattung von Verdienstausfall an den Organspender

Das BSG hatte im Jahr 1972 befunden, dass zur Zahlung von Verdienstausfall an einen Spender eines Knochenspans die Krankenkasse des Empfängers verpflichtet sei.[130] In der rechtswissenschaftlichen Diskussion wird seither unter Hinweis auf dieses Urteil die Frage nach dem Rechtsgrund für eine Verdienstausfallerstattung an den Spender nicht mehr behandelt. Lediglich der Umfang des dem Spender zu gewährenden Verdienstausfalls steht in der Diskussi-

---

[128] Siehe hierzu insbesondere die Ausführungen in Kapitel A unter II. zu den Nachbetreuungsmaßnahmen für den Organspender.

[129] Kummer in: Schulin (Hrsg.), HdbdSozVersR, Bd. 1, § 23 Rdn. 3.

[130] BSGE 35, S. 102-104.

on. Auch im Zwischenbericht Organlebendspende wird zur Frage des Rechtsgrundes für eine Verdienstausfallerstattung nicht Stellung genommen – er wird vielmehr vorausgesetzt.[131]

Eine befriedigende Lösung für die Fragen um einen Verdienstausgleich für den Spender gibt es auch dreißig Jahre nach dem o. g. Urteil des BSG nicht. Nur soweit der Streit um den Umfang der Erstattungspflicht betroffen ist, wird dies von der Enquete-Kommission im Zwischenbericht Organlebendspende gerügt.[132]

a) Rechtsprechung des BSG

Dabei war gerade die Anspruchsgrundlage für einen solchen Zahlungsanspruch des Organspenders vom BSG seinerzeit gar nicht problematisiert worden.

Das BSG hatte in seiner Entscheidung den Verdienstausfall als Nebenleistung zur Krankenhilfe[133] des Empfängers qualifiziert und ihn daher der Leistungspflicht der Empfängerkrankenkasse zugeordnet. Die Krankenhilfe umfasste nach § 182 Abs. 1 RVO in der seinerzeit gültigen Fassung neben den Leistungen, die heute unter dem Begriff der Krankenbehandlung nach § 27 SGB V aufgeführt werden, auch das sogenannte Hausgeld.[134] Das diesem vergleichbare heutige Krankengeld nach SGB V bildet jedoch systematisch gegenüber der „Krankenbehandlung" nach § 27 Abs. 1 SGB V eine eigene Form der Leistung bei Krankheit und nicht mehr eine Untergruppe des weiter gefassten Begriffs der „Krankenhilfe" nach § 182 Abs. 1 RVO. Damals wie heute ist jedenfalls die Zahlung von Haus- oder Krankengeld eine Barleistung, welche im vom Sachleistungsprinzip geprägten Recht der GKV eine Sonderstellung einnimmt.

Das BSG hatte erkannt, dass das Krankenversicherungsrecht keine Rechtsgrundlage für die Zahlung von Verdienstausfall an den Spender vorsah. Daher hat es zur Bestimmung des Umfanges der Leistungspflicht der Krankenkasse des Empfängers bei der Organspende auf eine Analogie zu Vorschriften der seinerzeit anwendbaren RVO zum Hausgeld nach § 186 Abs. 1 RVO zurückgegriffen. Das BSG führte hierzu aus, dass gegen eine entsprechende Anwendung der „für die Arbeitsunfähigkeit bei Krankenhauspflege getroffenen Regelungen" jedenfalls dann nichts einzuwenden sei, wenn „auch der Spender gesetzlich Versicherter ist".[135] Das Hausgeld erfülle „in einem solchen Fall dieselbe Verdienstausgleichsfunktion" und ermögliche eine „versicherungsgerechte Lösung", die es den Krankenkassen erlaube, ihre „Barleistungsverpflichtung im gewohnten

---

131 BT-Drs. 15/5050, S. 61.

132 BT-Drs. 15/5050, S. 61.

133 Der vom BSG verwendete Begriff „Krankenhilfe" entstammt der Terminologie des § 182 Reichsversicherungsordnung (RVO). Den Inhalt der Krankenhilfe bestimmte § 182 RVO.

134 Das Hausgeld nach § 186 RVO in der seinerzeit gültigen Fassung entsprach seinem Zweck nach dem heutigen Krankengeld.

135 BSGE 35, S. 102-104 (104).

Rahmen auf einfache Weise abzuwickeln, insbesondere dann, wenn sie sich dabei der Amtshilfe der Krankenkasse des Spenders bedienen".[136]

Die Kernaussagen des Urteils zum Verdienstausfall sind folgendermaßen zusammenzufassen:

- Das Hausgeld habe bei arbeitsunfähigen Versicherten eine vergleichbare Verdienstausgleichsfunktion wie bei aufgrund ihrer Spende arbeitsunfähigen Organspendern.
- Bei gesetzlich versicherten Organspendern komme eine analoge Anwendung der Vorschriften zum Hausgeld bei der Berechnung der Verdienstausfallerstattung in Betracht.
- Der Verdienstausfall des Spenders sei in Höhe des Nettolohns zu erstatten.[137]

aa) Vergleichbarkeit der Verdienstausfallerstattung an den Organspender mit dem Krankengeld an den Versicherten

Tatsächlich stellt die Erstattung des Verdienstausfalles des Spenders keine der Krankengeldzahlung an den Versicherten selbst vergleichbare Leistung dar. Das Krankengeld an den Versicherten hat Arbeitsentgeltersatzfunktion,[138] soll also den Versicherten – kurzfristig[139] und dennoch grundsätzlich unbegrenzt[140] – vor krankheitsbedingten Lohnausfällen schützen. Die wirtschaftliche Absicherung des Versicherten zielt darauf ab, ihm trotz krankheitsbedingter Arbeitsunfähigkeit die Leistung seiner laufenden Kosten zu ermöglichen ohne hierbei in eine soziale Notlage zu geraten. Daher ist es insoweit ausreichend, ihm lediglich den – aus Kostendämpfungsgründen maßvoll reduzierten – Nettolohnausfall zu erstatten. Weil der Versicherte auch bei Krankengeldbezug grundsätzlich zur Leistung von Sozialversicherungsbeiträgen verpflichtet bleibt, wird in diesen Fällen zur Vermeidung weitergehender Einbußen des Versicherten die Bemessungsgrundlage für die einzelnen Beiträge gesetzlich reduziert. In der Regel beträgt die Bemessungsgrundlage 80 % des für die Berechnung des Krankengeldes selbst zugrunde gelegten Arbeitsentgelts.[141] Lediglich von der Beitragspflicht in

---

136 BSGE 35, S. 102-104 (104).

137 Ausdrücklich offen gelassen hat das BSG die Frage, ob neben der Leistungsverpflichtung der Empfängerkrankenkasse eine subsidiäre Leistungspflicht der Krankenkasse des versicherten Spenders besteht, wenn der Empfänger nicht versichert ist. Hierauf wird unten in Kapitel G unter I 3) a) eingegangen, wo die versicherungsrechtliche Handhabung der Organlebendspende an einen sozialhilfeberechtigten Organempfänger betrachtet wird.

138 Erlenkämper/Fichte, SozR, S. 311; Muckel, SozR, § 8 Rdn. 130.

139 Schulin/Igl, SozR, § 12 Rdn. 316; Muckel, SozR, § 8 Rdn. 130.

140 Erlenkämper/Fichte, SozR, S. 313; Schulin/Igl, SozR, § 12 Rdn. 316. Allerdings ist nach § 48 Abs. 1 Satz 1 SGB V die Zahlung von Krankengeld für dieselbe Krankheit auf maximal 78 Wochen innerhalb von drei Jahren begrenzt.

141 Vgl. die insoweit gleichlautenden Vorschriften für die einzelnen Versicherungszweige in § 345 Nr. 5 SGB III, § 166 Abs. 1 Nr. 2 SGB VI sowie § 57 Abs. 2 SGB XI.

der GKV wird der Versicherte in diesen Fällen nach § 224 Abs. 1 SGB V vollumfänglich befreit.

Anders verhält es sich hingegen bei dem Organspender, der Erstattungsleistungen der Krankenkasse des Organempfängers erhält. Zweck der Verdienstausfallerstattung an den Spender ist nicht dessen Absicherung gegen Einkommenseinbußen aufgrund unverschuldeter Arbeitsunfähigkeit. Stattdessen geht es um eine - wenn nicht rechtliche,[142] so doch moralische - Verpflichtung des Empfängers zur Kompensation der dem Spender durch seine Organspende entstehenden anderweitigen finanziellen Einbußen. Diese Erstattungsleistungen orientieren sich heute unter Berufung auf das Urteil des BSG zwar an den Vorschriften zum Krankengeld, stellen sozialversicherungsrechtlich aber gerade keine Krankengeldzahlung an den Organspender dar.

Nicht außer Acht gelassen werden darf zudem, dass das BSG in seinem Urteil im Hinblick auf den Verdienstausfall des Organspenders eine Leistungspflicht der Krankenkasse vom ersten Tage an bestimmt hat, obwohl die Regelungen der §§ 44 ff. SGB V zum Krankengeld bei abhängig beschäftigten Arbeitnehmern regelmäßig erst nach Wegfall der Entgeltfortzahlung durch den Arbeitgeber eingreifen. Erhält ein Arbeitnehmer aufgrund des Entgeltfortzahlungsgesetzes (EFZG) in den ersten sechs Wochen der Arbeitsunfähigkeit Arbeitsentgelt von seinem Arbeitgeber, ruht der Anspruch auf Krankengeld nach § 49 Abs. 1 Nr. 1 SGB V. Das Krankengeld ist folglich auch bezüglich des zeitlichen Rahmens für die Leistungserbringung nicht mit der Verdienstausfallerstattung zu vergleichen.

bb) Fehlende Berücksichtigung des versicherungsrechtlichen Status' des Spenders

Diejenigen Stimmen, die eine Übertragung dieses Urteils auf sämtliche Konstellationen der Organspende befürworten, übersehen regelmäßig, dass das BSG eine analoge Anwendung der Vorschriften zum seinerzeitigen Hausgeld ausschließlich für gesetzlich versicherte Spender ausgesprochen hatte. Ob bei Spendern, die privat oder gar nicht gegen drohende Krankheit versichert sind, entsprechend verfahren werden soll, war nicht Gegenstand der Entscheidung des BSG. Insoweit besteht also selbst bei Übertragung der noch zu Vorschriften der RVO ergangenen Rechtsprechung des BSG auf das heute gültige Regime des SGB V nach wie vor rechtlicher Klärungsbedarf.

cc) Bemessungsgrundlage für den Verdienstausfall des Spenders

Im Urteil des BSG wird als Bemessungsgrundlage für die Zahlung des Verdienstausfalles nur der Nettolohn des Spenders zugrunde gelegt. Dennoch begründen Stimmen in der Literatur ihre Auffassung von einem Anspruch des

---

[142] Zur rechtlichen Pflicht des Empfängers gegenüber dem Spender im Einzelnen unten in diesem Kapitel unter II. 2) b).

Spenders auf Erstattung des gesamten Verdienstausfalles mit der Entscheidung des BSG.[143] Dies käme einer Bemessung auf Basis des Bruttolohns gleich. Da sich die bundessozialgerichtliche Entscheidung aber ausdrücklich mit der Nettolohnproblematik beschäftigt, ohne diese, seinerzeit insbesondere von den Spitzenverbänden der Krankenkassen vertretene Auffassung[144] in Frage zu stellen, sie vielmehr im Urteil bestätigt, kann dem BSG-Urteil eben nicht entnommen werden, dass als Bemessungsgrundlage für die Verdienstausfallberechnung der Bruttolohn des Spenders zugrunde zu legen ist.[145]

Die vom BSG vorgenommene analoge Anwendung des § 186 Abs. 1 RVO a. F., wonach der Spender, dem Hausgeldanspruch des Versicherten vergleichbar, lediglich einen an seinem Nettolohn orientierten Verdienstausfall erstattet bekommen soll, unterliegt aus folgenden Erwägungen erheblichen rechtlichen Bedenken.

Die Anwendung der Vorschriften des SGB V zum Krankengeld hat zunächst zur Folge, dass bei der Berechnung des für die Ermittlung des Krankengeldes maßgeblichen Regelentgelts des Spenders nach § 47 Abs. 6 SGB V dessen Einkommen lediglich bis zur Höhe der Beitragsbemessungsgrenze berücksichtigt wird. Liegt das tatsächliche Einkommen eines Spenders über dieser Grenze, erleidet er durch die begrenzten Leistungen der Krankenkasse des gesetzlich krankenversicherten Empfängers nicht unerhebliche finanzielle Einbußen.

Ein pflichtversicherter Organspender hat auf den von der Empfänger-Krankenversicherung erstatteten Verdienstausfall aufgrund des Rechtscharakters als Aufwendungsersatz - und nicht als Krankengeld[146] – grundsätzlich Sozialversicherungsbeiträge zu leisten. Kann er diese wegen der am Nettolohn orientierten Erstattungspraxis nicht aufbringen, besteht die Gefahr, dass er wegen § 7 Abs. 3 Satz 1 SGB IV aus dem Kreis der pflichtversicherten Personen ausscheidet, falls er aufgrund der Organspende länger als einen Monat gehindert ist, einer Beschäftigung nachzugehen.

Darüber hinaus entgehen ihm für die Dauer der Nichtleistung der Beiträge zur gesetzlichen Rentenversicherung anteilig Rentenanwartschaften. Solche stellen einen geldwerten Vermögensgegenstand des Organspenders dar, der grundsätzlich von dem Aufwendungsersatz gedeckt sein sollte.

---

143 Kraushaar in: Kirste (Hrsg.), Nieren-Lebendspende, S. 74 ff. (76).

144 Vgl. Stellungnahme der Spitzenverbände der Krankenkassen vom 10.11.08.1971, BKK 71, 307; zit. nach: BSGE 35, S. 102-104 (103).

145 Das BSG-Urteil taugt daher nicht zu dieser, von Kraushaar in: Kirste (Hrsg.), Nieren-Lebendspende, S. 74 ff. (76), vertretenen Auffassung.

146 Vgl. zum Charakter dieser Zahlung der Krankenkasse des Empfängers bereits die Ausführungen in diesem Kapitel unter II. 1) a) aa).

Im Übrigen ist die als Aufwendungsersatz zu qualifizierende Verdienstausfallerstattung grundsätzlich als Einkommen zu behandeln, welches – anders als das nach § 3 Nr. 1a EStG für den Berechtigten grundsätzlich steuerfreie Krankengeld[147] – entsprechend zu versteuern ist. Zwar werden nach § 3 Nr. 1a EStG generell „Leistungen aus einer Krankenversicherung" von der Einkommensteuer befreit. Jedoch sind davon grundsätzlich nur solche Leistungen betroffen, die der Versicherte von der Krankenkasse erhält, bei der er – selbst oder über einen Angehörigen – versichert ist.[148] Der Organspender ist aber nicht bei der Krankenversicherung versichert, die ihm seinen Verdienstausfall erstattet. Demnach muss der Spender die Erstattungsleistungen der Krankenkasse des Transplantatempfängers für seinen Verdienstausfall grundsätzlich versteuern und erleidet somit eine weitergehende finanzielle Einbuße als ein Empfänger von nach § 3 Nr. 1a EStG steuerfrei gewährtem Krankengeld.

dd) Zwischenergebnis

Im Ergebnis zeigt sich, dass das Urteil des BSG keineswegs allgemein gültige Aussagen zum Umfang der Verdienstausfallerstattung an den Organspender enthält. Es fehlt neben einer rechtlichen Differenzierung zwischen dem einem Versicherten zu zahlenden Krankengeld und der Verdienstausfallzahlung an den Spender auch an einer Leitlinie für eine Differenzierung der Leistungen anhand des arbeits- oder versicherungsrechtlichen Status des Spenders. Schließlich mangelt es an einer allgemein gültigen Regelung zu der Frage, in welcher Höhe Verdienstausfall zu erstatten ist, um wirtschaftliche Einbußen des Spenders abzufedern, die sich aus der Sozialversicherungs- und Steuerpflichtigkeit der Erstattungszahlungen ergeben.

b) Analyse der vorhandenen Gesetzgebungsmaterialien

Will man die Verdienstausfallerstattung für Organspender einer zufriedenstellenden Lösung zuführen, erfordert eine gewissenhafte Bestandsaufnahme auch einen Blick auf die gesetzgeberischen Maßnahmen im thematischen Umfeld der Problematik. Neben dem TPG als originärem Regelwerk zum Transplantationsrecht muss dabei auf das Sozialversicherungsrecht selbst Augenmerk gelegt werden. In beiden Rechtsgebieten soll daher im Folgenden nach gesetzgeberischen Grundentscheidungen geforscht werden, die als Leitlinien für eine Regelung der Verdienstausfallerstattung dienen können.

---

147 Schmidt, EStG, § 3, ABC, führt unter dem Begriff „Krankheitskostenersatz" insbesondere das von einer gesetzlichen Krankenversicherung an den Steuerpflichtigen gezahlte Krankengeld als nach § 3 Nr. 1a EStG steuerfrei auf.

148 Nach Schmidt, EStG, § 3, ABC, sind Krankenversicherungsleistungen, die an den Steuerpflichtigen und seine mitversicherten Angehörigen erfolgen, nach § 3 Nr. 1a EStG steuerfrei. Die Formulierung deutet darauf hin, dass lediglich Leistungen der Krankenversicherungen an bei ihnen – beitragspflichtig oder beitragsfrei – versicherte Personen von der Steuerpflicht befreit sind.

aa) Transplantationsgesetz

Von seiner Konzeption her nicht auf den ersten Blick zu erkennen, handelt es sich bei dem TPG um ein Artikelgesetz, durch welches nicht allein neues Recht gesetzt wurde, sondern auch Vorschriften in bereits vorhandenen Gesetzen geändert wurden.

Das TPG trifft jedoch keine ausdrücklichen Regelungen zur krankenversicherungsrechtlichen Behandlung des Lebendspenders.[149] So enthält auch die Entwurfsbegründung zum TPG[150] keine Ausführungen, die sich direkt mit den sozialversicherungsrechtlichen Aspekten – geschweige denn konkret mit bestimmten Mindest- oder Höchstgrenzen bezüglich der Erstattung der Spenderaufwendungen – der Organspende befassen. Lediglich die Begründung zu den Strafvorschriften des sechsten Abschnitts des TPG enthält einen Hinweis darauf, welche Erstattungsleistungen der Gesetzgeber möglicherweise als zulässig qualifizieren wollte.[151] Hier wird allerdings die Zulässigkeit der Erstattung des Verdienstausfalls des Spenders bereits vorausgesetzt[152] und gleichzeitig deutlich gemacht, dass es sich nicht um solche Zahlungen handelt, die die Annahme verbotenen Handeltreibens rechtfertigen. Darüber hinaus stellt die Begründung zu § 16 Abs. 1 Satz 2 Nr. 1 des Gesetzentwurfs (im TPG selbst nunmehr § 17 Abs. 1 Satz 2 Nr. 1 TPG) klar, dass auch Kosten für die Absicherung des Spenders gegen ein erhöhtes Risiko der Berufsunfähigkeit als aus der Organspende unmittelbar entstandene Kosten erstattungsfähig und daher ebenfalls nicht als strafbares Handeltreiben im Sinne der Vorschrift zu qualifizieren sind.[153]

Wie sich jedoch schon aus dem Allgemeinen Teil der Begründung zum TPG ergibt, hat der Gesetzgeber großes Augenmerk darauf gelegt, den internationalen Standards genügende Vorschriften zur Verhinderung der weiteren Ausbreitung des Organhandels zu schaffen. Unter anderem unter Bezugnahme auf eine Entschließung der Weltgesundheitsorganisation WHO zu diesem Thema und auf die seinerzeit nur als Entwurf existente, zwischenzeitlich vom Europarat verab-

---

149 Lediglich § 22 TPG sieht Änderungen des SGB V vor, vgl. zu deren Charakter jedoch bereits oben in Kapitel 0 unter II. 3).

150 BT-Drs. 13/4355.

151 BT-Drs. 13/4355, S. 30.

152 BT-Drs. 13/4355, S. 30.

153 BT-Drs. 13/4355, S. 30.

schiedete Bioethik-Konvention[154] wurden daher die Strafvorschriften der §§ 17 ff. TPG zur Verhinderung des gewinnorientierten Umgangs mit menschlichen Organen ins TPG aufgenommen.[155]

Insoweit war die Gesetzgebung zur Lebendorganspende geprägt von der Skepsis bezüglich jeglicher Art der Kommerzialisierung menschlicher Transplantate. Deshalb darf dieser Aspekt bei einer Analyse der sozialversicherungsrechtlichen Behandlung der Lebendorganspende nicht außer Betracht gelassen werden.

bb) Sozialversicherungsrecht

Das Recht der GKV bietet zur Verdienstausfallproblematik bei Lebendorganspenden bis heute keine zufriedenstellenden Regelungen. Eine gesetzliche Ausgestaltung dieser Frage im Zusammenhang mit den im SGB V geregelten Ansprüchen des Versicherten gegenüber seiner Krankenkasse existiert nicht.

Lediglich im Verhältnis zwischen Leistungserbringer (dem Krankenhaus als Träger des Transplantationszentrums) und dem Kostenträger (der Empfänger-Krankenkasse) wurde bei der Einführung des Fallpauschalensystems die Lebendorganspende als gesonderter Kostenfaktor spezifiziert. Die vom Bundesministerium für Gesundheit und soziale Sicherung (BMGS) erlassene Fallpauschalenverordnung 2004 (KFPV 2004)[156] bestimmte erstmals, dass auch für Transplantationen von Organen nach § 9 Abs. 1 TPG die allgemeinen Krankenhausleistungen mit Fallpauschalen zu vergüten sind. Ausdrücklich erfasst wurden von dieser Vorschrift auch die Lebendspenden. § 4 Abs. 3 KFPV 2004 ordnete für den stationär aufgenommenen Lebendspender die Abrechnung der Leistungen nach der Fallpauschale an.

In § 4 Abs. 1 Satz 2 KFPV 2004 waren des Weiteren diejenigen Krankenhausleistungen im Zusammenhang mit einer Organtransplantation dargestellt, die von den Fallpauschalen nicht erfasst und damit gesondert abzurechnen waren.

---

[154] Übereinkommen zum Schutz der Menschenrechte und der Menschenwürde im Hinblick auf die Anwendung von Biologie und Medizin: Übereinkommen über Menschenrechte und Biomedizin vom 04.04.1997, abrufbar auf der Internetseite des Europarates unter: http://conventions.coe.int/Treaty/ger/Treaties/Html/164.htm (28.06.2006); vgl. zur seitherigen Entwicklung auch das Zusatzprotokoll zur Konvention über Menschenrechte und Biomedizin betreffend die Transplantation von Organen und Geweben menschlichen Ursprungs vom 08.11.2001, abrufbar ebenfalls auf der Internetseite des Europarates unter: http://conventions.coe.int/Treaty/en/Treaties/Word/186.doc (28.06.2006; nur in englischer Originalfassung).

[155] Vgl. BT-Drs. 13/4355, S. 15.

[156] BGBl. I 2004, S. 1995 ff.

Die amtliche Begründung zu § 4 Abs. 3 KFPV 2004[157] führte aus, dass § 4 Abs. 1 Satz 2 KFPV 2004 ebenfalls regelt, welche regelmäßig anfallenden Leistungen im Zusammenhang mit der Lebendspende gesondert abrechenbar sind. Weiter führte der Verordnungsgeber seinerzeit aus: „Das Transplantationszentrum hat die Lebendspenderinnen oder Lebendspender im Vorfeld hierüber aufzuklären. Dies betrifft auch den bestehenden Versicherungsschutz im Rahmen der gesetzlichen Unfallversicherung (§ 2 Abs. 1 Nr. 13 lit. b SGB VII) sowie die Erstattung etwaiger Reisekosten und eines etwaigen Verdienstausfalls der Lebendspenderinnen oder Lebendspender und die Nichterstattung von Vermögensschäden, die mittelbar oder unmittelbar auf Grund einer Spende entstehen."[158]

Die Krankenkassen verweigerten vor diesem Hintergrund zunächst die gesonderte Erstattung des Verdienstausfalles unter Hinweis darauf, dass diese Kosten von der zu zahlenden Fallpauschale mit umfasst seien.[159]

Die Regelungen der KFPV 2004 zur Lebendorganspende waren jedoch nicht geeignet, diese Auffassung zu begründen. Zwar war im Verordnungstext der Verdienstausfall des Spenders nicht ausdrücklich als gesondert vergütungsfähig dargestellt. Das hatte jedoch systematische Gründe. Denn Zweck der Fallpauschalen ist es, die typisierbaren Leistungen der Leistungserbringer an die Versicherten zu systematisieren und kostenmäßig zu erfassen. Daher waren von § 4 Abs. 1 Satz 1 KFPV 2004 nur die allgemeinen Krankenhausleistungen nach § 2 Krankenhausentgeltgesetz (KHEntgeltG)[160] erfasst. Ein Verdienstausfall des Spenders gehört aber nicht zum Katalog der Leistungserbringer. Denn die Leistung von Verdienstausfallerstattung an den Organspender wurde und wird durch die Krankenkassen selbst, nicht durch deren Vertragspartner erbracht. Demnach kann der Verdienstausfall nicht als abrechenbare Leistung des Krankenhauses in § 4 Abs. 1 Satz 2 KFPV 2004 aufgeführt sein.

Weitere systematische Argumente sprachen gegen die Auffassung der Krankenkassen, wonach der Verdienstausfall des Organspenders von der Fallkostenpau-

---

157 KFPV 2004, Amtliche Begründung zum Referentenentwurf des Bundesministeriums für Gesundheit und soziale Sicherung, angepasst an den Verordnungstext vom 13. Oktober 2003, S. 13; abrufbar auf der Internetseite des Bundesministeriums für Gesundheit unter: http://www.bmg.bund.de/nn_603204/SharedDocs/Gesetzestexte/Krankenhaeuser/7-Verordnung-zum-Fallpauschalen-,templateId=raw,property=publicationFile.pdf/7-Verordnung-zum-Fallpauschalen-.pdf (28.06.2006).

158 KFPV 2004, Amtliche Begründung zum Referentenentwurf des Bundesministeriums für Gesundheit und soziale Sicherung, angepasst an den Verordnungstext vom 13. Oktober 2003, S. 13; vgl. Fn. 157.

159 Dies berichten Heemann/Demmer in: DTG (Hrsg.), Versicherungsschutz für die Lebendorganspende, S. 6. Auch der Sachverständige Gutmann weist in seiner schriftlichen Stellungnahme zu Frage 18 des Fragenkatalogs zur öffentlichen Anhörung „Organlebendspende" der Enquete-Kommission „Ethik und Recht in der modernen Medizin", Kom.-Drs. 15/135, auf entsprechende Praktiken der Krankenkassen hin.

160 BGBl. I 2002, S. 1412 ff. (1422-1432).

schale für die Organentnahme nach § 4 Abs. 1 KFPV 2004 gedeckt sein soll. So können in einem pauschalen Abrechnungssystem die unterschiedlichen Einkommensverhältnisse der Spender überhaupt nicht berücksichtigt werden. Es ist durchaus vorstellbar, dass bei einer Organspende kein Verdienstausfall zu erstatten ist, etwa bei einer Organspende durch eine einkommenslose, weil nicht berufstätige Mutter eines Kindes.[161] Warum in diesen Fällen die gleiche Fallkostenpauschale gezahlt werden soll wie bei der Organspende eines gut verdienenden Selbständigen ist nicht nachvollziehbar. Ansatzpunkt des Aufwendungsersatzes an den Spender ist der tatsächliche Verdienstausfall, dieser ist nicht von vornherein pauschalierbar. Dieser Ansatz ist auch aus Sicht der mit Kostendämpfung argumentierenden Krankenkassen sinnvoll. Würde der Verdienstausfall von der Fallkostenpauschale erfasst, müssten die Krankenkassen selbst in Fällen, in denen gerade kein Verdienstausfall des Spenders zu beklagen ist, jedenfalls insoweit einen Verdienstausfall tragen, als er in die Kalkulation für die Fallkostenpauschale eingeflossen wäre. Schließlich kann die Höhe des Verdienstausfalles unabhängig von der Höhe der Einkünfte des Spenders dadurch variieren, dass unterschiedliche Spender aus den verschiedensten Gründen aufgrund der Spende unterschiedlich lange arbeitsunfähig sein können. All diese Punkte ließe eine pauschalierte Erstattung unberücksichtigt.

Der Streit zwischen den Vertragspartner der GKV über die Einbeziehung der Verdienstausfallkostenerstattung an den Organspender in die Fallkostenpauschalen ist zwischenzeitlich beigelegt. Dem Zwischenbericht Organlebendspende[162] der Enquete-Kommission zufolge ist „inzwischen geklärt, dass die Verdienstausfallkosten unabhängig von der Fallkostenpauschale von der Krankenversicherung des Organempfängers zu erstatten sind".[163] Jede andere Auslegung der Fallpauschalenregelungen der KFPV 2004, die für das Jahr 2005 unverändert in die Fallpauschalenvereinbarung 2005 der Spitzenverbände der Krankenversicherer und der Deutschen Krankenhausgesellschaft übernommen worden sind, ist angesichts der dargestellten Systematik der Fallpauschalenregelungen und des Sinn und Zweckes einer Pauschalierung von Fallgruppen von Krankenhausleistungen rechtlich verfehlt.

c) Erstattungspraxis der Krankenversicherungsträger

Als weiterer Schritt sei an dieser Stelle ein Blick auf die unter dem zuvor dargestellten Rechtsregime etablierte verwaltungspraktische Handhabung der Verdienstausfallerstattung für die Lebendorganspender durch die Krankenkassen geworfen. Die Betrachtung ermöglicht eine an den tatsächlichen Gegebenheiten orientierte Analyse des rechtlichen Handlungsbedarfs. Damit wird sichergestellt,

---

161 Zu bedenken wäre hier jedoch die Erstattung eines fiktiven Einkommens der Mutter als Hausfrau, welches unter Umständen anhand der Kosten ermittelt werden könnte, die für eine Haushaltshilfe für die Zeit der „Arbeitsunfähigkeit" der Mutter aufzubringen wären.

162 BT-Drs. 15/5050, S. 61.

163 Zwischenbericht Organlebendspende, BT-Drs. 15/5050, S. 61, Fn. 497.

dass lediglich solche Aspekte einer rechtlichen Neuregelung zugeführt werden, die in der Praxis zwischen Krankenkassen und den Spendern Probleme bereiten.

Die Krankenkassen üben bis heute eine restriktive Erstattungspraxis, die sich zumeist an den Regelungen der §§ 44 ff. SGB V zum Krankengeld orientiert. So werden von den Krankenkassen – angelehnt an die Höchstbetragsregelung des § 47 Abs. 1 Satz 2 SGB V zum Krankengeld des Versicherten selbst – bislang maximal 90 % des Nettolohnausfalles jeweils begrenzt durch die Beitragsbemessungsgrenze erstattet.[164] Allerdings gibt es nach der Bestandsaufnahme der Enquete-Kommission im Zwischenbericht Organlebendspende bis heute keine einheitliche Verwaltungspraxis.[165] Lediglich aus dem Bereich der privaten Krankenversicherung (PKV) ist bislang bekannt, dass der Verdienstausfall des Spenders in voller Höhe erstattet wurde.[166]

Eine an die Krankengeldregelungen des SGB V angelehnte Erstattungspraxis der Krankenkassen führt dazu, dass der Berechnung des Verdienstausfalles wegen § 47 Abs. 6 SGB V maximal die Beitragsbemessungsgrenze nach §§ 223 Abs. 3 Satz 1, 6 Abs. 7 SGB V zugrunde gelegt wird. Das kann – insbesondere für selbständige oder freiberuflich tätige Spender – eine zusätzliche Kürzung des Verdienstausfalles bedeuten.

In diesem Zusammenhang ergibt sich ein weiteres versicherungsrechtliches Folgeproblem:[167] Für den Fall, dass der abhängig beschäftigte Spender länger als vier Wochen arbeitsunfähig ist[168] und für diese Zeit nicht freiwillig die Beiträge an die Sozialversicherungsträger abführt, verliert er nach §§ 2 Abs. 2 Nr. 1, 7 Abs. 3 Satz 1 SGB IV seinen Versicherungsschutz, da hiernach eine für die Mitgliedschaft in der Sozialversicherung erforderliche Beschäftigung bei Beschäftigungsverhältnissen ohne Arbeitsentgeltanspruch nur für eine Dauer von bis zu einem Monat fingiert wird. Anders verhält es sich nach § 7 Abs. 3 Satz 2 SGB IV nur, wenn der Spender während dieser Zeit Krankengeld bezieht. Sol-

---

164 Kraushaar in: Kirste (Hrsg.), Nieren-Lebendspende, S. 74 ff. (76); Heemann/Demmer in: DTG (Hrsg.), Versicherungsschutz für die Lebendorganspende, S. 7.

165 Zu weiteren Berechnungsvarianten bei der Verdienstausfallerstattung vgl.: Zwischenbericht Organlebendspende, BT-Drs. 15/5050, S. 61.

166 So wohl das Ergebnis der Untersuchung von Heemann/Demmer in: DTG (Hrsg.), Versicherungsschutz für die Lebendorganspende, S. 7; ebenso die schriftliche Stellungnahme des Verbandes der privaten Krankenversicherung e. V. vom 06.01.2005 auf eine entsprechende Anfrage des Verfassers.

167 Heemann/Demmer in: DTG (Hrsg.), Versicherungsschutz für die Lebendspende, S. 7; unter Hinweis darauf auch: Zwischenbericht Organlebendspende, BT-Drs. 15/5050, S. 61.

168 Was grundsätzlich nicht ungewöhnlich ist. Ein Nierenlebendspender ist bei komplikationslosem Verlauf der Organspende durchschnittlich etwa sechs Wochen, der Teilleber-Lebendspender ca. drei Monate arbeitsunfähig; vgl. Zwischenbericht Organlebendspende, BT-Drs. 15/5050, S. 61.

ches erhält der Spender aber gerade nicht, vielmehr bekommt er von der Empfängerkrankenkasse seinen Verdienstausfall erstattet.

d) Rechtswissenschaftliche Stimmen zur Höhe des zu gewährenden Verdienstausfalles

In der Literatur wurde bislang überwiegend vertreten, dass dem Spender seitens der GKV sein Verdienstausfall in vollem Umfang,[169] jedenfalls aber der gesamte Nettolohnausfall[170] zu erstatten sei. Beide Auffassungen meinen, diese Verpflichtung direkt aus dem Urteil des BSG[171] ableiten zu können, ohne hierfür aber konkret auf einzelne Passagen der Urteilsbegründung Bezug zu nehmen.

Dabei ist zu berücksichtigen, dass das BSG einen Fall zu entscheiden hatte, bei dem der Organspender ebenso wie der Empfänger gesetzlich krankenversichert war. Dementsprechend können die in diesem Urteil aufgestellten Grundsätze auch nur für derartige Fallkonstellationen gelten. Andernfalls, insbesondere bei privat krankenversicherten Organspendern, rechtfertigt daher allein der Verweis auf die BSG-Rechtsprechung eine entsprechende Vorgehensweise nicht sondern es bleibt auch unter Beachtung des Urteils des BSG Raum für weitergehende Erstattungsleistungen, wie sie von den genannten Autoren gefordert werden.

Die Arbeit der Enquete-Kommission hat diesbezüglich an Bestandsaufnahme nichts wesentlich neues gebracht. Zumindest die Erkenntnis, dass in der Verwaltungspraxis der Krankenkassen derart unterschiedlich verfahren wird,[172] veranlasste die Enquete-Kommission dazu, auch in diesem Bereich gesetzliche Neuregelung anzumahnen.[173]

2) Vorüberlegungen zu einem Lösungsansatz

Es mutet doch erstaunlich an, dass die Entscheidung des BSG, einem Lebendorganspender Verdienstausfallerstattung von der Krankenkasse des Empfängers zu gewähren, obwohl sich hierfür weder seinerzeit in der RVO noch heute im SGB V eine Rechtsgrundlage findet, zu keiner Zeit dem Grunde nach hinterfragt worden ist. Vielmehr beschäftigt sich die spärliche rechtswissenschaftliche Diskussion zu diesem Thema seitdem ausschließlich mit der Frage, ob nicht die Erstattungspraxis der Krankenkassen, die sich an den Regelungen zum Krankengeld orientiert, zu restriktiv sei.[174]

---

169 So Kraushaar in: Kirste (Hrsg.), Nieren-Lebendspende, S. 74 ff. (76).

170 Heemann/Demmer in: DTG (Hrsg.), Versicherungsschutz für die Lebendorganspende, S. 7.

171 BSGE 35, S. 102-104.

172 BT-Drs. 15/5050, S. 61.

173 BT-Drs. 15/5050, S. 76 f.

174 Kraushaar in: Kirste (Hrsg.), Nieren-Lebendspende, S. 74 ff. (76); Heemann/Demmer in: DTG (Hrsg.), Versicherungsschutz für die Lebendorganspende, S. 7.

Diese Reaktion ist aus ethisch-moralischer Sicht sicher nachvollziehbar. Niemand wird ernsthaft in Zweifel ziehen, dass die Zahlung von Verdienstausfall an einen Organspender für die Zeit, während der er aufgrund seiner Bereitschaft zur Organspende arbeitsunfähig ist, angesichts des großen persönlichen Opfers, welches ein Lebendorganspender erbringt, einer moralischen Pflicht gleichkommt. Dass derjenige, der eigene Gesundheitsschädigung hinnimmt, um einem Anderen zu helfen, nicht auch noch mit wirtschaftlichen Einbußen belastet werden soll, erscheint – insbesondere aus der Sicht des Organempfängers, dem mit der Lebendspende häufig eine einmalige Chance auf die Rückkehr zu einem verhältnismäßig normalen Leben ermöglicht wird – nachvollziehbar.

Bevor man jedoch die von den Krankenkassen für Verdienstausfall gewährten Leistungen als zu gering kritisiert, muss man sich die Frage stellen, auf welchem rechtlichen Fundament derartige Zahlungen geleistet werden. Eine Forderung nach einer weniger restriktiven Verdienstausfallerstattung rechtfertigt sich besser, wenn hierfür neben rein moralischen auch sachlich-rechtliche Gründe streiten.

Der Zweck jeder Versicherung liegt darin, den Versicherten gegen Risiken abzusichern, die ihn finanziell überfordern, indem die individuellen Risiken der einzelnen Mitglieder auf alle übertragen werden. Dabei versichert die gesetzliche Krankenversicherung das Risiko ihrer Mitglieder, zu erkranken.[175] Hinter der Gefahr zu erkranken steht jedoch zumindest bei abhängig Beschäftigten aufgrund der gesetzlich geregelten Entgeltfortzahlungspflicht des Arbeitgebers des Erkrankten regelmäßig noch nicht unmittelbar ein finanzielles Risiko. Es resultiert vielmehr erst aus einer aufgrund einer Erkrankung erforderlichen Inanspruchnahme ärztlicher Leistungen, die vergütet werden müssen. Im Recht der GKV stellt die Krankenkasse ihren Versicherten die notwendigen Leistungen regelmäßig als Sachleistungen zur Verfügung. Um dies zu ermöglichen, bindet sie die Leistungserbringer als sogenannte Vertragsärzte an sich und verpflichtet diese gleichzeitig, gegenüber den Versicherten ihre Leistungen unentgeltlich zur Verfügung zu stellen.[176] Die Abrechnung der Leistungen erfolgt dann über die jeweilige Krankenkasse. Letztlich werden aber von der Krankenkasse nur solche Leistungen vergütet, die der Arzt aufgrund eines Behandlungsvertrages mit einem Versicherten tatsächlich erbracht hat und für die daher ein vertraglicher Vergütungsanspruch besteht.

Grundlage jeder Leistung der Krankenkasse an den Leistungserbringer ist demnach ein Rechtsverhältnis, aus dem Leistungsverpflichtungen erwachsen. Daher läge es nahe, dass auch im Falle der Lebendorganspende nur solche Leistungen

---

175 Muckel, SozR, § 8 Rdn. 4; Schulin/Igl, SozR, § 5 Rdn. 111 ff.

176 Muckel, SozR, § 8 Rdn. 4; Schulin/Igl, SozR, § 5 Rdn. 111 ff. Zum Geflecht der Rechtsbeziehungen zwischen den verschiedenen Beteiligten im Recht der GKV instruktiv auch die Ausführungen und die anschauliche Übersicht bei Schulin/Igl, SozR, § 13 Rdn. 331/332.

von der Krankenkasse erbracht werden, auf deren Erbringung der jeweils Begünstigte einen Anspruch hat. Inwieweit dem Organspender aber ein Anspruch, etwa gegen den Empfänger des Organs, auf Erstattung seines Verdienstausfalls zusteht, hat das BSG in seinem Urteil überhaupt nicht geprüft. Es hat ausschließlich festgestellt, dass jedenfalls im Krankenversicherungsrecht eine Barleistungsverpflichtung zur Zahlung von Verdienstausfall an einen Dritten nicht vorgesehen ist.[177] Hätte das BSG nun die Zahlung von Verdienstausfall an den Spender abgelehnt, bräuchte man sich der Frage, ob dieser überhaupt einen Anspruch darauf hat, nicht weiter widmen. Hingegen wurde dem Spender unter bestimmten Umständen dennoch eine solche Leistung zugestanden. Wenn aber gerade die nähere Ausgestaltung, insbesondere der Umfang dieser Leistung im Streit steht, muss ein Rechtsgrund zur Leistung bestehen. Nur für den Fall, dass generell ein Anspruch besteht, kann die Forderung nach einer Anhebung der Erstattungsleistungen für Verdienstausfall gerechtfertigt sein.

a) Echter Verdienstausfall beim Organspender

Ein Anspruch auf Erstattung von Verdienstausfall setzt grundsätzlich voraus, dass ein Verdienstausfall überhaupt eingetreten ist. Im deutschen Arbeits- und Sozialrecht greifen jedoch an verschiedenen Stellen für Fälle des Ausfalls der Arbeitskraft von Personen Schutzmechanismen, die vor den wirtschaftlichen Einbußen, die damit zusammenhängen, bewahren sollen. Einem abhängig Beschäftigten stehen für einen begrenzten Zeitraum Entgeltfortzahlungsansprüche nach dem Entgeltfortzahlungsgesetz (EFZG) zu. Greift dieser Schutz nicht, kommen – jedenfalls bei einem gesetzlich krankenversicherten Arbeitnehmer – etwaige Ansprüche auf Zahlung von Krankengeld nach den §§ 44 ff. SGB V gegen seine eigene Krankenkasse in Betracht. Ein privat versicherter Selbständiger oder Freiberufler hat regelmäßig für den Fall der vorübergehenden, krankheitsbedingten Arbeitsunfähigkeit eine Krankentagegeldversicherung abgeschlossen. Nur wenn all diese Mechanismen nicht zur Verfügung stehen sollten, entsteht dem Organspender überhaupt erst eine Einkommenseinbuße. Das „Versagen“ dieser Mechanismen ist also Voraussetzung für das Entstehen einer Einbuße, die gegebenenfalls durch die Krankenkasse des Empfängers auszugleichen ist.

aa) Ansprüche nach dem Entgeltfortzahlungsgesetz (EFZG)

Soweit es sich beim Spender um einen abhängig Beschäftigten, also einen Arbeitnehmer handelt, verliert er trotz Unmöglichkeit der Erbringung der Arbeitsleistung nicht seinen Vergütungsanspruch nach § 611 Abs. 1 BGB, wenn ihm gegen seinen Arbeitgeber ein Anspruch auf Entgeltfortzahlung nach dem EFZG zusteht.[178]

---

177 BSGE 35, S. 102-104 (104).

178 Zum Verhältnis von Dienstvertragsrecht zu EFZG im Krankheitsfall siehe Weidenkaff in: Palandt, BGB, § 616 Rdn. 17 ff.

Das ist gemäß § 3 Abs. 1 Satz 1 EFZG bei unverschuldeter Krankheit des Arbeitnehmers der Fall. Das BAG[179] hat allerdings im Anschluss an die zitierte Entscheidung des BSG bereits im Jahr 1986 – noch zum damals nur für Arbeiter geltenden, von den Voraussetzungen jedoch insoweit identischen LohnFG – entschieden, dass einem Organspender bei komplikationslosem Verlauf der Transplantation kein Anspruch gegen seinen Arbeitgeber auf Lohnfortzahlung im Krankheitsfall nach § 1 Abs. 1 Satz 1 LohnFG zustehe. Ein Arbeitnehmer, der eine Organspende erbringe, nehme seine eigene Arbeitsunfähigkeit bewusst als unvermeidbare Begleiterscheinung hin, um mit der Spende eine ethisch hoch stehende und rechtlich zulässige Hilfeleistung für einen anderen zu erbringen.[180] Diese Arbeitsunfähigkeit sei nicht mehr vom sozialen Schutzzweck der Anspruchsnorm des § 1 Abs. 1 Satz 1 LohnFG, die eine gesetzliche Ausgestaltung der Fürsorgepflicht des Arbeitgebers darstelle, gedeckt. Das sei insbesondere dann anzunehmen, wenn dem Arbeitnehmer wegen des Lohnausfalls ein Anspruch gegen einen Versicherungsträger zustehe, der für die Heilbehandlung des Organempfängers aufkomme.[181]

Im Ergebnis zutreffend, aber rechtsdogmatisch verfehlt, hat das BAG einen Anspruch des Organspenders gegen die Krankenkasse des Empfängers auf Verdienstausfallerstattung angenommen, obschon ein solcher Anspruch des Spenders gesetzlich nicht besteht. Das BSG[182] hatte lediglich die Pflicht der Krankenkasse zur Leistung festgestellt, nicht aber, wer hinsichtlich der Verdienstausfallerstattung Anspruchsberechtigter sein soll. Richtigerweise kann der Anspruch nur demjenigen zustehen, der sich mit der Krankenkasse in einem vertraglichen Verhältnis befindet, aufgrund dessen gegenseitige Leistungspflichten begründet werden. Ein solches Verhältnis zur Krankenkasse besteht aber nur beim Organempfänger, nicht jedoch beim Spender.[183]

Der Auffassung des BAG ist auch für den insoweit gleichen Regelungsgehalt des § 3 Abs. 1 Satz 1 EFZG zu folgen. Denn, wie das BAG zutreffend ausführt, überschreitet eine durch den freiwilligen Entschluss des Arbeitnehmers zur Organspende bedingte Arbeitsunfähigkeit die Grenzen des allgemeinen, vom Arbeitgeber nach den Regelungen des EFZG zu tragenden Krankheitsrisikos.[184] Folgt man dem BAG dahingehend, dass der Organspender die Arbeitsunfähigkeit in einem derartigen Fall als unvermeidbare Begleiterscheinung hinnehme,[185] fehlt es weiterhin am Vorliegen des Tatbestandsmerkmals „ohne dass ihn ein

---

179 BAG NJW 1987, S. 1508.
180 BAG NJW 1987, S. 1508.
181 BAG NJW 1987, S. 1508.
182 BSGE 35, S. 102-104.
183 Zur rechtlichen Stellung des Spenders zwischen Organempfänger und dessen Krankenkasse auch Höfling: Kom-Drs. 15/143, S. 7-9.
184 BAG NJW 1987, S. 1508. Der Auffassung des BAG folgen auch: Thivessen, ZTR 1989, S. 267-268, sowie Link/Flachmeyer, AuA 2002, S. 509-511.
185 BAG NJW 1987, S. 1508.

Verschulden trifft“ aus § 3 Abs. 1 Satz 1 EFZG[186]. Damit sind bereits die Tatbestandsvoraussetzungen für einen Entgeltfortzahlungsanspruch des Organspenders gegen seinen Arbeitgeber aus § 3 Abs. 1 Satz 1 EFZG nicht erfüllt.

Vereinzelte Stimmen in der Literatur haben schließlich eine Analogie zu § 3 Abs. 2 EFZG in die Diskussion gebracht[187]. Nach dieser Vorschrift sind nicht rechtswidrige Sterilisationen und Schwangerschaftsabbrüche als unverschuldete Arbeitsunfähigkeit anzusehen. Eine Analogie verbietet sich allerdings aus zwei Gesichtspunkten: Zum einen handelt es sich bei § 3 Abs. 2 EFZG um eine grundsätzlich nicht analogiefähige Ausnahmevorschrift, in der zwei konkret genannte Fallkonstellationen von dem allgemeinen Grundsatz zur selbstverschuldeten Arbeitsunfähigkeit ausgenommen worden sind. Aus dieser Beschränkung auf die zwei genannten Fälle ergibt sich außerdem, dass eine Regelungslücke, die für eine analoge Anwendung erforderlich wäre, nur schwerlich angenommen werden kann. Dem Gesetzgeber war die Problematik der Lebendorganspende bekannt. Wenn er sie nicht in den Katalog nach § 3 Abs. 2 EFZG aufgenommen hat, muss davon ausgegangen werden, dass diese Konstellation bewusst ausgespart worden ist. Damit scheidet ein Anspruch des Organspenders auf Entgeltfortzahlung durch seinen Arbeitgeber während der spendebedingten Arbeitsunfähigkeit auch unter Berücksichtigung des § 3 Abs. 2 EFZG aus.[188]

bb) Anspruch des gesetzlich krankenversicherten Organspenders gegen seine Krankenkasse

Dem Organspender steht ein Anspruch auf Krankenbehandlung nach §§ 27 ff. SGB V nicht zu. Bei Vornahme der Organentnahme ist er gesund. Das BSG hat bereits 1972 festgestellt, dass die Organspende eine „einheitliche, unteilbare Leistung“[189] ist. Eine Aufsplitterung der Organentnahme in verschiedene Abschnitte, von denen einzelne als Krankenbehandlung des Spenders nach §§ 27 ff. SGB V anzusehen wären, kommt danach nicht in Betracht.

Aber der Spender hat auch keinen Rechtsanspruch auf Zahlung von Krankengeld gegen seine eigene Krankenkasse. Hierfür ist nach § 44 Abs. 1 Satz 1 SGB V Voraussetzung, dass eine Krankheit den Versicherten arbeitsunfähig macht. Arbeitsunfähig wird er aber nicht aufgrund einer Krankheit, sondern aufgrund der vorgenommenen Organentnahme.

Die Organentnahme hat jedoch zur Folge, dass sich der Spender in einem behandlungsbedürftigen und damit regelmäßig als Krankheit zu qualifizierenden Zustand befindet. Hierdurch werden zwar grundsätzlich die Voraussetzungen der § 44 Abs. 1 SGB V auf Zahlung von Krankengeld erfüllt. Dennoch folgt

---

186 Zu diesem Ergebnis kommen auch Link/Flachmeyer, AuA 2002, S. 509-511 (510).
187 Link/Flachmeyer, AuA 2002, S. 509-511 (509).
188 Wie hier: Link/Flachmeyer, AuA 2002, S. 509-511; Thivessen, ZTR 1989, S. 267-268.
189 BSGE 35, S. 102-104 (103).

hieraus nicht ohne weiteres ein Anspruch auf Krankengeld nach § 44 Abs. 1 Satz 1 SGB V. Denn nach § 52 SGB V kann die Krankenkasse das Krankengeld ganz oder teilweise versagen, wenn der Versicherte sich die Krankheit vorsätzlich zugezogen hat. Von letzterem ist bei der Organentnahme auszugehen, da sich der Spender dem Eingriff der Organentnahme freiwillig unterzieht und sich damit vorsätzlich in einen behandlungsbedürftigen Zustand versetzt. Folglich steht dem Spender nach § 52 SGB V nur noch ein Anspruch auf ermessensfehlerfreie Entscheidung seiner Krankenkasse darüber zu, ob und gegebenenfalls in welche Höhe ihm trotz vorsätzlicher Herbeiführung eines behandlungsbedürftigen Zustandes Krankengeld nach §§ 44 Abs. 1 Satz 1 SGB V zu gewähren ist. Einen Rechtsanspruch auf Krankengeld hat er in diesem Fall nicht.

cc) Anspruch des Organspenders gegen die Gesetzliche Unfallversicherung

Verläuft die Organentnahme komplikationslos, so ist sie zwar tatbestandlich eine nach § 2 Abs. 1 Nr. 13 lit. b) SGB VII der GUV unterliegende versicherte Tätigkeit.[190] Mangels eines über die mit dieser Tätigkeit einhergehende Gesundheitsbeeinträchtigung hinaus gehenden Gesundheitsschadens[191] erfüllt die komplikationslose Organspende allerdings nicht die Tatbestandsvoraussetzungen des Arbeitsunfalles nach § 8 Abs. 1 SGB VII. Ansprüche des Spenders gegen die GUV auf Erstattung von Einkommensausfällen – etwa in Form des Verletztengeldes nach §§ 45 ff. SGB II – bestehen daher nicht.

dd) Zwischenergebnis

Der Spender kann also gegen keinen für ihn zuständigen Sozialversicherungsträger einen Anspruch geltend machen, der ihm während der Organspende sein Einkommen sichert. Damit steht fest, dass der Spender in dieser Situation tatsächlich Einkommenseinbußen erleidet, für die er keine Kompensation erhält. Folglich liegt ein Verdienstausfall auf Seiten des Spenders vor. Fraglich ist, auf welcher Grundlage ein Erstattungsanspruch des Organspenders basieren kann.

b) Zivilrechtliche Rechtsbeziehung zwischen Spender und Empfänger

Mögliche Rechtsbeziehungen bestehen zunächst zwischen dem Organspender und dem Empfänger selbst. Von der Natur dieses Rechtsverhältnisses hängt es ab, ob der Organspender gegenüber dem Empfänger Ansprüche auf Erstattung seines Verdienstausfalles geltend machen kann.

---

190 Siehe insoweit bereits die Ausführungen zur Absicherung von potentiellen Spendern im Rahmen von Voruntersuchungen im Kapitel B unter II 2) a); so auch die Enquete-Kommission, BT-Drs. 15/5050, S. 62; ebenso auch Gutmann, Für ein neues TPG, S. 90.

191 Zur Einordnung der aus der Organspende resultierenden weitergehenden gesundheitlichen Beeinträchtigungen des Spenders in die Systematik des Unfallversicherungsrechts siehe noch eingehend unten, Kapitel E unter IV.

aa) Auftragsverhältnis nach §§ 662 ff. BGB

Die Organspende ist – unter dem Aspekt der Unentgeltlichkeit betrachtet – mit einem zivilrechtlichen Auftragsverhältnis nach §§ 662 ff. BGB vergleichbar. Der Beauftragte kann gemäß § 670 BGB vom Auftraggeber Ersatz seiner Aufwendungen verlangen. Aufwendungen sind Vermögensopfer des Beauftragten, die er zum Zwecke der Ausführung des Auftrages freiwillig macht.[192] Der Verdienstausfall des Organspenders könnte ein solches als Aufwendungsersatz nach § 670 BGB erstattungsfähiges Vermögensopfer sein. Dann müsste es sich bei der Beziehung zwischen Spender und Empfänger des Organs um ein Auftragsverhältnis im Sinne des § 662 BGB handeln.

Voraussetzung für das Zustandekommen eines Auftragsverhältnisses ist - wie für jede vertragliche Rechtsbeziehung – das Vorliegen eines Rechtsbindungswillens[193] der Vertragspartner. Ein Rechtsbindungswillen liegt vor, wenn sich die Vertragspartner erkennbar an der geäußerten Willenserklärung festhalten lassen wollen. An einem solchen Rechtsbindungswillen fehlt es jedoch sowohl dem Spender als auch dem Organempfänger. Denn keiner der beiden kann davon ausgehen, dass die Entscheidung des Organspenders zur Organspende, wenn sie einmal getroffen und gegenüber dem Organempfänger artikuliert wurde, für den Spender dahin rechtlich bindend sein soll, dass der Empfänger die Organspende auch gegen den Willen des Spenders durchsetzen oder andernfalls von diesem Schadensersatz verlangen können soll.

Etwas anderes ergibt sich auch nicht aus einer etwaigen rechtlichen Wirkung der nach § 8 Abs. 1 Satz 1 Nr. 1 lit. b) TPG erforderlichen Einwilligungserklärung des Spenders. § 8 Abs. 2 Satz 4 TPG bestimmt, das die vor der Organentnahme vom Transplantationszentrum einzuholende Einwilligung des Organspenders jederzeit schriftlich oder mündlich widerrufen werden kann. Die gesetzlich vorgesehene Widerrufsmöglichkeit zeigt zwar, dass von der Einwilligungserklärung rechtliche Wirkungen ausgehen. Auch die Gesetzesbegründung setzt eine Rechtswirksamkeit der Einwilligungserklärung des Organspenders voraus. Danach hat der Widerruf der Erklärung nämlich „keine rückwirkende, sondern nur eine in die Zukunft gerichtete Rechtswirksamkeit".[194]

Die hier angesprochenen Rechtswirkungen, die von der Einwilligungserklärung ausgehen, betreffen jedoch nicht das Verhältnis Spender und Empfänger, sondern ausschließlich das Verhältnis Transplantationszentrum und Spender. Die Erklärung hat rechtliche Wirkung nur dahingehend, dass der Spender gegenüber dem Transplantationszentrum in die Verletzung seiner körperlichen Integrität einwilligt und dadurch eine tatbestandlich gegebene Körperverletzung nach

---

192 Sprau in: Palandt, BGB, § 670 Rdn. 2.

193 Allgemein zum Rechtsbindungswillen als Voraussetzung für das Zustandekommen von einem Vertragsverhältnis und den Folgen des Fehlens eines solchen: Kramer in: MüKo BGB AT, Bd. 1, vor § 116 Rdn. 9, 15.

194 BT-Drs. 13/4355, S. 21.

§§ 223 ff. StGB durch die behandelnden Ärzte gerechtfertigt wird. Sie führt weiter dazu, dass wegen eines nach den Regeln ärztlicher Kunst vorgenommenen Eingriffs der Organentnahme vom Spender keine Schadensersatzansprüche gegen die durchführenden Mediziner nach §§ 823 Abs. 2 BGB i. V. m. §§ 223 ff. StGB geltend gemacht werden können.[195]

Eine Rechtspflicht des Spenders gegenüber dem Empfänger, das Spenderorgan tatsächlich zu Transplantationszwecken zur Verfügung zu stellen, besteht zu keinem Zeitpunkt des gesamten Verfahrens. Der Spender kann jederzeit ohne Angabe von Gründen die Prozedur abbrechen und auf die Spende verzichten.

Damit scheiden als zivilrechtliche Begründung des Verhältnisses zwischen Spender und Empfänger neben dem Auftrag nach §§ 662 ff. BGB auch sämtliche anderen zivilrechtlichen Vertragsformen wie etwa die Schenkung nach §§ 514 ff. BGB oder die Geschäftsbesorgung nach § 675 BGB aus, da für alle ein Rechtsbindungswille beider Parteien Voraussetzung ist.

bb) Geschäftsführung ohne Auftrag nach §§ 677 ff. BGB

Wenn auch zwischen den Beteiligten kein Auftragsverhältnis nach § 662 BGB besteht, so könnte es sich bei der Organspende auch um eine Geschäftsführung ohne Auftrag nach §§ 677 ff. BGB handeln. Nach § 683 Abs. 1 BGB hat derjenige, der für einen anderen ein Geschäft ausführt, das dessen wirklichem oder mutmaßlichen Willen entspricht, Anspruch auf Ersatz seiner Aufwendungen. Die Grundsätze der Geschäftsführung ohne Auftrag gelten anerkanntermaßen insbesondere bei der Entschädigung von Hilfspersonen,[196] so dass sich aus § 683 Abs. 1 BGB ein Anspruch des Organspenders gegen den Empfänger auf Verdienstausfallerstattung ergeben könnte.

Für das Vorliegen einer Geschäftsführung ohne Auftrag bedarf es keiner rechtsgeschäftlichen Willenserklärung.[197] Ein Rechtsbindungswille des Geschäftsführers – vorliegend des Organspenders – ist für eine Geschäftsführung ohne Auftrag damit entbehrlich.

Voraussetzung von Ansprüchen aus der Geschäftsführung ohne Auftrag ist nach § 677 BGB jedoch, dass der Geschäftsführer ohne Auftrag oder sonstige Berechtigung durch den Geschäftsherrn handelt. Der Organspender erklärt sich aber auf Wunsch des Organempfängers zur Organspende bereit. Anders als bei der Geschäftsführung ohne Auftrag weiß, billigt und wünscht der Organempfänger als

---

195 So ist auch der Hinweis in der Gesetzesbegründung zu verstehen, wonach der Widerruf keine rückwirkende Rechtswirkung entfaltet. Einmal unter wirksamer Einwilligung vorgenommen, wird der Eingriff nicht mehr dadurch rechtswidrig, dass der Spender seine Einwilligung nachträglich widerruft.

196 Sprau in: Palandt, BGB, § 683 Rdn. 9.

197 Sprau in: Palandt, BGB, Einf. vor § 677 Rdn. 2.

„Geschäftsherr" das Handeln des Organspenders also ausdrücklich. Ansprüche des Organspenders nach § 683 Abs. 1 BGB scheiden also aus, da der Organspender nicht handelt, ohne vom Organempfänger beauftragt oder sonst berechtigt zu sein.

cc) Zivilrechtliches Gefälligkeitsverhältnis

Am ehesten ist das Verhältnis Spender und Empfänger mit einem zivilrechtlichen Gefälligkeitsverhältnis[198] zu vergleichen. Charakteristisch für das Vorliegen einer reinen Gefälligkeit ist, dass denjenigen, der die Gefälligkeit erbringen soll, keinerlei Verpflichtung trifft, dies zu tun. Gleichzeitig folgt daraus, dass der andere Beteiligte keinen durchsetzbaren Erfüllungsanspruch auf Erbringung der Gefälligkeit hat. Wird die Gefälligkeit allerdings tatsächlich erbracht, entstehen – abgestuft nach deren wirtschaftlichem Inhalt – Sekundärpflichten der Beteiligten. Insbesondere muss der Erbringer der Gefälligkeit eine gewisse Sorgfalt üben, bei deren Verletzung er verpflichtet sein kann, dem Anderen einen dadurch etwa entstehenden Schaden zu ersetzen.[199]

Zwar ist die Lebendorganspende mit der zivilrechtlichen Gefälligkeit insoweit vergleichbar, als der Organspender zu keinem Zeitpunkt zur Organspende verpflichtet ist. An einer Einordnung der Organspende als Gefälligkeit bestehen jedoch im Hinblick auf mögliche Rechtsfolgen begründete Zweifel. Eine mögliche Rechtsfolge der Einordnung als Gefälligkeit könnte sein, dass den Spender Sorgfaltspflichten im Hinblick auf einen sorgsamen Umgang mit dem Organ bis zur Vornahme der Transplantation träfen, bei deren Missachtung dem Empfänger ein Schadensersatzanspruch zustehen könnte, weil etwa das gespendete Organ nicht ordnungsgemäß arbeitet. Die Begründetheit derartiger Ansprüche ist zutreffend zu verneinen, so dass die Organspende mit dem Gefälligkeitsverhältnis allenfalls eingeschränkt vergleichbar ist.

Nach herrschender Auffassung[200] bestehen außerdem bei zivilrechtlichen Gefälligkeitsverhältnissen keine Aufwendungsersatzansprüche des Erbringers der Gefälligkeit gegenüber dem Anderen. Damit kommt ein Aufwendungsersatzanspruch des Organspenders gegenüber dem Empfänger selbst dann nicht in Betracht, wenn man trotz der dargestellten Bedenken die Organspende zivilrechtlich als Gefälligkeitsverhältnis einordnen würde.

dd) Ergebnis

Da demnach keinerlei vertragliche oder quasivertragliche Rechtsbeziehungen zwischen dem Spender und dem Empfänger eines Organes bestehen und auch etwaige deliktische Ansprüche des Spenders gegenüber dem Empfänger aus-

---

198 Eingehend hierzu: Kramer in: MüKo BGB SchR AT, Bd. 2a, Einl. vor § 241 Rdn. 31 ff.
199 Kramer in: MüKo SchR AT, Bd. 2a, Einl. vor § 241 Rdn. 40 ff.
200 Vgl. etwa Heinrichs in: Palandt, BGB, Einl. vor § 241 Rdn. 7.

scheiden, weil der Spender in die Organentnahme zuvor einwilligen muss, fehlt zwischen Spender und Empfänger jegliche zivilrechtliche Anspruchsgrundlage für einen etwaigen Aufwendungsersatzanspruch.

c) Rechtfertigung einer Erstattungspflicht der Krankenkasse des Empfängers

Auch aus dem Verhältnis zwischen dem Spender und der Krankenkasse des Empfängers ergeben sich allein aufgrund seiner Entscheidung zur Lebendspende keine Rechtsbeziehungen, die Ansprüche des Organspenders auf Kostenerstattung begründen würden. Zwar ließe sich möglicherweise unter dem Gesichtspunkt der für die Krankenkasse geltenden Sachleistungspflicht gegenüber dem Empfänger – ähnlich einem Kontrahierungszwang – eine Pflicht der Krankenkasse zum Abschluss eines Vertrages mit dem Spender konstruieren, in welchem insbesondere die wirtschaftliche Kompensationsleistung für die Organspende geregelt würde. Schließlich bindet die Krankenkasse auch die Leistungsträger, derer sie sich sonst zur Erfüllung ihrer Sachleistungspflicht gegenüber den Versicherten bedient, durch Verträge an sich.

Allerdings stellt die Organbeschaffung keine ihrer Sachleistungspflicht unterliegende Leistungsart dar, da die Krankenkasse hierauf keinerlei Einfluss hat. Demzufolge besteht auch keine Verpflichtung, die Beschaffung von Organen durch geeignete Verträge mit Organ-„Lieferanten“ sicherzustellen. Dies muss unabhängig davon gelten, ob die Organe von Lebenden oder Toten gespendet werden. Die Krankenkassen mögen zur Bereitstellung der medizinischen Ressourcen verpflichtet sein, um eine Organtransplantation sowohl unter Lebenden als auch mit Hilfe eines postmortal gespendeten Organs zu ermöglichen. Die Beschaffung der Organe selbst gehört jedoch nicht zum Leistungskatalog. Ansprüche des Spenders gegen die Krankenkasse des Empfängers bestehen also ebenfalls nicht.

Nachdem – wie vorstehend aufgezeigt – dem Organspender weder aus seinen eigenen Versicherungsverhältnissen noch aus seiner zivilrechtlichen Beziehung zum Organempfänger oder dessen Krankenkasse irgendwelche Ansprüche auf Einkommens- oder Einkommensersatzleistungen zustehen, kann zusammenfassend festgehalten werden, dass für die Zahlung von Verdienstausfall zumindest eine wirtschaftliche Notwendigkeit besteht.

Wie bereits zuvor erörtert, existiert keine krankenversicherungsrechtliche Pflicht zur Zahlung einer Verdienstausfallerstattung an den Organspender. Trotzdem hatte das BSG in seinem Urteil von 1972[201] die Verdienstausfallerstattung den erstattungsfähigen Nebenleistungen zur Krankenhilfe an den Organempfänger zugeordnet. Die vom BSG konstatierte Erstattungspflicht der Krankenkasse des Empfängers erscheint die im Ergebnis einzig sachgerechte Lösung: Der Empfänger ist alleiniger Auslöser der ärztliche Behandlung des Spenders. Dieser soll

---

201 BSGE 35, S. 102-104.

durch seine Spende über den Verlust eines gesunden Organs hinaus keinesfalls wirtschaftlich beeinträchtigt werden.

Die Leistungsträger, welche für die Erbringung der im unverschuldeten Krankheitsfall an den Spender erforderlich werdenden Leistungen zuständig wären, trifft aufgrund der selbstverschuldeten Erkrankung des Spenders keine Leistungspflicht. Sie und die von ihnen repräsentierte Versicherten- bzw. Solidargemeinschaft haben nicht für das Risiko aufzukommen, welchem sich der Spender aufgrund seiner Nähebeziehung zu einer nicht dieser Versichertengemeinschaft angehörigen Person aussetzt. Dem entsprechend haben sie auch nicht für die hierdurch entstehenden wirtschaftlichen Auswirkungen einzustehen.

Eine direkte Kompensationsleistung vom Empfänger an den Spender birgt allerdings die Gefahr versteckter Entlohnung der Organspende als solcher. Im Interesse eines wirksamen Unterbindens des Organhandels muss daher solchen Zahlungen durch geeignete Maßnahmen jegliche sachliche Rechtfertigung entzogen werden.

Einzig eine Erstattung von Verdienstausfall durch den für den Organempfänger zuständigen Leistungsträger trägt sämtlichen genannten Aspekten Rechnung. Eine rechtliche Grundlage hierfür bietet das Recht der GKV jedoch nicht. Daher wird im folgenden unter 3) die rechtliche Ausgestaltung einer entsprechenden Erstattungspflicht entwickelt.

3) Mögliche Lösungsmodelle

Was das Urteil des BSG[202] unabhängig von aller rechtswissenschaftlich kritikwürdigen Methodik zweifelsohne ehrt, ist der Umstand, dass die Richter damit als Ausgleich für eine ethisch-moralisch hoch einzuschätzende und monetär nicht fassbare Hilfsleistung zumindest die Kompensation der unausweichlichen wirtschaftlichen Einbußen des Hilfeleistenden sichergestellt haben. Die Urteilsbegründung leidet jedoch daran, dass nicht deutlich wird, auf welcher Rechtsgrundlage die Erstattungspflichten der Empfängerkrankenkasse beruhen.

Dass die Erstattung von Verdienstausfall bis zum heutigen Tage auf der Grundlage eines in seiner rechtlichen Stringenz fragwürdigen Urteils des BSG erfolgt, ist für die Betroffenen unbefriedigend. Für die Sozialversicherungsträger ist die derzeitige Erstattungspraxis insoweit problematisch, als § 31 SGB I ihnen aufgibt, in den Sozialleistungsbereichen nur aufgrund einer gesetzlichen Grundlage Rechte zu begründen. An der fehlt es aber – wie aufgezeigt – gerade.

Nachfolgend werden daher zwei Lösungsansätze entwickelt. Zum einen wird auf Grundlage der BSG-Rechtsprechung und der Vorschläge im Zwischenbericht

---

202 BSGE 35, S. 102-104.

Organlebendspende[203] erörtert, ob bis zur Schaffung einer tauglichen gesetzlichen Regelung ein „modus vivendi" etabliert werden kann, der die Besonderheiten des arbeits- und versicherungsrechtlichen Status' der einzelnen Spender angemessen berücksichtigt. Zum anderen wird eine mögliche gesetzliche Neuregelung entworfen. Dabei soll jedoch nicht außer Acht bleiben, dass die Lebendorganspende trotz der immensen Bedeutung für die konkret beteiligten Personen im Krankenversicherungsrecht nach wie vor nur einen geringen Anteil der Leistungen zur Krankenbehandlungen ausmacht, so dass deren Einbindung in das vorhandene gesetzliche Regelwerk keine neuen sozialversicherungsrechtlichen Fragen aufwerfen darf.

a) Künftige Handhabung der Erstattung von Verdienstausfall bis zur gesetzlichen Neuregelung

Kernfrage im Hinblick auf eine Übergangslösung ist, ob das BSG-Urteil für weitergehende Leistungen Raum lässt als sie bislang von den Krankenkassen erbracht werden. Neben der Erstattung von Verdienstausfall an freiberuflich und selbständig tätige Spender muss auch im Hinblick auf die Verdienstausfallerstattung an abhängig beschäftigte Spender untersucht werden, ob durch das Urteil des BSG der Weg für weitergehende Kompensationsleistungen tatsächlich versperrt ist.

Die Rechtsprechung des BSG verfolgt den Ansatz, bei der Erstattung von Verdienstausfall den jeweiligen versicherungsrechtlichen Status des Berechtigten zu berücksichtigen. Nur so kann der einschränkende Hinweis verstanden werden, wonach das BSG die Zahlung des Verdienstausfalles analog zu den Regelungen der RVO zum Hausgeld zunächst nur bei einem ebenfalls gesetzlich krankenversicherten Organspender gelten lassen will.[204] Die Formulierung lässt zumindest bei Spendern mit einem anderen versicherungsrechtlichen Status (etwa privat versicherte Spender) Raum für eine abweichende Erstattungspraxis durch die Krankenkassen.

Diesem Ansatz könnte darüber hinaus auch grundsätzliche Bedeutung dahin zukommen, dass für den Umfang der Erstattungspflicht allein entscheidend ist, was der Spender in einem Fall eigener unverschuldeter Arbeitsunfähigkeit an Leistungen zu erwarten hätte. Denn auf den ersten Blick wirkt die Anlehnung an die Regelungen zum Hausgeld wie der Versuch der Gleichstellung mit eigener unverschuldeter Arbeitsunfähigkeit des Organspenders. Gesetzlich versicherte Spender würden in einem solchen Falle jedoch den Regelungen des SGB V zum Krankengeld erst nach Ablauf der sechswöchigen Entgeltfortzahlung durch den Arbeitgeber nach § 3 Abs. 1 Satz 1 EFZG unterliegen. Der gesetzlich versicherte Organspender ist also schon insoweit nach der Rechtsprechung des BSG hinsichtlich der spendebedingten Arbeitsunfähigkeit schlechter gestellt, als er bei

---

203 BT-Drs. 15/5050, S. 76/77.
204 BSGE 35, S. 102-104 (104).

unverschuldeter Erkrankung stünde. Das BSG geht jedoch auf eine mögliche Erstattung des Verdienstausfalles des Organspenders in Höhe eines bei eigener unverschuldeter Krankheit vom Arbeitgeber aufgrund entsprechender Vorschriften vorübergehend fortzuzahlenden Lohns nicht ein. Die Zielrichtung einer finanziellen Gleichstellung der Organspender mit der Situation eigener unverschuldeter Erkrankung kann dem Urteil des BSG daher nicht entnommen werden.

Zwar wäre eine Erstattung des Verdienstausfalles wünschenswert, die den Spender so stellt wie bei eigener unverschuldeter Arbeitsunfähigkeit. Derart weitgehende Erstattungsleistungen durch die Krankenkassen sind allerdings vor dem Hintergrund ihrer Verpflichtung aus § 31 SGB I, Rechte im Sozialversicherungsbereich nur aufgrund einer gesetzlichen Ermächtigungsgrundlage zu gewähren, problematisch. Zwar sind die Krankenkassen bei bereiten Spendern gegenüber dem Organempfänger nach § 2 SGB V auch zur Sachleistung in Form der Lebendorgantransplantation verpflichtet. Dieser Verpflichtung sind die Krankenkassen durch Einbeziehung dieser Therapiemethode in ihren Leistungskatalog nachgekommen. Entsprechend ist im Fallpauschalensystem eine Vergütung dieser medizinischen Leistung vorgesehen.

Aus der Sachleistungsverpflichtung der Krankenkasse allerdings gleichzeitig die Pflicht zu einer vollumfänglichen Kostentragung bei der Lebendorgantransplantation herzuleiten, führte zu weit. Die Krankenkassen haben bei der Leistungsgewährung immer auch das Wirtschaftlichkeitsgebot des § 12 SGB V zu beachten. Dass Leistungen der Krankenkassen nicht notwendig alle Kosten einer Behandlung umfassen müssen, zeigt nicht zuletzt § 12 Abs. 2 SGB V. Danach erfüllt die Krankenkassen ihre Leistungspflicht auch durch die Leistung von Festbeträgen, also unabhängig davon, ob hierdurch die Kosten vollumfänglich gedeckt werden.

Die Erstattung von Verdienstausfall ist, wie auch das BSG konstatieren musste, als Barleistungen an den Organspender grundsätzlich im System der GKV nicht vorgesehen. Wenn die Krankenkassen mangels weitergehender gesetzlicher Ermächtigung ihre Erstattungspraxis an den Vorgaben des BSG ausrichten, so ist dies nur konsequent. Höhere Erstattungsleistungen an nicht gesetzlich versicherte Organspender sind unter dem bestehenden Regime nicht zu rechtfertigen und es muss bis zu einer gesetzlichen Neuregelung bei der bislang üblichen, an den Regelungen zum Krankengeld orientierten Praxis bleiben.

b) Erfordernis gesetzlicher Regelung

Die derzeitige Erstattungspraxis führt demnach nicht nur zu einer Ungleichbehandlung der verschiedenen Spendergruppen, die einem unterschiedlichen arbeits- und versicherungsrechtlichen Status angehören, sondern darüber hinaus gerade beim abhängig beschäftigten, gesetzlich versicherten Spender zur

Schlechterstellung gegenüber dem Fall der eigenen, unverschuldeten Erkrankung. Das ist aber keine für die Lebendorganspende sachgerechte Lösung. Zwar ist nicht auszuschließen, dass die Entstehung finanzieller Einbußen des Organspenders von Gesetzgebung und Rechtsprechung bewusst hingenommen wird. Das SGB V bietet keinen lückenlosen Versicherungsschutz. Die Versicherten werden – gerade in jüngster Zeit vermehrt – über ihre reine Beitragsbelastung hinaus zur Finanzierung des Systems der GKV mit herangezogen. Insbesondere im Bereich der Heil- und Hilfsmittel sowie der Zahnbehandlung kennt das SGB V schon seit langem Zuzahlungsregelungen.

Fraglich ist jedoch, ob es im Interesse des Gesetzgebers sein kann, dass die so entstehende Versorgungslücke des Spenders gegebenenfalls durch den Empfänger selbst ausgeglichen wird. Aufwendungserstattungen sind letztlich, unabhängig davon, von wem sie erbracht werden, nach der Gesetzesbegründung zum TPG[205] nicht tatbestandliche Handlung des Handeltreibens im Sinne der §§ 17 ff. TPG, so dass eine Gefahr strafrechtlicher Verfolgung für den Empfänger nicht bestünde.

Neben den von den Sozialversicherungsträgern zu erbringenden Leistungen an den Spender noch weitere Zahlungsflüsse auf der Ebene Empfänger / Spender zu dulden, würde keine den – insbesondere mit dem TPG verfolgten – gesetzgeberischen Zielen dienliche Handhabung darstellen. Dem Ziel, den Organhandel zu unterbinden und zudem der Gefahr zu begegnen, dass potentielle Lebendspender ihre Gesundheit um wirtschaftlicher Vorteile Willen aufs Spiel setzen,[206] würde die Begünstigung solcher schwer kontrollierbarer Zahlungsflüsse zuwider laufen. Die Gefahr der Ausdehnung von Zahlungen an den Organspender über das nach § 17 ff. TPG zulässige Maß hinaus kann am besten dadurch vermieden werden, dass die Kompensationszahlungen durch staatliche oder staatlich beaufsichtigte Kostenträger geleistet werden. Der direkte Geldfluss von Empfänger zu Spender sollte in diesem Zusammenhang die Ausnahme darstellen. Kompensationslücken, welche direkte Zahlungen des Empfängers rechtfertigen können, bleiben nur dann nicht bestehen, wenn die Krankenkassen für die Aufwendungen des Spenders möglichst umfassend einstehen.

---

205 BT-Drs. 13/4355, S. 30.

206 So formuliert die Begründung des Gesetzentwurfes, BT-Drs. 13/4355, S. 29, eines der gesetzgeberischen Ziele des Verbots des Organhandels. Auch das BSG hat unter anderem mit Hinweis auf diese Ziele in seinem Urteil vom 16.07.1996 – 1 RK 15/59, SozR 3-2500 § 27 Nr. 7, bereits vor Inkrafttreten des TPG einen Anspruch der Erben eines verstorbenen Organempfängers auf Erstattung von für die Organbeschaffung gezahlter 55.000 DM abgewiesen.

Auch die Konzeption des § 8 Abs. 3 Satz 1 TPG, wonach vor jeder Lebendorganspende eine Kommission[207] unter anderem gutachterlich dazu Stellung zu nehmen hat, ob begründete tatsächliche Anhaltspunkte dafür vorliegen, dass das Organ Gegenstand verbotenen Handeltreibens ist, lässt erkennen, dass der Gesetzgeber nicht davon ausging, im Umfeld der Lebendorganspende werde es zu direkten Zahlungen des Empfängers an den Spender kommen. Man stelle sich die Situation der Lebendspendekommission vor, die auf die Frage an den Spender danach, ob er für seine Organspende vom Empfänger ein Entgelt erhalten habe oder solle, eine bejahende Antwort erhält. Hier drängt sich die Frage auf, ob die Lebendspendekommission nicht verpflichtet wäre, vor Abgabe der gutachterlichen Stellungnahme den zulässigen Umfang einer Kompensationsleistung des Empfängers an den Spender zu bestimmen und mit der vom Empfänger geplanten Zahlung abzugleichen. Wäre die Zahlung an den Spender unangemessen hoch, wäre verbotenes Handeltreiben nicht mehr auszuschließen und die Stellungnahme müsste ablehnend ausfallen. Nach der derzeitigen Organisation der Lebendspendekommissionen ist für die Klärung solcher Fragen aber kein Raum.[208] In der Konsequenz müsste daher eine Lebendspendekommission, die von jedweder Art finanzieller Absprachen zwischen den Beteiligten Kenntnis erlangt, zunächst aufgrund bestehender Anhaltspunkte für verbotenes Handeltreiben die geplante Organspende ablehnend begutachten.

Bis heute wird mangels klarer gesetzlicher Regelungen darüber diskutiert, ob und, wenn ja, welche direkten Leistungen des Empfängers an den Organspender als zulässig angesehen werden können. Gerade auch Leistungen für höhere Versicherungsaufwendungen des Spenders – beispielsweise für Lebens- oder private Krankenversicherungen – wurden bereits früh diskutiert.[209] Die Grenzen zum verbotenen Handeltreiben nach § 17 TPG sind zum Teil fließend.[210] Angesichts dieser Rechtslage ist es den Lebendspendekommissionen schlichtweg nicht zuzumuten, die rechtliche Zulässigkeit bestimmter Kompensationszahlungen zu beurteilen. Ihrem in § 8 Abs. 3 Satz 1 TPG normierten Prüfungsauftrag zufolge, wonach die Kommission dazu Stellung zu nehmen hat, ob Anhaltspunkte für verbotenes Handeltreiben vorliegen, müsste sie jedoch diese rechtlich ausge-

---

207 In den Bundesländern sind zwischenzeitlich nahezu ausschließlich bei den Landesärztekammern sogenannte Lebendspendekommissionen eingerichtet worden, welche die Aufgaben nach § 8 Abs. 3 S. 2 TPG wahrnehmen. Ebenso haben nahezu sämtliche Bundesländer eigene Ausführungsgesetze für die Arbeit der Lebendspendekommissionen erlassen.

208 Zur derzeitigen Verwaltungspraxis der Lebendspendekommissionen bieten einen umfassenden Überblick: Fateh-Moghadam/Schroth/Gross/Gutmann, MedR 2004, S. 19- 34 sowie 82-90.

209 Zuerst wohl Bucher schon 1966 in: Largiadèr, Organtransplantation, S. 79.

210 Ausführlich zu den Auslegungsschwierigkeiten im Zusammenhang mit § 17 TPG: Zillgens, Strafrechtliche Grenzen der Lebendorganspende, S. 290-292. Die Enquete-Kommission gelangt nunmehr zu der Auffassung, dass eine entsprechende Kompensation kein nach §§ 17 ff. TPG verbotenes Handeltreiben darstellt, vgl. Zwischenbericht Organlebendspende, BT-Drs. 15/5050, S. 60.

sprochen schwierige Beurteilung vornehmen, wenn der Aufwendungsersatz nicht allein von der Empfänger-Krankenkasse getragen würde. In letzterem Fall würde noch eine Vermutung dafür sprechen, dass die Krankenkasse lediglich im gesetzlich zulässigen Umfang derartige Leistungen erbringt. Bei zusätzlichen Leistungen durch den Empfänger selbst könnte hiervon jedoch nicht ohne weiteres ausgegangen werden.
Ferner sind die dargestellten Regelungen des § 4 KFPV 2004[211] zum Fallpauschalensystem bei Lebendorgantransplantationen ungeeignet, eine Argumentation zu stützen, die etwa einen Willen des BMGS – und damit der Bundesregierung – auf Begrenzung von Erstattungsleistungen an den Spender herzuleiten suchte. Wie ausgeführt hat der Verordnungsgeber mit Einführung des Fallpauschalensystems zwar die allgemeinen Krankenhausleistungen nach § 2 KHEntgeltG über ein pauschales Abrechnungssystem zu standardisieren versucht. Jedoch hat er, wie die amtliche Begründung zum Verordnungsentwurf zeigt, die Möglichkeit der Erstattung von Verdienstausfall durch die Krankenkassen nicht regeln wollen.[212] Eine Beschränkung der Zahlung von Verdienstausfall ist durch die Einführung der Fallpauschalenregelung daher nicht erfolgt.

Nach wie vor besteht für die Verdienstausfallerstattung an die Spender somit keine gesetzliche Grundlage. Mit Blick auf die in § 17 TPG normierten strafrechtlichen Folgen verbotenen Handeltreibens ist dieser Zustand nicht hinnehmbar.

c) Inhaltliche Anforderungen an eine gesetzliche Regelung

Angesichts des in der Begründung zu § 16 des Gesetzentwurfs zum TPG[213] zum Ausdruck kommenden Willens des Gesetzgebers, Aufwendungserstattungen an den Spender straffrei zu stellen, muss eine gesetzliche Regelung der Verdienstausfallerstattung zwischen zwei rechtspolitischen Zielsetzungen abwägen. Einerseits besteht der begründete Wunsch, den Spender von zusätzlichen wirtschaftlichen Belastungen durch umfassenden Aufwendungsersatz weitgehend freizustellen. Andererseits sollen aber zur Verhinderung der Ausweitung verbotenen Organhandels direkte Zahlungen zwischen Empfänger und Spender entweder gänzlich unterbunden oder jedenfalls kontrollierbar gehalten werden.

---

211 Und seiner Nachfolgevorschrift, § 4 FPV 2005; vgl. insoweit die Ausführungen oben in Kapitel B unter I.

212 Die amtl. Begründung des BMGS zum Referentenentwurf zur KFPV 2004, S. 13, abrufbar auf der Internetseite des Bundesministeriums für Gesundheit unter: http://www.bmg.bund.de/nn_603204/SharedDocs/Gesetzestexte/Krankenhaeuser/7-Verordnung-zum-Fallpauschalen-,templateId=raw,property=publicationFile.pdf/7-Verordnung-zum-Fallpauschalen-.pdf (28.06.2006), verweist diesbezüglich zwar auf die Notwendigkeit der Aufklärung des Spenders über die Erstattung von Verdienstausfall. Als gesondert abrechenbare Leistung wird der Verdienstausfall an den Spender aber weder in der Verordnung noch in der Begründung genannt.

213 BT-Drs. 13/4355, S. 30.

Wenn jedoch die Erstattung durch die Krankenkassen den Verdienstausfall des Spenders nicht vollständig kompensiert, besteht regelmäßig eine Rechtfertigung für direkte Zahlungen an den Spender.

aa) Bruttoeinkommensbezogene Verdienstausfallerstattung

Eine Lösung könnte darin liegen, die Verdienstausfallerstattung grundsätzlich am Bruttoeinkommen des Spenders zu orientieren, um zugleich etwaige mittelbare versicherungsrechtliche oder finanzielle Nachteile des Spenders auszuschließen. Hierzu gehören die Gefahr des Ausscheidens aus der Sozialversicherung gemäß § 7 Abs. 3 Satz 1 SGB IV sowie der anteilige Verlust rentenversicherungsrechtlicher Anwartschaften für einen Zeitraum der Nichtleistung von Rentenversicherungsbeiträgen.[214]

Ersteres ließe sich bereits dadurch vermeiden, dass eine Beschäftigung gegen Arbeitsentgelt nach § 7 Abs. 3 SGB IV auch dann als fortbestehend gelten würde, wenn von einer Krankenkasse Verdienstausfall aufgrund einer Organspende gewährt wird. Der Verlust von Rentenanwartschaften des Spenders ließe sich hingegen mit einer reinen Bruttoeinkommenserstattung nicht verhindern. Denn davon wären die Beiträge des Arbeitgebers des Spenders zur Rentenversicherung, die für dessen Rentenanwartschaft ebenfalls relevant sind, nicht gedeckt. Ein finanzieller Nachteil des Spenders könnte dadurch verhindert werden, dass die Verdienstausfallerstattung über dessen Bruttoeinkommen hinausgehend auch die Arbeitgeberanteile zur Sozialversicherung mit berücksichtigen würde. Bei Freiberuflern und Selbständigen müsste der potentielle Einkommensausfall vollständig (d. h. als Bruttoeinkommen) erstattet werden.

Dieses Regelungsmodell stößt jedoch auf Bedenken. Den Krankenkassen entstünden hierdurch im Vergleich zur bisherigen Regelung erhebliche finanzielle Mehrbelastungen. Hinzu käme insbesondere bei nicht krankenversicherten, freiberuflich tätigen Spendern die Problematik des Nachweises der tatsächlichen Einkommenseinbuße. Die Ermittlung eines möglichen Erstattungsbetrages durch die Krankenkassen würde einen erheblichen Verwaltungsaufwand verursachen und Fragen zur Reichweite der Darlegungspflicht des Spenders aufwerfen. Der als Freiberufler oder Selbständiger tätige Spender kann seine tatsächlichen Einkommensverluste regelmäßig nur schwer belegen.

So wünschenswert eine vollständige Kompensation des Verdienstausfalles des Spenders auch wäre, sprechen letztlich die unkalkulierbaren Kostenrisiken für die Krankenkassen und die Schwierigkeiten bei der Ermittlung des Erstattungsbetrages für Freiberufler und Selbständige gegen diese Lösungsalternative.

---

[214] Auf die nachteiligen Auswirkungen der derzeit bestehenden Erstattungspraxis weist auch die Enquete-Kommission, BT-Drs. 15/5050, S. 61, ausdrücklich hin.

bb) Arbeits- und versicherungsrechtlich orientierte Verdienstausfallerstattung

Praktikabler wäre hingegen eine Regelung, die sich an dem arbeits- oder versicherungsrechtlichen Status des jeweiligen Spenders bei eigener Erkrankung orientiert. Der Spender wird in diesem Modell – abhängig von seinem jeweiligen arbeits- oder versicherungsrechtlichen Status – von der Krankenkasse des Empfängers so gestellt, als wäre er selbst unverschuldet erkrankt.

Ein abhängig beschäftigter Spender erhält in den ersten sechs Wochen seiner Arbeitsunfähigkeit nach § 3 Abs. 1 Satz 1 EFZG zunächst sein volles Gehalt von seinem Arbeitgeber weiter gezahlt. Ebenso erhält nach § 25 Abs. 1 Satz 1 SGB II ein erwerbsfähiger Hilfebedürftiger und nach § 126 Abs. 1 Satz 1 SGB III ein Arbeitsloser im Falle der Arbeitsunfähigkeit für sechs Wochen vom zuständigen Träger Arbeitslosengeld II oder Arbeitslosengeld weitergezahlt. Ist der Spender für einen längeren Zeitraum spendebedingt arbeitsunfähig, so wird ihm entsprechend den Regelungen zum Krankengeld nach §§ 44 ff. SGB V Verdienstausfall erstattet.

Ein freiberuflich oder selbständig tätiger Organspender verfügt im Zusammenhang mit seiner privaten Krankenversicherung in der Regel über eine Krankentagegeldversicherung. Gegenüber dieser besteht nach den Musterbedingungen 1994 Krankentagegeldversicherung (MB/KT 94) des Verbandes der Privaten Krankenversicherung e. V.[215] ein Anspruch auf Zahlung des Krankentagegeldes in individuell vereinbarter Höhe.

Entsprechend der genannten, im Falle von Arbeitsunfähigkeit einschlägigen Vorschriften leistet die Empfänger-Krankenkasse auf vorherigen Antrag des Organspenders Kompensation. Die Erstattungsleistungen der Krankenkasse haben bei abhängig beschäftigten Spendern dabei auch die Arbeitgeberanteile zur Sozialversicherung zu umfassen. Arbeitslose oder arbeitssuchende Hilfebedürftige erhalten Erstattungsleistungen in Höhe ihrer Ansprüche nach dem SGB II oder SGB III. Privatversicherten wird Krankentagegeld entsprechend ihren Ansprüchen gegen ihre Krankenversicherung im Krankheitsfalle geleistet.

Der abhängig beschäftigte Organspender braucht zum Nachweis lediglich eine Gehaltsbescheinigung seines Arbeitgebers vorlegen. Der arbeitslose Spender legt entsprechend seinen Bescheid über die Gewährung von Arbeitslosengeld bzw. Arbeitslosengeld II vor. Der selbständig oder freiberuflich tätige Spender braucht nur den Vertrag mit seiner privaten Krankenversicherung über das vereinbarte Krankentagegeld vorzulegen. Um Doppelzahlungen durch die Krankenkasse des Empfängers und einen anderen Leistungsträger vorzubeugen, zeigt die Krankenkasse die Zusage für die Gewährung entsprechender Kompensationsleistungen an den Spender gegenüber dem jeweils betroffenen Kostenträger vor Aufnahme der Zahlungen an.

---

[215] Abrufbar auf der Internetseite des PKV unter: http://www.pkv.de/downloads/MBKT.pdf (28.06.2006).

Die Vorteile dieser Handhabung liegen auf der Hand:

- Der Verwaltungsaufwand bei der Krankenkasse des Empfängers ist gering, weil es durch die Vorlage der entsprechenden Bescheide und Nachweise keiner komplizierten Berechnung der Einkommensverluste des Spenders bedarf und die Handhabung auf sämtliche in Frage kommenden Leistungsträger gleichermaßen einfach anwendbar ist.

- Das finanzielle Risiko ist für die Krankenkassen kalkulierbar, weil bei sämtlichen gesetzlich krankenversicherten Spendern die Verdienstausfallerstattung nach sechs Wochen nur noch in Höhe des Krankengeldes geleistet werden muss und bei Spendern mit hohen Einkommen die Erstattungspflichten auf die Leistungsgrenzen der privaten Krankentagegeldversicherung beschränkt bleiben.

- Zwar werden den Spendern in begrenztem Umfang Einkommenseinbußen zugemutet, ihre wirtschaftliche Situation wird gegenüber der bisherigen Erstattungspraxis aber erheblich verbessert. So erhalten sie in den ersten sechs Wochen ihr volles Gehalt weiter und verlieren in diesem Zeitraum zunächst auch keine Rentenanwartschaften nach dem SGB VI, weil die Krankenkasse des Empfängers die Arbeitgeberanteile zur Sozialversicherung ebenfalls zu entrichten hat.

- Gleichzeitig gewährleistet die Regelung ein hohes Maß an Rechtssicherheit und ist auch für die Spender transparent, da sie an deren eigene Versorgungsansprüche im Krankheitsfall anknüpft.

Der Gefahr des Herausfallens aus dem Sozialversicherungsschutz wegen Überschreitens der Monatsgrenze des § 7 Abs. 3 S. 1 SGB IV kann durch Einbeziehung der Zahlungen der Empfänger-Krankenkasse in den Katalog der Leistungen nach § 7 Abs. 3 S. 2 SGB IV begegnet werden.

Zwar dürften von der hier dargestellten Vorgehensweise die möglichen Fallkonstellationen weitgehend erfasst werden. Dieses Modell würde allerdings im Hinblick auf freiberuflich oder selbständig tätige Spender, die über keine private Krankentagegeldversicherung verfügen, eine Lücke aufweisen. Dieser Personenkreis erhielte bei strikter Anwendung der vorgeschlagenen Regelung keinerlei Verdienstausfallerstattung. Da aber gleichwohl auch ein solcher Spender aufgrund der Organspende erhebliche Einkommenseinbußen hinnehmen muss, muss ihm eine angemessene Erstattung seines Verdienstausfalles zugestanden werden. Mangels versicherungsvertraglicher Anknüpfungspunkte für die Ermittlung der Erstattungsleistung sollte in diesen Fällen trotz der bestehenden Beweisprobleme eine Erstattung auf Nachweis der tatsächlichen Einkommenseinbußen erfolgen. Hierbei sollten die Anforderungen an den Nachweis der Einbuße von den Krankenkassen nicht zu hoch gesteckt werden. Um den Bedenken der Krankenkassen wegen möglicher erheblicher wirtschaftlicher Mehrbelastungen Rechnung zu tragen, kann zudem eine Deckelung der Höhe des Erstattungsbetrages erfolgen. Um einem möglichst großen Kreis potentieller Spender eine ungekürzte Verdienstausfallerstattung zu garantieren, sollte eine Deckelung lediglich bei ganz außergewöhnlich hohen Einkommen greifen. Zu denken wäre hier etwa an eine Begrenzung der Verdienstausfallerstattung auf das zweifache des an Versicherte nach §§ 44 ff. SGB V maximal zu gewährenden Krankengeldes. Damit dürfte die Mehrheit der Organspender Verdienstausfallerstattung ohne Einkommenseinbußen erhalten, so dass eine weitgehende Gleichbehandlung aller Organspender gewährleistet wird.[216]

cc) Regelungsmodell der Enquete-Kommission

Die Forderungen an den Gesetzgeber, welche die Enquete-Kommission im Zwischenbericht Organlebendspende zur Verdienstausfallerstattung formuliert hat,[217] gehen indes nicht weit genug. Zwar sollen nach Auffassung der Enquete-Kommission die gesetzlichen Krankenkassen dazu verpflichtet werden, über die Nettoverdienstausfallkostenerstattung hinaus auch die „vom Organspender für diese Zeit zur Weiterführung seiner eigenen Sozialversicherung zu zahlenden Versicherungsbeiträge“[218] zu leisten. Darüber hinaus sollen die Krankenkassen jedoch nur Arbeitgeberzuschüsse zu privaten Kranken-, Berufsunfähigkeits- und Rentenversicherungen in angemessener Höhe, nicht aber die Arbeitgeberbeiträge zur gesetzlichen Rentenversicherung übernehmen.[219] Die Lücke in den Rentenanwartschaften bliebe nach diesem Regelungsmodell also bestehen.

Auch die von der Enquete-Kommission geforderte Deckelung der Verdienstausfallerstattung für besonders hohe Einkommen gilt es gerade im Hinblick auf die oben geschilderte Problematik des Ausuferns nicht zu überwachender direkter Kompensationsleistungen zwischen Empfänger und Spender mit Bedacht einzusetzen. Um den Bedenken der Krankenkassen wegen möglicherweise ausufernder Kosten dennoch zu begegnen, erscheint eine Deckelung der Verdienstausfallerstattung, die lediglich extreme Ausreißer nach oben erfasst,[220] allerdings hinnehmbar.

---

216 Eine Gleichbehandlung befürworten auch Kummer in: Schulin (Hrsg.), HdbdSozVersR, Bd. 1, § 23 Rdn. 24, und Ugowski, Rechtsfragen der Lebendorganspende, S. 128. Beide meinen, sie allein durch entsprechende Anwendbarkeit der §§ 44 ff. SGB V auch auf nicht gesetzlich versicherte Spender zu erreichen. Dabei werden gerade privat versicherte Spender dadurch benachteiligt, dass ihnen die Vorzüge ihrer privaten Absicherung des Risikos der Arbeitsunfähigkeit im Zusammenhang mit der Verdienstausfallerstattung durch die Krankenkasse des Empfängers bei der Lebendorganspende nicht gewährt werden.

217 BT-Drs. 15/5050, S. 76/77.

218 BT-Drs. 15/5050, S. 77.

219 All diese Regelungen sollten zudem auch im Bereich der privaten Krankenversicherung gewährleistet werden, BT-Drs. 15/5050, S. 77.

220 vgl. dazu bereits oben, unter bb).

dd) Entwurf einer gesetzlichen Regelung:

Die Verdienstausfallerstattung stellt als Barleistung eine Ausnahme vom Sachleistungsprinzip dar. Eine entsprechende Regelung sollte daher, wie die Regelungen zur Kostenerstattung an den Versicherten selbst, in § 13 SGB V angesiedelt werden. Um sämtliche in Frage kommenden Konstellationen mit dem Wortlaut der zu schaffenden Norm möglichst umfassend abzudecken, empfiehlt sich die Schaffung einer generalklauselartigen Vorschrift. Diese muss insbesondere verfahrensrechtliche Klarstellungen enthalten. Eine entsprechende Vorschrift könnte unter Beachtung dieser Prämissen wie folgt lauten:

„**§ 13 Abs. 3a SGB V (neu):**
[1] **Wird zur Krankenbehandlung eines Versicherten nach §§ 27 ff. die ärztliche Behandlung eines Dritten notwendig und verliert der Dritte aufgrund einer dadurch verursachten Arbeitsunfähigkeit Ansprüche gegen seinen Arbeitgeber nach § 3 Abs. 1 EFZG oder gegen einen anderen, für die Leistung bei Arbeitsunfähigkeit zuständigen Kostenträger, soll die Krankenkasse dem Dritten auf Antrag Erstattung gewähren.** [2] **Der Umfang der Erstattung bestimmt sich nach den im unverschuldeten Krankheitsfall für die Leistungen des jeweiligen Kostenträgers geltenden Regelungen.** [3] **Der Erstattungsbetrag darf das Zweifache des nach den §§ 44 ff. im unverschuldeten Krankheitsfalle von der Krankenkasse an ihre Versicherten zu leistenden Krankengeldes nicht übersteigen.** [4] **Bestehen keine Ansprüche des Dritten gegen einen Kostenträger nach Satz 1, soll die Krankenkasse dem Dritten auf Nachweis den tatsächlich entstandenen Verdienstausfall erstatten.**
[5] **Satz 3 gilt entsprechend.**“

Um den Spender gegen die Gefahr abzusichern, aus dem Sozialversicherungsschutz herauszufallen, sollte zudem die Erstattungsleistung nach § 13 Abs. 3a SGB V (neu) in den Katalog derjenigen Leistungen nach § 7 Abs. 3 Satz 2 SGB IV aufgenommen werden. § 7 Abs. 3 S. 2 SGB IV ist demnach wie folgt zu ergänzen:

„Satz 1 gilt nicht, wenn Krankengeld, Verletztengeld, Versorgungskrankengeld, Übergangsgeld, **eine Erstattungsleistung nach § 13 Abs. 3a SGB V** oder Mutterschaftsgeld oder nach gesetzlichen Vorschriften Erziehungsgeld bezogen oder Elternzeit in Anspruch genommen oder Wehrdienst oder Zivildienst geleistet wird.“

III. Fahrtkostenerstattung

Ein Ersatz der Aufwendungen des Spenders muss schließlich auch dessen Kosten für die An- und Abreise zur Organentnahme erfassen.

Das BSG hatte über Fahrtkostenerstattung an den Organspender im Jahr 1972 nicht zu entscheiden. Dennoch wird auch hinsichtlich der Fahrtkostenerstattung für den Organspender bis heute unter Bezugnahme auf das Urteil die Leistungspflicht der Krankenkasse des Empfängers vorausgesetzt. Denn darin wird bestimmt, dass grundsätzlich „sämtliche mit einer Organspende verbundenen Aufwendungen“[221] bzw. „alle sonstigen Vor- und Nebenleistungen“ zu erstatten sind.[222]

Es liegt nahe, auch die Fahrtkosten als Nebenkosten der Organentnahme zu qualifizieren. Entgegen teilweise in der Literatur vertretener Ansicht,[223] die ihre Forderung nach Übernahme sämtlicher Aufwendungen insbesondere der Höhe nach auf das Urteil des BSG[224] stützt, erscheint es sachnäher, die Formulierung des BSG dahin zu verstehen, dass zumindest der Art nach sämtliche Aufwendungen des Spenders erfasst sein sollen. Dazu zählen eben auch die Aufwendungen des Spenders für die Anreise zum und Abreise vom Transplantationszentrum.

So wie bereits für die Erstattung von Verdienstausfall eine gesetzliche Grundlage im SGB V fehlt, existiert auch für die Fahrtkostenerstattung an den Organspender keine entsprechende Ermächtigungsgrundlage. Die KFPV 2004 und die FPV 2005 erfassen, wie bereits oben erörtert,[225] schon von ihrem Regelungsgehalt nicht das Verhältnis zwischen Krankenkassen und Organspendern.

Die Höhe der Fahrtkosten wird aufgrund der individuell verschiedenen Anreisewege der Spender variieren. Erstattet werden müssen folglich die jeweils tatsächlich angefallenen Fahrtkosten. Gesetzessystematisch empfiehlt sich die wegen des Vorbehalts des Gesetzes nach § 31 SGB I erforderliche Ergänzung der Ermächtigungsgrundlage bei § 60 SGB V. § 60 Abs. 3 SGB V regelt, welche Fahrtkosten für Versicherte aus zwingenden medizinischen Gründen von der Krankenkasse anzuerkennen sind. An dieser Stelle ist die Erstattungsfähigkeit von Fahrtkosten des Spenders, der sich einer Behandlung im Sinne des § 13 Abs. 3a SGB V (neu) unterzieht, zu ergänzen. Entsprechend bietet sich folgender Gesetzeswortlaut an:

„§ 60 Abs. 3 Satz 2 SGB V (neu):
Fahrtkosten, die einem Dritten für Wege von und zu einer ärztlichen Behandlung im Sinne des § 13 Abs. 3a SGB V entstehen, werden nach Maßgabe des Satzes 1 erstattet.“

---

221 BSGE 35, S. 102-104 (104).
222 BSGE 35, S. 102-104 (103).
223 Vgl. Kraushaar in: Kirste (Hrsg.), Nieren-Lebendspende, S. 74 ff. (76); Heemann/Demmer in: DTG (Hrsg.), Versicherungsschutz für die Lebendorganspende, S. 3, gibt insoweit die Urteilsbegründung nicht exakt wieder und spricht davon, das „die gesamten“ Aufwendungen von der Empfänger-Krankenkasse zu tragen seien.
224 BSGE 35, S. 102-104.
225 Siehe hierzu die Ausführungen unter A II. 1) b) bb) in diesem Kapitel.

D Nachbetreuungsmaßnahmen

Ist die Organtransplantation als solche erfolgreich abgeschlossen, ist es aus medizinischen Gründen erforderlich, die Beteiligten regelmäßig auf ihren Gesundheitszustand zu untersuchen, um möglichen Komplikationen[226] oder Spätfolgen frühzeitig begegnen zu können. Schließlich stellt die Organentnahme nicht allein eine Heilbehandlung für den Organempfänger dar. Sie führt beim Organspender durch Entnahme des Spenderorgans auch zu einer nachhaltigen Beeinträchtigung seines körperlichen Zustands, der im Interesse einer Risikobegrenzung für den Spender dauerhafter Beobachtung bedarf. § 8 Abs. 3 Satz 1 TPG ordnet daher an, dass die Organentnahme nur dann durchgeführt werden darf, wenn sich sowohl Empfänger als auch Spender „zur Teilnahme an einer ärztlich empfohlenen Nachbetreuung bereit erklärt haben".

Darüber, welcher Sozialversicherungsträger für die Kosten solcher Nachbetreuungsmaßnahmen aufzukommen hat, trifft das TPG keine Aussage. In der wissenschaftlichen Diskussion[227] wird weitgehend davon ausgegangen, dass die Nachbetreuungsmaßnahmen für Empfänger und Spender von der Krankenkasse des Organempfängers zu tragen sind. Sauer[228] zitiert zudem ein Urteil des Landessozialgerichts (LSG) Niedersachsen, wonach sich die Nebenleistungspflicht der Krankenkasse des Organempfängers „auf die Akutbehandlung und die nachsorgende Betreuung der Organentnahme"[229] erstreckt. Die Enquete-Kommission teilt in ihrem Zwischenbericht Lebendorganspende diesen Standpunkt und geht soweit, eine Fortdauer der Leistungspflicht der Krankenkasse des Empfängers bis zum Tod des Spenders zu bejahen.[230] Demgegenüber gehen die privaten Krankenversicherungen davon aus, dass die Nachbetreuungsmaßnahmen beim Organspender zu Lasten dessen Versicherers gehen.[231]

Keine der zitierten Quellen bietet für ihre Auffassung zur Leistungspflicht der Krankenkasse des Empfängers einen rechtlich fundierten Begründungsansatz. Vielmehr wird auch hinsichtlich der Nachbetreuungsmaßnahmen die Leistungspflicht der Krankenkasse des Organempfängers vorausgesetzt.

Ob sich die Leistungspflicht der Krankenkasse des Organempfängers im vorhandenen Rechtsrahmen begründen lässt, ist hingegen zweifelhaft. So kennt das SGB V keine Leistungspflicht der Krankenkasse über den Tod eines Versicherten hinaus. Wenn aber die Krankenkasse des Organempfängers bis zum Tod des

---

226 Zu deren sozialversicherungsrechtlicher Behandlung sogleich im nachfolgenden Kapitel E.

227 Kraushaar in: Kirste (Hrsg.), Nieren-Lebendspende, S. 74 ff. (76); ebenso Sengler in: Nickel/Schmidt-Preisigke/Sengler, TPG, § 23 Rdn. 2; Heemann/Demmer in: DTG (Hrsg.), Versicherungsschutz für die Lebendorganspende, S. 14.

228 NDV 2000, S. 97-101 (98).

229 LSG Niedersachsen, Urteil v. 17.04.1996 – L 4 Kr 178/94 (unveröffentlicht).

230 BT-Drs. 15/5050, S. 60.

231 So die Stellungnahme der Geschäftsführung des Verbandes der privaten Krankenversicherung e. V. vom 06.11.2005 auf eine entsprechende Anfrage des Verfassers.

Spenders leistungspflichtig sein soll, müssen möglicherweise Leistungen auch nach dem Tod des Empfängers erbracht werden. Bislang nicht untersucht ist auch, wie mit der Pflicht zur Übernahme der Nachbetreuungskosten des Spenders zu verfahren ist, wenn der Organempfänger später die Krankenkasse wechselt.

Daher muss auch bezüglich der Leistungspflicht für Nachbetreuungsmaßnahmen eine systematische rechtliche Analyse erfolgen. Erster Ansatzpunkt sind, ebenso wie bei den übrigen Kosten verursachenden Leistungen zur Spenderbehandlung, die Vorschriften des SGB.

I. Leistungspflicht für die Nachbetreuung des Organempfängers

Zum Verständnis des sozialversicherungsrechtlichen Problems, das sich im Hinblick auf Nachbetreuungsmaßnahmen für den Organspender ergibt, sind zunächst die Rechtsgrundlagen für die Leistungen an den Organempfänger zu betrachten. Denn letztlich muss sich – wie bei den unmittelbaren Behandlungskosten – auch für die Nachbetreuungsmaßnahmen eine Leistungspflicht der Krankenkasse des Organempfängers aus dem Pflichtenkatalog des SGB V herleiten lassen, da der Organspender selbst über keine eigenen Ansprüche gegen die Krankenkasse des Organempfängers verfügt.

Für Leistungen zur Nachbetreuung beim Organempfänger ist die Leistungspflicht seiner eigenen Krankenkasse allerdings leicht zu begründen: Der Organempfänger ist durch die Organspende nicht etwa geheilt. Vielmehr ist auch nach der erfolgreichen Organtransplantation eine oft umfangreiche Medikamentierung erforderlich. Die Nachbetreuungsmaßnahmen für den Organempfänger sind daher Leistungen im Rahmen seiner Krankenbehandlung nach §§ 27 ff. SGB V. Jede einzelne Behandlung stellt hier einen eigenen Versicherungsfall dar, für den die Krankenkasse des Organempfängers jeweils nach §§ 27 ff. SGB V einzustehen hat.

II. Leistungspflicht für die Nachbetreuung des Organspenders

Schwieriger gestaltet sich die Begründung einer Leistungspflicht der Empfängerkrankenkasse für Leistungen zur Nachbehandlung des Organspenders. Denn die Argumente, die bei der Organentnahme für eine Leistungspflicht der Krankenkasse des Empfängers sprechen, greifen bei den Nachbetreuungsmaßnahmen nicht in gleichem Maße. Als Leistungspflichtige kommt zunächst die Krankenkasse des Spenders selbst in Betracht.

1) Leistungspflicht der Krankenkasse des Organspenders

Vom BSG[232] wurde die Leistungspflicht der Krankenkasse des Empfängers für die Kosten der Organentnahme damit begründet, dass die Organtransplantation ausschließlich zum Zweck der Heilbehandlung des Organempfängers erfolgt. Nachbetreuungsmaßnahmen dienen der gesundheitlichen Kontrolle des Spenders. Mit dem ursprünglichen Zwecke der Organentnahme stehen sie lediglich in mittelbarem Zusammenhang. Daher greift die Argumentation des BSG zur Organentnahme an dieser Stelle nicht. Der Organspender ist außerdem bei der Organentnahme nicht krank, so dass es hier schon mangels Vorliegen der Voraussetzungen der §§ 27 ff. SGB V beim Spender an einer Anspruchsgrundlage gegen seine eigene Krankenkasse fehlt.

Bei Nachbetreuungsmaßnahmen zugunsten des Spenders könnten aber aufgrund deren Charakters als primär der Gesundheit des Spenders dienende Kontrolluntersuchungen Ansprüche des Spenders gegen seine eigene Krankenkasse in Betracht kommen. Denn das SGB V sieht an verschiedenen Stellen Leistungspflichten bezüglich Maßnahmen mit Vorsorgecharakter vor, die mit den Nachbetreuungsmaßnahmen grundsätzlich vergleichbar sind. Besteht aber eine Leistungspflicht der Krankenkasse des Spenders, ist für die Begründung einer Leistungspflicht der Empfängerkrankenkasse – jedenfalls aus dem Aspekt eines mangelnden Versicherungsschutzes für den Organspender – kein Raum mehr.

Zu den Untersuchungen, welchen sich der Spender nach der Nachsorgekonzeption des § 8 Abs. 3 Satz 1 TPG unterziehen soll, gehören in erster Linie Überprüfungen der Nierenfunktion, Blutdruckmessungen sowie Untersuchungen des Urins auf Eiweißausscheidung.[233] Diese wenig Aufwand erfordernden Standardleistungen bedingen grundsätzlich keinen erneuten Aufenthalt im Transplantationszentrum sondern können ebensogut vom niedergelassenen Hausarzt vorgenommen werden. Lediglich für eine nach § 8 Abs. 3 Satz 1 TPG überdies vorgesehene psychologische Betreuung[234] muss sich der Spender in fachärztliche Behandlung begeben.

Die Kosten für vorstehende Untersuchungen sind von der Krankenkasse des Organspenders zu tragen, wenn dem Spender ein entsprechender Leistungsanspruch nach dem SGB V zusteht. Ansprüche könnte der Spender nach § 11

---

232 BSGE 35, S. 102-104.

233 Zu den medizinischen Auswirkungen der Lebendspende auf den Spender: Stiftung Lebendorganspende e. V. auf ihrer Internetseite unter der Rubrik: „Lebendspender brauchen eine Lobby", abrufbar unter http://www.stiftung-lebendspende.de/ablauf8.html (28.06.2006).

234 Die psychische Betreuung von Empfänger und Spender wird zwar nicht im Gesetz erwähnt, jedoch nennt die Entwurfsbegründung sie ausdrücklich als Ziel der Nachbetreuung, vgl. BT-Drs. 13/4355, S. 21. Auch der Zwischenbericht Organlebendspende, BT-Drs. 15/5050, S. 60, nennt die somatische oder psychische Nachsorge als mögliche Leistungen, die in Nachgang zur Organspende erbracht werden.

Abs. 1 Nrn. 2-4 SGB V auf Leistungen zur Verhütung von Krankheiten nach §§ 20-24b SGB V, auf Leistungen zur Früherkennung von Krankheiten nach §§ 25 und 26 SGB V oder zur Behandlung einer Krankheit nach §§ 27 bis 52 SGB V haben.

Eine Leistungspflicht der Spenderkrankenkasse nach § 11 Abs. 1 Nr. 4 i. V. m. §§ 27 ff. SGB V im Falle von Nachbetreuungsmaßnahmen setzt zunächst voraus, dass der Spender krank ist. Im Normalfall der Nachbetreuungsmaßnahme fehlt es jedoch bereits hieran.

Der Krankheitsbegriff ist im SGB V nicht definiert sondern wird vom Gesetz bereits vorausgesetzt. Die Rechtsprechung hat Krankheit definiert als einen regelwidrigen Körper- oder Geisteszustand, der entweder Behandlungsbedürftigkeit oder – zugleich oder allein – Arbeitsunfähigkeit zur Folge hat.[235] Dass der körperliche Zustand des Spenders – etwa aufgrund des Fehlens einer Niere – regelwidrig ist, lässt sich kaum bezweifeln.[236] Allerdings fehlt es im Falle planmäßiger Nachbetreuungsmaßnahmen beim Spender an einer Behandlungsbedürftigkeit dieses regelwidrigen Zustandes. Das Fehlen von Teilen eines oder eines ganzen Körperorgans mag zwar ohne ärztliche Hilfe nicht mit Aussicht auf Erfolg behoben werden können, so dass Behandlungsbedürftigkeit dem Grunde nach zu bejahen wäre. Aber der durch die Organspende hervorgerufene Zustand soll ja gerade nicht durch ärztliche Behandlung beseitigt werden. Vielmehr geht es nur darum, dem aus ärztlicher Sicht grundsätzlich unbedenklichen Gesundheitszustand des Spenders eine erhöhte Überwachung zuteil werden zu lassen.

Schließlich fehlt es zudem – klammert man die Organtransplantation zur Beseitigung des regelwidrigen Zustandes als beim Lebendorganspender denknotwendig ausgeschlossene Behandlungsmethode aus – auch an einer Behandlungsfähigkeit des regelwidrigen Zustandes des Spenders. Eine Organtransplantation ist in diesen Fällen nicht erforderlich, weil das verbliebene Organ oder Organteil im Idealfall die volle Funktion des fehlenden Organs oder Organteils mit übernommen hat. Der Spender würde daher auch nicht die Voraussetzungen für die Aufnahme auf die Warteliste für die Zuteilung eines postmortal gespendeten Organs erfüllen. Außerdem würde die Behandlung eines beschwerdefreien Lebendspenders den gesamten vorangegangenen Spendevorgang ad absurdum führen.

Die Einnierigkeit des Spenders stellt somit schon keine Krankheit im Sinne der §§ 27 ff. SGB V dar, so dass der Spender auf entsprechende Nachbetreuungsmaßnahmen zumindest nach § 11 Abs. 1 Nr. 4 SGB V keinen Anspruch hat.

---

235 Adelt in: LPK-SGB V, § 27, Rdn. 8 ff.

236 Wenn auch die Funktion des fehlenden Organs oder Organteils in der Regel von dem verbliebenen ohne weiteres kompensiert wird und damit funktionelle Störungen nicht bestehen.

Zu den Leistungspflichten der Krankenkasse nach § 11 Abs. 1 Nrn. 2, 3 SGB V zählen aber Maßnahmen zur Krankheitsverhütung und Krankheitsfrüherkennung. Nach § 23 Abs. 1 SG□ V haben Versicherte zur Krankheitsverhütung Anspruch auf medizinische Vorsorgeleistungen. § 25 Abs. 1 SGB V gesteht Versicherten ab dem fünfunddreißigsten Lebensjahr darüber hinaus einen Anspruch auf Früherkennungsdiagnostik bezüglich Herz-Kreislauf- und auch Nierenerkrankungen zu. Insoweit besteht für die Krankenkasse des Spenders unabhängig von einer Organspende eine Leistungspflicht hinsichtlich Vorsorgeuntersuchungen, die ähnliche Zielrichtungen haben wie die Nachbetreuungsmaßnahmen im Anschluss an eine Organspende.

Eine Subsumtion der Nachbetreuungsmaßnahmen unter die Gesundheitsuntersuchungen nach § 25 Abs. 1 und 2 SGB V kommt nicht in Betracht. Zum einen müssen Nachbetreuungsmaßnahmen jedem Spender unabhängig von seinem Alter gewährt werden, eine Altersbeschränkung ist nicht akzeptabel. Zum anderen ist gerade die psychologische Nachbetreuung des Spenders unter Kostengesichtspunkten und mangels Standardisierbarkeit mit Vorsorgemaßnahmen, beispielsweise zur Früherkennung der Zuckerkrankheit, nicht vergleichbar.

Eine Qualifikation der Nachbetreuungsmaßnahmen als medizinische Vorsorgeleistungen nach § 23 Abs. 1 SGB V erfordert das Vorliegen einer medizinischen Indikation für die Vornahme der Vorsorgemaßnahmen.[237] In Betracht kommt insbesondere der Zweck, Krankheiten zu verhüten im Sinne des § 23 Abs. 1 Nr. 3 SGB V. Nach der Organspende drohen dem Spender möglicherweise nachteilige gesundheitliche Folgen. Anhaltspunkte für deren Eintritt können durch regelmäßige medizinische Kontrollen frühzeitig ausgemacht werden. Für die Nachbetreuungsmaßnahmen besteht somit eine medizinische Indikation. Sie sind als medizinische Vorsorgeleistungen nach § 23 Abs. 1 Nr. 3 SGB V zu qualifizieren. Die Krankenkasse des Organspenders ist für derartige Leistungen also dem Grunde nach leistungspflichtig.

2) Leistungspflicht der Krankenkasse des Organempfängers

Daneben kommt eine Leistungspflicht der Krankenkasse des Empfängers in Betracht, wenn die Nachbetreuungsmaßnahmen für den Spender sachlich – ebenso wie die Kosten der Organentnahme selbst – dem Anspruch des Empfängers auf Krankenbehandlung nach den §§ 27 ff. SGB V zuzuordnen sind. Davon ist auszugehen, wenn nach dem Urteil des BSG neben den unmittelbar zur Organentnahme dienenden Leistungen auch Nachbetreuungsmaßnahmen als Nebenleistungen zur Krankenbehandlung des Empfängers anzusehen sind.[238]

---

[237] Schneider in: Schulin (Hrsg.), HdbdSozVersR, Bd. 1, § 21 Rdn. 29.
[238] So insbesondere Kraushaar in: Kirste (Hrsg.), Nieren-Lebendspende, S. 74 ff. (76).

a) Begründung einer Leistungspflicht der Empfänger-Krankenkasse auf Grundlage der Rechtsprechung des BSG

Zwar hatte das BSG 1972 festgestellt,[239] dass „die gesamten mit der Organentnahme verbundenen Aufwendungen von der für den Empfänger zuständigen Krankenkasse zu tragen“ seien. Weiter führte das BSG seinerzeit aus, „die ambulante oder stationäre Behandlung des Organspenders vor, bei und nach dem Entnahmeakt [stelle][240] grundsätzlich nur eine Teilmaßnahme im Rahmen der Behandlung des versicherten Empfängers und keine selbständig zu beurteilende Krankenhilfe für den ‚erkrankten' Spender“[241] dar. Zudem könne „die Auffassung, wonach zwischen dem eigentlichen Entnahmeakt – dessen Kosten von der Krankenkasse des Empfängers getragen werden sollen – und dem Folgezustand – der als behandlungsbedürftige Krankheit zu Lasten der Krankenkasse des Spenders gehen soll – unterschieden“[242] werde, nicht gebilligt werden. Vielmehr handele es sich bei der Organspende „um ‚eine einheitliche, unteilbare Leistung', die im Ganzen von der Krankenkasse des Organempfängers zu tragen“[243] sei. Das BSG hat also in diesem Fall eine umfassende Kostentragungspflicht der Krankenkasse des Empfängers für die Kosten der Organentnahme statuiert.

Längere Zeit nach dem eigentlichen operativen Eingriff der Organentnahme zu erbringende Leistungen waren jedoch nicht Gegenstand der Entscheidung. Es standen nur die in unmittelbarem Zusammenhang mit der Organentnahme entstandenen Aufwendungen in Streit. Die Formulierung des BSG, wonach die Behandlung „vor, bei und nach dem Entnahmeakt“[244] von der Krankenkasse des Empfängers zu tragen sei, lässt sich daher nur dahin verstehen, dass vom BSG eine versicherungsrechtliche Aufspaltung des einheitlichen Vorganges der Organentnahme und der zeitlich direkt nachfolgenden Heilbehandlung des Organspenders abgelehnt wurde. Die heute nach TPG vorgesehenen Nachbetreuungsmaßnahmen stehen aber nicht mehr im direkten Zusammenhang mit der eigentlichen Organentnahme.

Zur Reichweite des Urteils des BSG ist weiter zu berücksichtigen, dass im Jahr 1972 eine § 8 Abs. 3 Satz 1 TPG vergleichbare Verpflichtung zur Teilnahme an Nachbetreuungsmaßnahmen gesetzlich nicht normiert war. Eine Einbeziehung der Nachbetreuungsmaßnahmen des Spenders in den Versicherungsschutz durch die Krankenkasse des Empfängers lässt sich dem Urteil des BSG daher nicht entnehmen.[245]

---

[239] BSGE 35, S. 102-104 (103).
[240] Einfügung des Verfassers.
[241] BSG a. a. O., S. 104.
[242] BSG a. a. O., S. 103.
[243] BSG a. a. O., S. 103.
[244] BSGE 35, S. 102-104 (104).
[245] Unzutreffend ist insoweit die Auffassung Kraushaars in Kirste (Hrsg.), Nieren-Lebendspende, S. 74 ff. (76).

b) Begründung einer Leistungspflicht der Empfänger-Krankenkasse aus dem TPG

In der Literatur wird überwiegend die Auffassung vertreten, die Leistungen seien als im Zusammenhang mit der Organtransplantation stehend der Krankenkasse des Empfängers aufzuerlegen.[246] Argumente für eine Leistungspflicht der Krankenkasse des Empfängers lassen sich aus der Verpflichtung des Organspenders nach § 8 Abs. 3 Satz 1 TPG herleiten, sich zur Nachbetreuung schriftlich bereit zu erklären. Auch wenn der Verstoß gegen die Verpflichtung des Spenders zu Nachbetreuungsmaßnahmen nicht sanktionsbewehrt ist, so ist die Verpflichtung nach der Konzeption des § 8 TPG jedenfalls Zulässigkeitsvoraussetzung für die Lebendorganspende.

Eine Rechtsgrundlage für die Leistungspflicht der Sozialversicherungsträger stellt § 8 Abs. 3 Satz 1 TPG hingegen nicht dar. §§ 22, 23 TPG, die Änderungen des SGB V und SGB VII anordnen, enthalten explizite versicherungsrechtliche Bestimmungen. Warum schon die Erwähnung einer ärztlichen Leistung im Zusammenhang mit der Lebendorganspende in § 8 TPG Leistungspflichten der Sozialversicherungsträger zur Folge haben soll, ist nicht nachvollziehbar.[247] Die Vorschrift befasst sich nicht mit dem Sozialversicherungsrecht sondern mit den Zulässigkeitsvoraussetzungen der Lebendorganspende. Hätte der Gesetzgeber Leistungspflichten einzelner Sozialversicherungsträger bestimmen wollen, wäre eine Regelung innerhalb der §§ 22, 23 TPG erfolgt, die sozialversicherungsrechtliche Aspekte beinhalten.

Wer für die Behandlungsleistungen versicherungsrechtlich einzustehen hat, hängt primär vom versicherungsrechtlichen Status der Beteiligten ab. Der Organempfänger kann ebensogut privat krankenversichert sein oder aufgrund seiner Hilfsbedürftigkeit dem Sozialhilferecht unterliegen. Die Erwähnung der Nachbetreuungsmaßnahmen in § 8 TPG bedeutet lediglich, dass derartige Leistungen erbracht und von einem in der Vorschrift nicht bestimmten Kostenträger auch vergütet werden müssen. Dass dies die Krankenkasse des Empfängers sein soll, lässt sich hingegen aus der Vorschrift nicht ableiten.

c) Eigene Herleitung einer Leistungspflicht der Krankenkasse des Empfängers

Gleichwohl überwiegen die Argumente für eine Leistungspflicht der Krankenkasse des Empfängers. Einen Anhaltspunkt liefert die Intention des Gesetzgebers bei Einführung der obligatorischen Nachbetreuungsverpflichtung für Spender und Empfänger gemäß § 8 Abs. 3 Satz 1 TPG. Aus der Normierung der

---

[246] Kraushaar in: Kirste (Hrsg.), Nieren-Lebendspende, S. 74 ff. (76); Sengler in: Nickel/Schmidt-Preisigke/Sengler, TPG, § 23 Rdn. 2; Heemann/Demmer in: DTG (Hrsg.), Versicherungsschutz für die Lebendorganspende, S. 14; ebenso auch Sauer, NDV 2000, S. 97-101 (98).

[247] Rechtssystematisch nicht überzeugend daher Heemann/Demmer in: DTG (Hrsg.), Versicherungsschutz für die Lebendorganspende, S. 14.

Nachsorgepflichten im TPG ist zu schließen, dass der Gesetzgeber Nachbetreuungsmaßnahmen als integralen Bestandteil der Lebendorgantransplantation für unerlässlich hält. So führte die amtliche Begründung aus: „Durch die Bereiterklärung von Organspender und Organempfänger zur Teilnahme an einer ärztlich empfohlenen Nachbetreuung soll eine optimale ärztliche und psychische Betreuung der Betroffenen geschaffen werden, um den Erfolg der Transplantation auf Dauer sicherzustellen.“[248] Demnach steht der Erfolg der Transplantation als Ganzes im Vordergrund. Der Gesetzgeber wollte die Beteiligten grundsätzlich gemeinsam einer gesicherten Nachsorge zuführen. Dabei soll neben der allgemeinmedizinischen insbesondere eine psychologische Betreuung erfolgen.

Ein weiteres Argument für eine Leistungspflicht der Krankenkasse des Empfängers ist der ursächliche Zusammenhang zwischen den Nachbetreuungsmaßnahmen und der Organtransplantation. Diese wird ausschließlich zugunsten des Organempfängers durchgeführt und löst die Notwendigkeit weiterer Nachsorge beim Spender erst aus. Da die Organtransplantation aber die medizinische Behandlungsleistung am Empfänger darstellt, muss die gesetzlich vorgeschriebene integrierte Nachbetreuung der Beteiligten sozialversicherungsrechtlich der Krankenbehandlung des Organempfängers gemäß § 27 SGB V zugeordnet werden. Mithin sind dessen Krankenkasse die Kosten der Nachbetreuung des Spenders aufzuerlegen.

Diese Handhabung berücksichtigt auch die wirtschaftlichen Gesichtspunkte der Lebendorganspende am ehesten: Die Solidargemeinschaft der Krankenkasse des Organempfängers profitiert regelmäßig finanziell von der Lebendorganspende. Die Krankenkasse des Empfängers erspart bei der Nierenlebendspende möglicherweise jahrelange Dialysekosten, die während der Wartezeit auf ein geeignetes Spenderorgan entstünden. Warum die Solidargemeinschaft, welcher der Organspender in seiner eigenen Krankenkasse angehört, für die Folgekosten der Organspende aufkommen soll, lässt sich nicht begründen. Die Tragweite dieser Argumentation zeigt sich zwar weniger deutlich in den Fällen, in denen beide Beteiligten in der primär vom Solidarprinzip geprägten GKV versichert sind. Jedoch wird das wirtschaftliche Argument deutlicher, wenn der Organspender bei einer privaten Krankenversicherung versichert ist. Denn in der privaten Krankenversicherung wird das persönliche Risiko der Mitglieder bei der Beitragsbemessung berücksichtigt. Die Kostentragung von Nachbetreuungsmaßnahmen für den Organspender dessen privater Krankenversicherung aufzugeben, würde wirtschaftlich einem Import des Gesundheitsrisikos des Organempfängers in die private Krankenversicherung des Organspenders gleichkommen und hätte zwangsläufig eine Anpassung der Beitragsleistungen des Spenders aufgrund erhöhten Risikos zur Folge.[249]

---

[248] BT-Drs. 13/4355 S. 21.

[249] Zu den wirtschaftlichen Auswirkungen der Organspende auf das Versicherungsverhältnis eines privat krankenversicherten Spenders siehe auch unten, Kapitel G, unter II 2).

3) Dauer der Leistungspflicht der Krankenkasse des Empfängers

In der versicherungsrechtlichen Dreiecksbeziehung steht dem Organspender selbst kein eigenständiger Anspruch gegen die Krankenkasse des Empfängers zu. Vielmehr leitet er seine Ansprüche von dem Anspruch des Empfängers auf Krankenbehandlung nach §§ 27 ff. SGB V ab.

Fraglich ist, wie lange die Krankenkasse des Organempfängers verpflichtet ist, die Nachbetreuungsmaßnahmen für den Spender zu tragen. Da die Leistungspflicht hinsichtlich dieser Maßnahmen von dem Versicherungsverhältnis des Organempfängers abhängt, endet die Leistungspflicht nach § 19 SGB V spätestens mit dem Ende der Mitgliedschaft des Organempfängers. Dabei kommt es nicht darauf an, ob die Mitgliedschaft durch Kassenwechsel oder Tod des Versicherten endet.

Die Enquete-Kommission geht im Zwischenbericht Organlebendspende dennoch davon aus, dass die Krankenkasse des Organempfängers im Wege einer nachwirkenden Leistungspflicht „auch über den Tod des Organempfängers hinaus“ für Nachbetreuungsmaßnahmen einzustehen hat.[250]

Eine gesetzlich angeordnete unbegrenzte Fortdauer der Leistungspflichten der Krankenkasse existiert allerdings nicht. Nur für den Fall der Beendigung der Mitgliedschaft durch den Tod des Versicherten (§ 190 Abs. 1 SGB V) bestimmt § 19 Abs. 3 SGB V, dass nach § 10 SGB V mitversicherte Angehörige längstens für einen Monat nach dem Tode Leistungen erhalten. Durch diese Übergangsfrist wird den vom Tod des Versicherten betroffenen Familienmitgliedern Gelegenheit gegeben, eigenen Krankenversicherungsschutz zu organisieren.

Einer solchen Übergangsfrist bedarf der Organspender hingegen nicht. Er ist selbst krankenversichert. Versicherungsschutz durch die Krankenkasse des Empfängers erhält er lediglich hinsichtlich der Nachbetreuungsmaßnahmen nach der Organentnahme. Wie oben unter II. 1) dargestellt, hat er bezüglich solcher Maßnahmen auch einen Anspruch gegen seine eigene Krankenkasse, die allein wegen des Ursachenzusammenhangs mit der Organtransplantation der Krankenkasse des Organempfängers aufgebürdet werden.

Dennoch ist zutreffend davon auszugehen, dass die Krankenkasse, bei welcher der Organempfänger im Zeitpunkt der Vornahme der Organtransplantation versichert war, unabhängig vom Weiterbestand seiner Mitgliedschaft für die Kosten der Nachbetreuungsmaßnahmen zugunsten des Spenders aufzukommen hat. Denn die Leistungspflicht der Krankenkasse für die Nachbetreuungsmaßnahmen ergibt sich aus ihrer Zuständigkeit im Zeitpunkt der Organentnahme. Anknüpfungspunkt ist also nicht das Versicherungsverhältnis zum Organempfänger allgemein sondern vielmehr der Versicherungsfall Organtransplantation als einzel-

---

[250] BT-Drs. 15/5050, S. 60.

ne Krankenbehandlung nach § 27 Abs. 1 SGB V. Diesem einen Versicherungsfall sind sämtliche Kosten zur Behandlung des Organspenders als Nebenleistungen zuzuordnen. Hierzu gehören auch die Nachbetreuungsmaßnahmen. Der Versicherungsfall Organtransplantation ist damit auch nach der Beendigung der Mitgliedschaft des Organempfängers noch nicht abgeschlossen, die Krankenbehandlung des Empfängers nach § 27 Abs. 1 SGB V dauert so lange fort, wie der Spender Nachbetreuungsmaßnahmen erhält. Daher bleibt die Krankenkasse trotz § 19 SGB V gegenüber dem Organspender zur Tragung von Nachbetreuungsmaßnahmen verpflichtet.

Gleiches gilt im Fall eines Kassenwechsels des Empfängers. Die Leistungsverpflichtung für Nachbetreuungsmaßnahmen geht nicht auf die neue Krankenkasse über sondern verbleibt wegen der Verknüpfung mit dem Versicherungsfall Organtransplantation bei der in diesem Zeitpunkt zuständigen Krankenkasse des Organempfängers.

4) Erfordernis einer eigenen Anspruchsberechtigung des Spenders gegen die Krankenkasse des Empfängers

Vereinzelte Stimmen[251] wollen dem Organspender einen eigenen Anspruch gegen die Krankenkasse des Empfängers einräumen. Ein solcher eigenständiger Anspruch könnte gerade bei den von der Organtransplantation zeitlich entfernter liegenden Nachbetreuungsmaßnahmen aus praktischen Erwägungen sinnvoll sein. Höfling[252] begründet seinen entsprechenden Ansatz damit, dass der Spender zur Vermeidung unnötigen bürokratischen Aufwands im Zusammenhang mit der Organspende nur einen Ansprechpartner für sozialversicherungsrechtliche Fragen haben soll.

Dabei übersieht Höfling allerdings, dass sich der Organspender, soweit er nicht wegen seines Verdienstausfalles Barleistungsansprüche gegen die Krankenkasse des Empfängers geltend machen will, gar nicht mit dieser auseinander zu setzen braucht. Denn dass seine Behandlungskosten von der Krankenkasse des Empfängers gezahlt werden, ist unstreitig. Daher erfolgt deren Abrechnung seitens des Transplantationszentrums parallel zur Abrechnung der Behandlungsleistungen für die Organübertragung auf den Empfänger mit dessen Krankenkasse ohne irgendeine Beteiligung des Spenders.[253] Ein eigener Anspruch des Spenders gegenüber der Krankenkasse des Empfängers würde also schon hinsichtlich der Aufwendungen für die Organentnahme selbst nicht zu einer Vereinfachung führen.

Im Hinblick auf die Kostenübernahme für die Nachbetreuungsmaßnahmen beim Spender durch die Krankenkasse des Empfängers wird der zusätzliche Aufwand

---

[251] Höfling, Kom.-Drs. 15/143, Anhörung „Organlebendspende“, S. 7-9.
[252] Höfling, Kom.-Drs. 15/143, Anhörung „Organlebendspende“, S. 7-9.
[253] So ausdrücklich § 4 Abs. 2 FPV 2005.

für den Spender erstrecht deutlich. Die Abrechnung von Leistungen, die auf die Organspende zurückzuführen sind, müsste der Spender – verfügte er über einen eigenen Anspruch gegen die Empfänger-Krankenkasse – über eine gesonderte Versichertenkarte oder einen gesonderten Krankenschein veranlassen. Dem Spender obläge regelmäßig die Aufgabe, auf die von seiner üblichen Versichertensituation für die Nachbetreuungsmaßnahme abweichende Versicherung über die Krankenkasse des Empfängers hinzuweisen.

Die Einräumung eines eigenen Anspruches des Spenders gegen die Krankenkasse des Empfängers ist daher weder erforderlich noch führt ein solcher Anspruch in der Praxis zu Erleichterungen für den Spender. Hingegen führte die Einführung eines Modells der pauschalierten Abgeltung der Kosten für die Nachbetreuungsmaßnahmen[254] dazu, dass der Organspender – wie gewohnt – seinen Arzt aufsucht und dieser – ebenfalls wie üblich – mit der Krankenkasse des Organspenders abrechnet, ohne zwischen Nachbetreuungsmaßnahmen und sonstigen Leistungen differenzieren zu müssen.

III. Abrechnungstechnische Abwicklung der Nachbetreuungsmaßnahmen

Der Problematik von möglichen abrechnungstechnischen Problemen bei den Krankenkassen sollte mit der Einführung einer pauschalierten Abgeltung der Nachbetreuungsmaßnahmen an die Krankenversicherung des Organspenders begegnet werden.[255] Von der Krankenversicherung des Empfängers wäre ein Einmalbetrag an die für den Spender im Zeitpunkt der Organspende zuständige Krankenversicherung zu leisten, mit dem sämtliche zukünftig zu erwartenden Nachbetreuungsmaßnahmen abgegolten würden. So können einerseits Nachbetreuungsmaßnahmen einfach und ohne zusätzlichen Abrechnungsaufwand über die Krankenkasse des Organspenders abgerechnet werden. Hierdurch wird andererseits auch vermieden, dass die Krankenkasse des Organempfängers, obwohl hierfür kein rechtlicher Anknüpfungspunkt im SGB V besteht, Leistungen auch noch nach dem Tod ihres Versicherten erbringen muss.

Allerdings müsste eine solche Regelung auch berücksichtigen, dass der Organspender eventuell seinerseits die Krankenversicherung wechselt. Bei Ermittlung der von der Krankenkasse des Empfängers zunächst zu erstattenden Nachbetreuungskosten des Organspenders beispielsweise über die durchschnittliche Lebenserwartung dürfte jedoch auch eine aufgrund eines Kassenwechsels erforderliche Weiterübertragung eines noch bestehenden „Restguthabens" des Spenders leicht zu realisieren sein.

Die Einzelheiten einer solchen Pauschalierung können nicht auf gesetzlicher Ebene geregelt werden. Hier bedarf es vielmehr einer Vereinbarung auf unterge-

---

[254] Zur Ausgestaltung dieses Modells siehe hierzu gleich im Anschluss unter III.
[255] Einen solchen Vorschlag macht Kirste in: ders. (Hrsg.), Nieren-Lebendspende, S. 89-93 (92).

setzlicher Ebene. Da es sich bei den Nachbetreuungsmaßnahmen nach dem hier gefundenen Ergebnis ebenfalls um Nebenleistungen zur Krankenbehandlung des Organempfängers nach §§ 27 ff. SGB V handelt, ist die pauschalierte Abgeltung bei der Berechnung der im Zusammenhang mit der Krankenhausleistung zu erbringenden Vergütungen zu berücksichtigen.

IV. Zusammenfassung

Die Nachbetreuungsmaßnahmen für den Spender können als Nebenleistungen zur Krankenbehandlung des Empfängers nach § 27 Abs. 1 SGB V qualifiziert werden. Die Krankenkasse, bei der der Organempfänger im Zeitpunkt der Durchführung der Organtransplantation versichert war, bleibt aus diesem Grunde bis zum Tode des Spenders auch dann zur Leistung verpflichtet, wenn die Mitgliedschaft des Empfängers bei ihr endet. Der Einführung eines eigenen Anspruches des Spenders gegen die Krankenkasse des Empfängers bedarf es nicht. Stattdessen sollte zur Erleichterung der verwaltungsmäßigen Abwicklung der Nachbetreuungsmaßnahmen eine Pauschalierung vorgesehen werden. Die Abrechnung der Nachbetreuungsmaßnahmen erfolgt dann – wie der Spender dies auch bei anderen Arztbesuchen gewohnt ist – über seine eigene Krankenkasse.

E „Komplikationen" im Zusammenhang mit der Organentnahme

Als weiterer, sozialversicherungsrechtlich relevanter Themenbereich sind die Organentnahmen mit „Komplikationen" zu identifizieren. Der Begriff der „Komplikation" wird für eine Vielzahl ganz unterschiedlicher Beeinträchtigungen des Spenders verwendet.[256] Vor einer Auseinandersetzung mit der Frage, welcher Sozialversicherungsträger für die Kosten der Behandlung von Komplikationen möglicherweise aufzukommen hat, lohnt daher eine genauere Begriffsbestimmung.

I. Wofür steht der Begriff der „Komplikation"?

Im allgemeinen Sprachgebrauch steht der Begriff der „Komplikation" für Schwierigkeiten oder Verwicklungen jeglicher Art.[257] Im medizinischen Bereich steht er jedoch für das Hinzutreten einer Krankheit zu einer anderen oder die Verschlimmerung eines Krankheitszustandes durch hinzukommende Störungen. Verallgemeinernder wird er auch beschrieben als die ungünstige Beeinflussung oder Verschlimmerung eines biologischen Prozesses oder chirurgischen Eingriffs.[258]

Kennzeichnendes Merkmal der „Komplikation" ist also zunächst das Hinzutreten eines Umstandes zu einer bereits bestehenden krankhaften Störung. Zudem ist für das Vorliegen einer Komplikation eine Verschlechterung dieses Zustandes Voraussetzung, die ursächlich auf das Hinzutreten dieses Umstandes zurückzuführen ist.

Darüber hinaus muss schließlich der Umstand zwar nicht unvorhersehbar, dürfte jedoch zumindest vom Betroffenen regelmäßig unbeeinflussbar sein. Bei der Organspende jedoch kann gerade ein Verhalten des Spenders geeignet sein, eine Komplikation auszulösen; zudem ist es gerade bei einem schwerwiegenden Eingriff wie einer Organentnahme nicht unüblich, dass bestimmte typische Komplikationen nicht unvorhergesehen auftreten. Daher wird regelmäßig versucht, dem Auftreten solcher Schwierigkeiten durch eine sorgfältige Spenderevaluierung bereits im Vorfeld vorzubeugen, oder es werden zumindest alternative Vorgehensweisen für den Fall des Auftretens von Komplikationen eingeplant.

Sozialversicherungsrechtliche Relevanz können schließlich nur solche Beeinträchtigungen erlangen, die eine Behandlung erforderlich machen. Nicht erforderlich ist hingegen, dass die gesundheitliche Beeinträchtigung schwerwiegend ist. Daher können die in § 8 Abs. 1 Nr. 1 lit. c) TPG für die Zulässigkeit der Organentnahme gefundenen Merkmale für die Abgrenzung einer „Komplikation"

---

256 Unter II. erfolgt sogleich eine Darstellung der einzelnen Erscheinungsformen von Komplikationen.

257 Duden, Wörterbuch der deutschen Sprache, Bd. 5, S. 2201.

258 Duden, Wörterbuch der deutschen Sprache, Bd. 5, S. 2201.

von der durch die Organspende selbst planmäßig herbeigeführten Gesundheitsbeeinträchtigung nur bedingt zur Hilfe genommen werden. Nach § 8 Abs. 1 Nr. 1 lit. c) TPG ist eine Entnahme nur dann zulässig, wenn der Spender nach ärztlicher Beurteilung voraussichtlich nicht über die unmittelbaren Folgen der Entnahme hinaus gesundheitlich schwer beeinträchtigt wird. Zwar ist davon auszugehen, dass zumindest jede Gesundheitsbeeinträchtigung, welche bei vorheriger Kenntnis zu einer Unzulässigkeit der Organentnahme nach § 8 Abs. 1 Nr. 1 lit. c) TPG geführt hätte, auch eine „Komplikation" der Organspende darstellt. Für das Vorliegen einer „Komplikation" kommt es aber auf die Schwere der Gesundheitsbeeinträchtigung des Spenders nicht an. Eine Erheblichkeitsschwelle muss nur insoweit überschritten sein, als für eine sozialversicherungsrechtliche Relevanz eine Behandlungsbedürftigkeit vorliegen muss. Andernfalls entstünde durch die zusätzliche gesundheitliche Beeinträchtigung des Spenders kein Mehraufwand, dessen Vergütung durch die Sozialversicherungsträger geregelt werden müsste.

Zusammenfassend könnte eine Definition des Begriffs der „Komplikation" für den speziellen Fall der Organspende also lauten:

Eine Komplikation ist das Hinzutreten eines Umstandes, der eine Verschlechterung des aufgrund der Organspende beeinträchtigten oder hervorgerufenen Gesundheitszustandes des Spenders bewirkt und zusätzlichen Behandlungsaufwand erfordert.

II. Erscheinungsformen von „Komplikationen" bei der Organspende

Neben den allgemeinen Risiken, die ein größerer chirurgischer Eingriff unter Narkose mit sich bringen kann, wie etwa Nachblutungen im Bereich des operativen Eingriffes oder Wundinfektionen, können insbesondere bei Lebendnierenspenden weitere spezielle Komplikationen auftreten. Unter anderem gehören hierzu Harnwegsinfektionen, Blasenfunktionsstörungen, Beinvenenthrombosen oder Lungenembolien. Daneben werden als mögliche Langzeitwirkungen, die sich aus der Einnierigkeit ergeben, Bluthochdruck oder Urineiweißausscheidungen genannt.[259]

Im Zusammenhang mit der rechtswissenschaftlichen Diskussion werden im wesentlichen vier Erscheinungsformen von Beschwerden im mittelbaren oder unmittelbaren Zusammenhang mit der Organentnahme unterschieden:

Zunächst können Komplikationen bereits unmittelbar während des medizinischen Eingriffs der Organentnahme auftreten. Aufgrund und während des Eingriffes der Organentnahme treten innere oder äußere Umstände hinzu, die zu

---

[259] Über die statistische Häufigkeit und Intensität solcher Komplikationen berichtet die Stiftung Lebendspende e. V. auf ihrer Internetseite unter der Rubrik: „Ablauf einer Lebendspende", abrufbar unter http://www.stiftung-lebendspende.de/ablauf8.html (28.06.2006).

einer über das mit dem Eingriff naturgemäß verbundenen Maß an Beeinträchtigung hinaus gehenden Verschlechterung des Gesundheitszustandes des Spenders führen. Das können beispielsweise Wundinfektionen durch Bakterien oder körperliche Abwehrreaktionen des Spenders sein. Bei ersteren handelt es sich aufgrund der von außen hinzutretenden bakteriellen Verunreinigungen um äußere Umstände, wohingegen die Abwehrreaktion des Spenderkörpers regelmäßig innere Ursachen – etwa bei der Spenderevaluierung nicht erkannte Vorerkrankungen oder Unverträglichkeit von Medikamenten – haben dürfte.

Die zweite Kategorie bilden Komplikationen, die kurze Zeit nach der Organentnahme noch im Verlauf des Heilungsprozesses auftreten. Auch hier sind grundsätzlich sowohl innere als auch äußere Ursachen denkbar. Im Unterschied zur ersten Gruppe sind jedoch die zur Behandlung solcher Komplikationen erforderlichen Leistungen von den Leistungen zur Organentnahme selbst eindeutig abgrenzbar.

Weiterhin können erst längere Zeit nach einer im übrigen im Heilungsprozess zunächst komplikationslos verlaufenen Organentnahme Beschwerden auftreten, deren ursächlicher Zusammenhang mit der Organentnahme nicht auf den ersten Blick erkennbar wird. Hierbei handelt es sich jedoch nicht um Komplikationen im Sinne der Definition. Denn bei solchen auch als Spätfolgen bezeichneten Beschwerden fehlt es, wenn der Organspender nach der Organentnahme als gesund entlassen wurde, schon an einem beeinträchtigten Gesundheitszustand, zu dem ein weiterer Umstand hinzutreten könnte. Der Spender ist, wenn er sich von den Folgen der Operation erholt hat, gesund.

Von diesen Spätfolgen der Organentnahme nochmals zu unterscheiden sind schließlich die Folgen, welche ein Nierenspender mittelbar wegen seiner Einnierigkeit erleidet. Auch hier liegt im Wortsinne keine Komplikation vor, denn der Spender ist grundsätzlich gesund. Jedoch verstärkt sich die Intensität eines dem Spender widerfahrenden Leidens aufgrund seiner Einnierigkeit. Ein Beispiel hierfür wäre ein Unfall des Spenders, bei dem die verbliebene Niere geschädigt und der Spender deswegen dialysepflichtig wird. Verfügte er noch über beide Nieren, wäre eine Dialysebehandlung nicht erforderlich.

III. „Komplikationen“ der Organspende im Sozialversicherungsrecht

Alle diese Formen von spendebedingten Beschwerden werden in der Rechtswissenschaft im Wesentlichen unter dem Begriff der „Komplikation“ diskutiert. Dies ist für eine Untersuchung der sozialversicherungsrechtlichen Aspekte der Organspende jedoch insoweit misslich, als ein Rechtsbegriff der „Komplikation“ schlicht nicht existiert. Leistungspflichten der Sozialversicherungsträger knüpfen an die unterschiedlichsten Rechtsbegriffe der einzelnen sozialversicherungsrechtlichen Regelungskomplexe an. So richtet sich die Leistungspflicht der Krankenkassen nach dem Vorliegen einer Krankheit im Sinne des § 27 Abs. 1 Satz 1 SGB V, diejenige des Unfallversicherungsträgers nach dem Vorliegen eines Arbeitsunfalles im Sinne des § 8 Abs. 1 Satz 1 SGB VII. Die Qualifikation von Beschwerden des Organspenders als „Komplikation“ kann daher keinen Beitrag zur Klärung der Leistungspflicht verschiedener Sozialversicherungsträger leisten. Vielmehr muss, um die Leistungspflichten gegenüber dem Organspender zutreffend zu bestimmen, jede der genannten Erscheinungsformen von Komplikationen gesondert auf ihre Eigenschaft untersucht werden, einen Anspruch gegen einen Sozialversicherungsträger auszulösen.

1) Gegenstand der rechtswissenschaftlichen Diskussion

Die rechtswissenschaftliche Diskussion im Zusammenhang mit „Komplikationen“ der Organspende konzentriert sich auf die Frage der Kostenträgerschaft hinsichtlich solcher Leistungen, welche zur Behandlung dieser gesundheitlichen Beeinträchtigungen des Spenders erforderlich sind. Durch das Hinzutreten der „Komplikation“ kommen neben dem für die Organentnahme grundsätzlich zuständigen Sozialversicherungsträger, nämlich der Krankenkasse des Empfängers, zwei weitere Leistungspflichtige in Betracht. Beispielsweise könnte eine Leistungspflicht der Krankenkasse des Spenders selbst bestehen, wenn die „Komplikation“ eine Krankheit im Sinne des § 27 Abs. 1 SGB V darstellte; ebenso gut könnte aber die zuständige Unfallversicherung wegen des Vorliegens eines Versicherungsfalles nach dem SGB VII eintrittspflichtig sein. Insoweit besteht – insbesondere bei später auftretenden Komplikationen bzw. Folgeerkrankungen – keine Einigkeit darüber, ob eine Regulierung über die GUV oder die GKV erfolgen soll.[260]

Den Anknüpfungspunkt für eine Zuständigkeitsabgrenzung zwischen der gesetzlichen Kranken- und Unfallversicherung bildet § 11 Abs. 4 SGB V. Diese Vorschrift bestimmt, dass Versicherte auf Leistungen ihrer Krankenkasse keinen Anspruch haben, wenn sie als Folge eines Arbeitsunfalles im Sinne der GUV von der zuständigen Unfallversicherung zu erbringen sind. Leistungsansprüche gegen die Krankenkasse bestehen danach folglich nur, wenn ein Arbeitsunfall im Sinne des § 8 Abs. 1 Satz 1 SGB VII als Ursache einer Behandlungsbedürftigkeit ausscheidet. Entsprechend ist die Reichweite des Versicherungsschutzes des Spenders nach dem SGB VII auch für § 11 Abs. 4 SGB V von Bedeutung. Einerseits wird hier vertreten, dass lediglich solche „Komplikationen“ eine Leistungspflicht der GUV auslösen, die als Arbeitsunfall im Sinne des § 8 Abs. 1 Satz 1 SGB VII qualifiziert werden können.[261] Den Gegenpol hierzu bilden

---

260 So hält Edelmann, VersR 1999, S. 1065-1069 (1069), die GKV generell für eintrittspflichtig, wohingegen Kraushaar in Kirste (Hrsg.), Nieren-Lebendspende, S. 74 ff. (78), eine grundsätzliche Eintrittspflicht der GUV bei Komplikationen annimmt.

261 Diese strenge Ansicht vertritt das SG Freiburg, Urt. v. 26.06.2002 – S 9 U 3437/99, HVBG-INFO 2002, S. 2377-2395.

Stimmen, die für eine Leistungspflicht der GUV bei jeglicher Form von „Komplikationen" plädieren.[262]

Bislang noch nicht untersucht wurde die Frage, inwieweit im Rahmen des § 11 Abs. 4 SGB V auch das bei der Lebendorganspende bestehende Dreiecksverhältnis der Leistungsbeziehungen zwischen Krankenkasse des Empfängers, Empfänger und Spender Berücksichtigung finden muss. Wenn für bestimmte Komplikationen eine Zuständigkeit der Krankenkasse des Empfängers gegeben ist, ist zu prüfen, ob sich diese zur Begründung der Ablehnung ihrer Leistungspflicht darauf berufen kann, dass Leistungen zur Behandlung des Spenders aufgrund eines Arbeitsunfalles im Sinne des § 8 Abs. 1 Satz 1 SGB VII erforderlich sind und daher nach § 11 Abs. 4 SGB V eine Leistungspflicht der Krankenkasse ausscheidet. Dies ist fraglich, weil in dieser Konstellation zum einen nicht der Spender selbst – als Opfer des Arbeitsunfalls – gegen die Krankenkasse des Empfängers einen eigenen Anspruch auf Leistungserbringung nach dem SGB V hat sondern nur der Empfänger. Zum anderen hat nicht der nach SGB V tatsächlich anspruchsberechtigte Empfänger sondern der Spender einen Arbeitsunfall erlitten. Demnach wäre § 11 Abs. 4 SGB V jedenfalls nicht direkt anwendbar.

2) Vorgehensweise der Untersuchung

Da die Zuständigkeitsabgrenzungsnorm des § 11 Abs. 4 SGB V nur eingreift, wenn Behandlungsleistungen aufgrund eines Arbeitsunfalles im Sinne der gesetzlichen Unfallversicherung gewährt werden, stellt sich vorrangig die Frage, ob die verschiedenen Formen der „Komplikationen" unter den Rechtsbegriff des „Arbeitsunfalls" nach § 8 Abs. 1 Satz 1 SGB VII zu subsumieren sind.

Abhängig vom jeweiligen Ergebnis ist dann in einem zweiten Schritt zu fragen, welche Folgerung sich daraus für die Trägerschaft hinsichtlich der jeweils erforderlichen Behandlungsleistungen ergeben.

Handelt es sich bei ihnen nicht um Arbeitsunfälle scheidet eine Anwendung des § 11 Abs. 4 SGB V von vornherein aus und es besteht eine grundsätzliche Leistungspflicht der GKV. Allerdings bleibt insoweit zu klären, ob nunmehr – wie für die übrigen beim Spender durchgeführten Behandlungsleistungen auch – die Krankenkasse des Empfängers leistungspflichtig ist oder die Krankenkasse des Spenders deswegen eintreten muss, weil eine Komplikation eine von der Organentnahme selbst unabhängige „Krankheit" des Spenders im Sinne des § 27 Abs. 1 SGB V darstellt, die einen Anspruch gegen dessen eigene Krankenkasse begründet.

---

[262] LSG Niedersachsen, Urt. v. 19.06.1997 – L 6 U 486/96; Nickel/Schmidt-Preisigke/Sengler, TPG § 23 Rdn. 9; dieser Auffassung hat sich nunmehr auch die Enquete-Kommission im Zwischenbericht Organlebendspende, BT-Drs. 15/5050, S. 62, angeschlossen.

Sind hingegen die Voraussetzungen des Arbeitsunfalles nach § 8 Abs. 1 Satz 1 SGB VII erfüllt, ist das Verhältnis der Krankenkassen und der zuständigen Unfallversicherung anhand der Zuständigkeitsabgrenzungsnorm des § 11 Abs. 4 SGB V zu klären. Wie oben bereits angedeutet, kommt es hierbei insbesondere darauf an, ob die als zuständig qualifizierte Krankenkasse (des Spenders oder des Empfängers) – wenn sie wegen der Leistungen in Anspruch genommen werden soll – unter Hinweis auf das Vorliegen eines Arbeitsunfalles die Leistung verweigern kann.

IV. Komplikationen als „Arbeitsunfall" im Sinne des § 8 Abs. 1 Satz 1 SGB VII

Nach § 2 Abs. 1 Nr. 13 lit. b SGB VII sind Personen, die körpereigene Organe spenden, dem Schutz der GUV unterstellt. Im Versicherungsfall (§§ 7, 8 SGB VII) haben sie Anspruch auf Leistungen aus der GUV.[263] Versicherungsfälle nach § 7 Abs. 1 SGB VII sind Arbeitsunfälle und Berufskrankheiten.

Berufskrankheiten sind gemäß § 9 Abs. 1 Satz 1 SGB VII nur die durch Rechtsverordnung der Bundesregierung[264] als solche bestimmten Krankheiten. Die Folgen aus einer Organspende sind nicht dem Katalog der Berufskrankheiten eingegliedert. Auch eine Einordnung der spendebedingten Komplikationen als eine nach § 9 Abs. 2 SGB VII Berufskrankheiten gleichzustellenden Krankheit kommt nicht in Betracht. Voraussetzung für eine solche Einordnung wäre, dass die Komplikationen auf Einwirkungen zurückzuführen sind, denen die Organspender aufgrund ihrer versicherten Tätigkeit in erheblich höherem Maße als die übrige Bevölkerung ausgesetzt sind. Ursächlich für Komplikationen ist aber in der Regel allein die versicherte Tätigkeit und keine zusätzliche Einwirkung auf den Spender.

Die Tatbestandsmerkmale für das Vorliegen eines Arbeitsunfalles sind in § 8 Abs. 1 Satz 1 SGB VII definiert. Ein Arbeitsunfall ist danach ein Unfall infolge einer versicherten Tätigkeit. Ein Unfall wiederum ist nach § 8 Abs. 1 Satz 2 SGB VII ein zeitlich begrenztes, von außen auf den Körper wirkendes Ereignis, das zu einem Gesundheitsschaden oder dem Tod führt. Die versicherte Tätigkeit im Sinne der Vorschrift ist nach § 2 Abs. 1 Nr. 13 lit. b SGB VII „Blut oder körpereigene Organe, Organteile oder Gewebe spenden".

---

263 Hierüber herrscht in der Literatur grundsätzlich Einigkeit: Sengler in: Nickel/Schmidt-Preisigke/Sengler, TPG, § 23 Rdn: 7; Lang in: Höfling (Hrsg.), TPG, § 23 Rdn. 3; Gutmann/Schroth, ZfTxMed 2000, S. 174-183 (179); Kraushaar in: Kirste (Hrsg.), Nieren-Lebendspende, S. 74 ff. (77); Heemann/Demmer in: DTG (Hrsg.), Versicherungsschutz für die Lebendorganspende, S. 14/15.

264 Berufskrankheiten-Verordnung (BKV) v. 31.10.1997, BGBl. I 1997, S. 2623 ff. nebst Anlage (Liste der Berufskrankheiten), zuletzt geändert durch die 3. Verordnung zur Änderung der Berufskrankheiten-Verordnung (BKV-ÄndV) v. 05.09.2002, BGBl. I 2002, S. 3541 ff.

1) Komplikationen unmittelbar während der Organentnahme

Bei unmittelbar während der Organentnahme auftretenden Komplikationen übt der Spender die nach § 2 Abs. 1 Nr. 13 lit. b SGB VII versicherte Tätigkeit gerade aus.

Allerdings ist unklar, ob eine solche Komplikation ein gesondertes „Ereignis" im Sinne des § 8 Abs. 1 Satz 2 SGB VII darstellt oder die unerwartete Intensivierung der Gesundheitsbeeinträchtigung vielmehr Teil der versicherten Tätigkeit „Organspende" ist. Hierbei gilt es zu bedenken, dass nicht jede Komplikation unvorhergesehen auftritt. Bestimmte eingriffstypische Komplikationen sind vor einer Organentnahme nicht ohne weiteres auszuschließen. Über derartige Risiken ist ein Spender im Rahmen der Aufklärung durch das Transplantationszentrum vor dem Eingriff zu informieren. Die Möglichkeit solcher Komplikationen gehört zum normalen Operationsrisiko bei einer Organentnahme. Dementsprechend werden für häufiger vorkommende Komplikationen bereits im Vorfeld der Organentnahme Vorkehrungen zum schnellen Eingreifen getroffen, das Transplantationsteam ist also in der Regel auf derlei außergewöhnliche Ereignisse vorbereitet. Dennoch macht sich entgegen dem normalen, komplikationslosen Verlauf einer Organentnahme ein zusätzlicher Umstand bemerkbar, der sich in einer negativen, ein Eingreifen des Entnahmeteams erfordernden körperlichen Reaktion des Spenders niederschlägt. Es handelt es sich hierbei folglich nicht um einen Teil der versicherten Tätigkeit selbst sondern um ein gesondertes, von der versicherten Tätigkeit abgrenzbares Ereignis im Sinne des § 8 Abs. 1 Satz 2 SGB VII.

Nach § 8 Abs. 1 Satz 2 SGB VII ist für das Vorliegen eines Arbeitsunfalles aber erforderlich, dass das Ereignis auch zu einem Gesundheitsschaden beim Versicherten führt. Die Komplikation während der Organentnahme manifestiert sich regelmäßig allein in einer Verschlechterung des durch die Organentnahme ohnehin in einer Akutsituation befindlichen Gesundheitszustandes des Spenders. Mithin ändert sich beim Auftreten einer Komplikation lediglich der Grad des mit der Organentnahme ohnehin einhergehenden – vorübergehenden – Gesundheitsschadens. Wollte man an dieser Stelle eine Abgrenzung zwischen Gesundheitsschaden aufgrund der Organentnahme und aufgrund der Komplikation vornehmen, so könnte man allenfalls die Symptome vereinzelt der einen oder anderen Ursache zuordnen. Insoweit kann in einer vorübergehenden Verschlechterung des Zustandes des Spenders während der Organentnahme selbst noch kein von dem operativen Akutzustand sinnvoll abgrenzbarer Gesundheitsschaden ausgemacht werden. Wird also eine Komplikation im Verlauf der Operation durch entsprechende Maßnahmen des Transplantationsteams ohne bleibende Schäden für den Spender behoben, so liegt letztlich kein für einen Unfall nach § 8 Abs. 1 Satz 2 SGB VII erforderlicher Gesundheitsschaden vor. Demnach ist auch der Tatbestand des Arbeitsunfalles im Sinne des § 8 Abs. 1 Satz 1 SGB VII nicht erfüllt. Ein gesetzlicher Unfallversicherungsschutz greift in diesem Fall nicht ein.

Die derzeitige Abrechnungspraxis nach der FPV 2005[265] lässt ohnehin keinen Raum für eine gesonderte Berechnung von Kosten für zusätzlich notwendige Behandlungsleistungen beim Spender während der Organentnahme. Denn bei der Organentnahme auftretende Komplikationen sind von der Fallpauschale erfasst, die nach § 4 Abs. 1 Satz 1 FPV 2005 an das Transplantationszentrum zu erbringen ist. Die FPV 2005 kennt und regelt die Problematik von nach einer Entlassung aus der stationären Krankenhausbehandlung auftretenden Komplikationen. So trifft § 2 Abs. 3 FPV 2005 für den Fall Bestimmungen, dass ein Patient, „für den eine Fallpauschale anrechenbar ist, wegen einer Komplikation im Zusammenhang mit der durchgeführten Leistung [....] wieder aufgenommen" wird. Die Behandlung während eines operativen Eingriffes auftretender Komplikationen ist hingegen nicht ausdrücklich geregelt. Es ist davon auszugehen, dass hierfür keine gesonderten Vergütungen vorgesehen sondern diese bereits durch die Bemessung der Fallpauschalen abgegolten sind. Also kann in diesen Fällen auch nach dem bestehenden Vergütungssystem schon gar kein gesonderter Aufwand entstehen, der von der GUV getragen werden müsste.

Unterstellt man Komplikationen unmittelbar bei der Organentnahme, die zu keinem bleibenden Gesundheitsschaden führen, nicht dem Unfallversicherungsschutz, entstehen auch keine versicherungsrechtlichen Versorgungslücken: Verbleiben beim Spender nach der Organentnahme Gesundheitsschäden, sind diese auf die versicherte Tätigkeit zurückzuführen. Die Tatbestandsvoraussetzungen des Arbeitsunfalls nach § 8 Abs. 1 SGB VII liegen damit grundsätzlich vor und der unfallversicherungsrechtliche Schutz greift ein. Verbleiben keine Gesundheitsschäden trotz kompliziert verlaufener Organentnahme, bedarf der Spender keiner unfallversicherungsrechtlichen Absicherung. Treten schließlich erst einige Zeit nach einer kompliziert verlaufenen Organentnahme, aber während eines bislang beschwerdefreien Heilungsprozesses Beschwerden auf, die ihre Ursache in der Organentnahme haben könnten, ist dieser Sachverhalt gesondert darauf hin zu prüfen, ob er die Tatbestandsmerkmale des Arbeitsunfalles nach § 8 Abs. 1 SGB VII erfüllt.[266]

Ebenso verhält es sich mit etwaigen versorgungsrechtlichen Ansprüchen von Angehörigen, falls der Spender später aufgrund von aus der Organentnahme herrührenden Komplikationen verstirbt.

---

265 Vereinbarung zum Fallpauschalensystem für Krankenhäuser für das Jahr 2005 (Fallpauschalenvereinbarung 2005 – FPV 2005) vom 16.09.2004, abrufbar auf der Internetseite der Selbstverwaltung für „German Refined Diagnosis Related Groups" der Spitzenverbände der gesetzlichen Krankenkassen, des Verbandes der Privaten Krankenversicherung und der Deutschen Krankenhausgesellschaft,: http://www.g-drg.de/service/download/veroeff_2005/Abrechnungsbestimmungen_2005_040916_1500.pdf (28.06.2006).

266 Siehe dazu sogleich unten in diesem Kapitel unter IV. 2) und IV. 3).

Komplikationen während der Organentnahme können also nur dann Arbeitsunfälle nach § 8 Abs. 1 SGB VII darstellen, wenn sie bleibende Gesundheitsschäden beim Spender hervorrufen.

2) Komplikationen nach der Organentnahme während des Heilungsprozesses

Anders als bei unmittelbar während der Organentnahme auftretenden Problemen ist die Abgrenzung des möglichen Versicherungsfalles von der versicherten Tätigkeit nach § 2 Abs. 1 Nr. 13 lit. b SGB II bei Komplikationen während des Heilungsprozesses unproblematisch. Der operative Eingriff der Organentnahme und damit die versicherte Tätigkeit Organspende ist abgeschlossen. Auch die Identifizierung eines Gesundheitsschadens ist leicht möglich. Der Spender befindet sich in einem stabilen Zustand in der Phase des Heilungsprozesses nach der Organentnahme. Nun treten jedoch gesundheitliche Beeinträchtigungen hinzu, die gerade nicht identisch sind mit dem ohnehin eingriffstypischen Gesundheitsschaden.

Häufig dürfte sich zudem auch ein nach § 8 Abs. 1 Satz 2 SGB VII erforderliches „Ereignis" als Auslöser des Gesundheitsschadens ausmachen lassen. Zumindest im Falle von akut auftretenden Beschwerden wird jedenfalls für dieses Ereignis ein konkreter „Auslöser", wie etwa eine plötzlich auftretende Schockreaktion des Körpers, eine Entzündung oder eine Wundinfektion zu identifizieren sein. Genau hier beginnt allerdings die Schwierigkeit der Subsumtion der Komplikationen unter den Begriff des Arbeitsunfalles.

a) Das Tatbestandsmerkmal des „von außen" wirkenden Ereignisses nach § 8 Abs. 1 Satz 2 SGB VII

Die Prüfung der Tatbestandsmerkmale des § 8 Abs. 1 SGB VII ist nämlich insoweit problematisch, als das Ereignis ein „äußeres" sein muss. An einem von außen wirkenden Ereignis fehlt es nämlich häufig bei derartigen Komplikationen. Vielmehr treten die als Anknüpfungspunkt in Betracht kommenden Komplikationen oder Späterkrankungen regelmäßig ohne weiteres Hinzutun von außen auf. Der Organspender wird Symptome feststellen, die auf eine gesundheitliche Beeinträchtigung schließen lassen. Vom behandelnden Arzt wird dann unter Umständen festgestellt, dass sich beim Spender innere Reaktionen auf die Organentnahme zeigen, die von der normalen körperlichen Reaktion abweichen und einer Behandlung bedürfen. Ein äußeres Ereignis im Sinne des § 8 Abs. 1 Satz 2 SGB VII löst die Beschwerden des Spenders also oftmals gar nicht aus, so dass in diesen Fällen konsequenterweise das Vorliegen eines Arbeitsunfalles verneint und damit der Versicherungsschutz der GUV verwehrt werden müsste.

Diese Auffassung hat sich auch das SG Freiburg[267] in einem Fall zu eigen gemacht, bei dem ein Nierenspender gegen die zuständige Unfallversicherung auf

---

[267] SG Freiburg, Urt. v. 26.06.2002, S 9 U 3437/99, HVBG-INFO 2002, S. 2377-2395.

Zahlung von Verdienstausfall geklagt hatte, weil bei ihm nach der Organentnahme Komplikationen aufgetreten waren. Beim Kläger kam es im Verlaufe eines längerfristigen Heilungsprozesses neben anderen, von der Organspende unabhängigen Erkrankungen, zu Wundheilstörungen ohne äußere Ursache.[268] Das SG Freiburg hatte die Klage bezüglich des Anspruches des Klägers gegen die beklagte Unfallversicherung abgewiesen, weil beim Spender zwar „Komplikationen im Sinne des allgemeinen oder auch medizinischen Sprachgebrauchs“[269] vorgelegen hatten, jedoch mangels eines äußeren Ereignisses das Vorliegen eines Unfalles im Sinne des § 8 Abs. 1 Satz 2 SGB VII abzulehnen war.[270]

b) Stand der rechtswissenschaftlichen Diskussion

Die Literatur hat sich bislang nur vereinzelt mit der Auffassung des SG Freiburg auseinandergesetzt. Als Tendenz lässt sich festhalten, dass offenbar überwiegend[271] davon ausgegangen wird, dass Organspenden mit Komplikationen generell dem Unfallversicherungsschutz unterliegen.[272] Eine rechtlich differenzierte Zuordnung des Begriffs der Komplikation zu den Tatbestandsvoraussetzungen des Versicherungsfalles im Sinne des Unfallversicherungsrechts findet sich aber auch dort nicht, wo detaillierter auf die Problematik eingegangen wird.[273]

Gutmann will Komplikationen grundsätzlich in den Unfallversicherungsschutz einbezogen wissen. Er hat bereits früher angemerkt, dass „Streit zwischen den Unfallversicherungsträgern und den Spenderkrankenkassen“[274] entstehen könne, stellte aber zunächst als Ursache für diesen Streit nicht die Einordnung der Komplikationen in den Tatbestand des Arbeitsunfalles nach § 8 Abs. 1 Satz 1 SGB VII heraus sondern sah vielmehr die Schwierigkeiten beim Zurechnungs-

---

268 Wundheilstörungen mit äußerer Ursache können zum Beispiel Wundinfektionen aufgrund in die Wunde eindringender Bakterien sein.

269 SG Freiburg, HVBG-INFO 2002, S. 2377-2395 (2391).

270 SG Freiburg, HVBG-INFO 2002, S. 2377-2395 (2391).

271 Dafür, dass auch für Organspenden, bei denen Komplikationen auftreten, die Krankenkasse des Empfängers eintrittspflichtig sein soll, tritt lediglich Edelmann, VersR 1999, S. 1065-1069 (1069), ein. Er argumentiert insoweit mit der ohnehin bestehenden Leistungspflicht der Krankenkasse des Empfängers für sämtliche Spenderaufwendungen im Zusammenhang mit der Organentnahme, verkennt jedoch offensichtlich den Vorteil, den ein unfallversicherungsrechtlicher Schutz im Bereich Erwerbsunfähigkeits- und Todesfallabsicherung gegenüber dem Schutz der GKV hat.

272 Vgl.: Kraushaar in Kirste (Hrsg.) Nieren-Lebendspende, S. 74 ff. (77); Wolber, SozVers 1998, S. 147-150 (148); Heemann/Demmer in: DTG (Hrsg.), Versicherungsschutz für die Lebendorganspende, S. 14/15. Ebenso noch Gutmann, ZfTxMed 2000, S. 174-183 (179), der jedoch zwischenzeitlich auf die Rechtsprechung des SG Freiburg reagiert hat, vgl. insoweit ders. in: Schroth u. a., TPG, § 23 Rdn. 1.

273 Gutmann in: Schroth u. a., TPG, § 23 Rdn. 1, fordert lediglich, dass Komplikationen bei dem Lebendorganspender unabhängig vom Vorliegen der Tatbestandsmerkmale des Arbeitsunfalles dem Unfallversicherungsschutz unterstellt sein sollten.

274 Gutmann, ZfTxMed 2000, S. 174-183 (179).

zusammenhang zwischen Lebendorganspende und auftretenden Erkrankungen oder Schäden.[275] Aufgrund der aus seiner Sicht rechtlich nicht zu beanstandenden Urteilsbegründung des SG Freiburg[276] sieht Gutmann nunmehr die Notwendigkeit gesetzlichen Änderungsbedarfes im Recht der GUV.[277]

Wolber erkennt zwar, dass bei bestimmten Komplikationen der „Unfallbegriff nicht immer erfüllt ist". [278] Jedoch setzt er sich nicht weiter mit der Problematik auseinander sondern plädiert dafür, derartige Komplikationen als Unfall im Sinne des Unfallversicherungsrechts zu qualifizieren, weil „die Absicht des Gesetzgebers [...] zu dieser Annahme" zwinge.[279] Auf welche Absichten des Gesetzgebers er seine Auffassung gründet, erläutert Wolber hingegen nicht.

Sengler beschreibt allgemein, dass ein Versicherungsfall beim Spender mit jedem „Eintritt eines gesundheitlichen Schadens [gegeben ist][280], der über die mit den betreffenden Maßnahmen verbundene gesundheitliche Beeinträchtigung bei komplikationslosem Verlauf hinausgeht".[281] Ob er das Vorliegen der Tatbestandsvoraussetzungen des § 8 Abs. 1 SGB VII gänzlich für entbehrlich hält, lässt sich der Kommentierung nicht mit letzter Gewissheit entnehmen. Insbesondere verweist Sengler darauf, dass der Versicherungsschutz der GUV – nur – dann greift, wenn sich Risiken verwirklichen, die „ursächlich auf einen der Leistungspflicht der gesetzlichen Unfallversicherung unterliegenden Schaden zurückzuführen sind".[282] Der Leistungspflicht der GUV unterliegen aber eben nur solche Schäden, die die Tatbestandsvoraussetzungen des Versicherungsfalles nach § 7 Abs. 1 SGB VII erfüllen.

Höfling[283] spricht sich schließlich in seiner schriftlichen Stellungnahme zum Fragenkatalog der Enquete-Kommission für eine Leistungspflicht der GUV bei Komplikationen aus und weist – ohne eingehende Begründung – ausdrücklich auf die Möglichkeit von Abgrenzungsproblemen zwischen GUV und GKV hin.

---

275 Gutmann, ZfTxMed 2000, S. 174-183 (179).

276 SG Freiburg, HVBG-INFO 2002, S. 2377-2395 (2391).

277 Gutmann in: Schroth u. a., TPG, § 23 Rdn. 1.

278 Wolber, SozVers 1998, S. 147-150 (148). Als Beispiele für Komplikationen nennt er ausdrücklich etwa Thrombosen, Lungen- oder sonstige Entzündung, also überwiegend auf innere Ursachen zurückzuführende Beschwerden.

279 Wolber, SozVers 1998, S. 147-150 (148).

280 Einfügung durch den Verfasser.

281 Sengler in: Nickel/Schmidt-Preisigke/Sengler, TPG, § 23 Rdn. 9.

282 Sengler in: Nickel/Schmidt-Preisigke/Sengler, TPG, § 23 Rdn. 8; derselbe bereits (wortgleich) in: Kirste (Hrsg.), Nieren-Lebendspende, S. 120.

283 Höfling, Schriftliche Stellungnahme zum Fragenkatalog zur öffentlichen Anhörung „Organlebendspende" der Enquete-Kommission „Ethik und Recht in der modernen Medizin", Kom.-Drs. 15/143, S. 8.

c) Eigene Stellungnahme

Der Rechtsprechung des SG Freiburg ist schwerlich der Vorwurf falscher Rechtsanwendung zu machen.[284] Das Tatbestandsmerkmal „von außen" ist nach dem Wortlaut des § 8 Abs. 1 Satz 2 SGB VII Bestandteil der Voraussetzungen zum Vorliegen eines Unfalles. Fehlt es hieran, ist es rechtlich grundsätzlich nicht zu beanstanden, wenn das Vorliegen eines Versicherungsfalles im Sinne der GUV abgelehnt wird.

Dennoch begegnet das Urteil des SG Freiburg im Ergebnis schwerwiegenden Bedenken. Wie die Enquete-Kommission in ihrem Zwischenbericht Organlebendspende zu den Folgen des Urteils des SG Freiburg zutreffend ausführt, stünde, setzte sich die Ansicht des SG Freiburg durch, „dem Organspender in den meisten Fällen bei Komplikationen das Leistungsspektrum der gesetzlichen Unfallversicherung [...] nicht zu".[285] Atypische Sachverhalte würden zwar dem Unfallversicherungsschutz unterstellt, naheliegende Umstände, wie sie auch im vom SG Freiburg entschiedenen Fall aufgetreten waren, unterlägen aber gerade nicht der GUV.

Schon die gesetzliche Konzeption des Unfallversicherungsschutzes für Organspender spricht gegen die Auffassung des SG Freiburg. Durch die Einbeziehung der Organspende in den Unfallversicherungsschutz soll der Spender gerade vor den spezifischen Gefahren, die mit der Organspende verbunden sind, geschützt werden.[286] Diese bestehen zuvorderst darin, dass bei oder nach der Organentnahme Komplikationen auftreten, die zu einem über den Organverlust hinaus gehenden Gesundheitsschaden führen.[287]

Auf diese gesetzgeberische Intention bietet § 8 Abs. 1 SGB VII jedoch keine befriedigende Antwort. Denn dieser Vorschrift liegt mit dem Begriff des Arbeitsunfalles eine Konzeption zugrunde, die für Fälle der Organspende nach § 2 Abs. 1 Nr. 13 lit. b SGB VII nicht geschaffen ist.

Allgemein muss im Unfallversicherungsrecht ein Zusammenhang zwischen der versicherten Tätigkeit, dem unfallbringenden Verhalten, dem eigentlichen Unfallgeschehen und schließlich dem Gesundheitsschaden nachgewiesen werden, um einen Arbeitsunfall nach § 8 Abs. 1 SGB VII zu begründen. Das Merkmal „äußeres Ereignis" dient der Abgrenzung des Arbeitsunfalles von der ausschließlich inneren Erkrankung des Versicherten.[288]

---

[284] Dies merkt zutreffend auch Gutmann in: Schroth u. a., TPG, § 23 Rdn. 1 an.

[285] BT-Drs. 15/5050, S. 62.

[286] Dies betont auch die Enquete-Kommission im Zwischenbericht Organlebendspende, BT-Drs. 15/5050, S. 62.

[287] Zu Recht weist daher Gutmann in: Schroth u. a., TPG, § 23 Rdn. 1, darauf hin, dass die Rechtsprechung des SG Freiburg zwar dem Wortlaut des § 8 Abs. 1 SGB VII gerecht werden mag, jedoch mit der Intention des Gesetzgebers schwerlich vereinbar erscheint.

[288] Schmitt, SGB VII, § 8 Rdn. 109; Muckel, SozR, § 10 Rdn. 36.

Die klassischen versicherten Tätigkeiten haben in der Regel keinen Eingriff in die körperliche Integrität des Versicherten zum Gegenstand. Daher taugt hier das Kriterium des „äußeren Ereignisses" grundsätzlich zur Identifizierung eines unfallversicherungsrechtlich irrelevanten Gesundheitsschadens. Dennoch sind auch solche Ereignisse als „von außen" auf den Körper einwirkend anerkannt, die ausschließlich im Körperinnern wirken. Ausreichend für eine Einwirkung von außen ist etwa, dass körpereigene Kräfte zu inneren Gesundheitsschäden führen, wenn sie bei Bewegungen im Zusammenhang mit versicherten Tätigkeiten führen. Als Beispiele sind ruckartige Armbewegungen, die zu einem orthopädischen Schaden führen oder Zerrungen beim Greifen nach einem fallenden Gegenstand zu nennen.[289]

Anders verhält es sich bei der versicherten Tätigkeit Organspende: Denn die Organspende ist ein ganz überwiegend im Innern des Körpers des Spenders stattfindender Vorgang. Die Gefahr innerer Reaktionen – wie etwa Entzündungen – wird hier durch die versicherte Tätigkeit geradezu begründet, denn letztere greift gezielt in die körperliche und damit innere Integrität des Versicherten ein. Andererseits kommen als Ursache für Komplikationen aufgrund des körperlichen Eingriffes auch Wundinfektionen durch Bakterien in Betracht. Während es bei Entzündungen am Merkmal der äußeren Einwirkung fehlte würden die zuletzt genannten Komplikationen durch Wundinfektionen, da Bakterien als von außen wirkende Einflüsse das Tatbestandsmerkmal des Ereignisses „von außen" verwirklichen, von der gesetzlichen Unfallversicherung erfasst. Die unterschiedliche Behandlung dieser Fälle ist angesichts der in beiden Fällen gleichen Risikostruktur jedoch nicht nachvollziehbar. Denn in beiden Fällen ist Auslöser des Gesundheitsschadens die versicherte Tätigkeit Organspende. Das spezifische, mit einem operativen Eingriff wie der Organspende verbundene Risiko besteht gerade darin, dass die geradezu typischen Operationskomplikationen auftreten. Hierzu gehört unabhängig davon, ob es auf innere oder äußere Einflüsse zurückzuführen ist, gerade das Wundinfektions- ebenso wie das Entzündungsrisiko. Aufgrund dieser besonderen Eigenschaften der Lebendorganspende taugt die klassische Zurechnungskette des Unfallversicherungsrechts im Falle der Organspende nicht zur Differenzierung.

Die Prüfung eines Zurechnungszusammenhanges zwischen Gesundheitsschaden und Unfallereignis unterbleibt aber bei der Organspende auch bei einem Verzicht auf das Tatbestandsmerkmal „äußeres Ereignis" nicht. Sie erfolgt an anderer Stelle ohnehin. Denn der Unfall des Versicherten muss sich „infolge" der versicherten Tätigkeit nach § 8 Abs. 1 Satz 1 SGB VII ereignen, zwischen beiden muss also ein innerer Zusammenhang bestehen. Bei den kurz nach der Organentnahme noch während des Heilungsprozesses auftretenden Komplikationen ist ein solcher Zusammenhang leicht auszumachen. Der Spender ist von dem Eingriff geschwächt, ein Zusammenhang mit der Organentnahme drängt sich geradezu auf.

---

[289] Kater in: Kater/Leube, SGB VII, § 8 Rdn. 19.

Im Ergebnis hinge in den genannten Fällen das Eingreifen des Unfallversicherungsschutzes allein am Vorliegen des Merkmals des „äußeren Ereignisses“ ab. Fehlte es daran, kommt ein Unfallversicherungsschutz nicht in Betracht.

Der gesetzlichen Intention zufolge muss daher bei der Lebendorganspende auf das Merkmal des Ereignisses „von außen“ konsequenterweise verzichtet werden. So lange jedoch der Wortlaut des § 8 Abs. 1 Satz 1 SGB VII insoweit eindeutig und damit nicht auslegungsfähig ist, kann ein Urteil wie das des SG Freiburg rechtlich nicht beanstandet werden. Daher ist der Gesetzgeber gefordert, die unzulängliche gesetzliche Verankerung des Versicherungsschutzes für die Lebendorganspende in der gesetzlichen Unfallversicherung zu korrigieren.[290]

3) Spätfolgen

Bei den Spätfolgen erleidet der Organspender erst nach der Entlassung aus der stationären Behandlung einen Gesundheitsschaden. Aufgrund des größeren zeitlichen Abstandes zwischen der Organentnahme und dem Gesundheitsschaden wird eine verlässliche Diagnose darüber schwieriger, ob die akuten Beschwerden des Spenders mit der Organspende zusammenhängen.

a) Die Tatbestandsvoraussetzungen des § 8 Abs. 1 Satz 1 SGB VII

Aufgrund der möglicherweise schleichenden Entwicklung etwaiger Spätfolgen ist bereits auf tatbestandlicher Ebene das Vorliegen eines Ereignisses zweifelhaft. Denn an der für die Bejahung eines „Ereignisses“ im Sinne des § 8 Abs. 1 S. 2 SGB VII regelmäßig erforderlichen Plötzlichkeit dürfte es bei Spätfolgen häufig fehlen. Bei Spätfolgen wird es zudem noch häufiger als bei den unmittelbar nach der Operation auftretenden gesundheitlichen Beeinträchtigungen des Spenders auch an der Einwirkung „von außen“ im Sinne des § 8 Abs. 1 Satz 1 SGB VII fehlen. Denn bakterielle Wundinfektionen sind nach Verheilen der Operationswunde nicht mehr zu befürchten. Andere von außen wirkende Beeinträchtigungen nach der Heilung sind hingegen schwer vorstellbar. Der Spender ist zunächst – bis auf die verbleibende Einnierigkeit – gesund. Dass sich das Merkmal des „äußeren Ereignisses“ bei der Lebendorganspende nicht als Abgrenzungskriterium zu unfallversicherungsrechtlich nicht relevanten Vorgängen eignet, ist bereits im vorangehenden Abschnitt 2) erläutert worden. Es stellt sich nach der derzeitigen Gesetzeslage also auch bei Spätfolgen bereits an dieser Stelle der Prüfung der Tatbestandsvoraussetzungen eine nicht zu überwindende Hürde.

Weitere Tatbestandsvoraussetzung für den Arbeitsunfall ist nach § 8 Abs. 1 Satz 2 SGB V ein Gesundheitsschaden. Da der Spender nach erfolgreicher Organentnahme zunächst als – bis auf die Einnierigkeit – gesund entlassen wird, ist

[290] Eine Klarstellung durch den Gesetzgeber fordert daher auch Gutmann in: Schroth u. a., TPG, § 23 Rdn: 1.

die Feststellung eines solchen, von den Auswirkungen des operativen Eingriffes abzugrenzenden Gesundheitsschadens einfach. Sobald Beschwerden auftreten, ist ein Gesundheitsschaden grundsätzlich anzunehmen.

Zwischen Gesundheitsschaden (oder Tod) des Spenders und dem Unfallereignis muss jedoch ebenso wie zwischen dem Unfall selbst und der versicherten Tätigkeit ein Zusammenhang festgestellt werden. Dieser objektive Ursachenzusammenhang wird regelmäßig anhand der sogenannten Lehre von der rechtlich wesentlichen Ursache[291] ermittelt, welche für die Kausalitätsfeststellung im Unfallversicherungsrecht[292] entwickelt wurde.[293] Danach muss die versicherte Tätigkeit in der Weise für das Unfallgeschehen und vorliegend insbesondere für den daraus entstandenen Gesundheitsschaden beim Spender ursächlich sein, dass zwar noch andere Faktoren zum Unfall beigetragen haben können, sie jedoch nach wertender Betrachtung nicht schwer genug wiegen, um die Verursachung durch die versicherte Tätigkeit zu überdecken.[294] Der Schwerpunkt liegt also – anders als bei der rein naturwissenschaftlich orientierten, strengen Kausalitätstheorie der „conditio sine qua non" – auf einer wertenden Betrachtung, letztlich einem Vergleich des Gewichts der einzelnen Ursachenbeiträge miteinander. Nebenursachen sollen den Unfallversicherungsschutz nicht ausschließen, gleichzeitig soll aber auch eine übermäßige Ausweitung des Versicherungsschutzes vermieden werden.[295]

Zwar reicht für die Bejahung eines solchen inneren Zusammenhangs nach der Rechtsprechung des BSG eine hinreichende Wahrscheinlichkeit aus. Die bloße Möglichkeit eines ursächlichen Zusammenhangs reicht allerdings gerade nicht aus.[296] Daher liegt gerade im Nachweis dieses inneren Zusammenhangs bei den Spätfolgen die eigentliche rechtliche Brisanz. Denn eine hinreichende Wahrscheinlichkeit eines Zusammenhanges zwischen versicherter Tätigkeit und dem Unfallereignis wird häufig – jedenfalls auf den ersten Blick – nicht festzustellen sein. Um sie nachzuweisen bedarf es daher unter Umständen der Einholung komplexer medizinischer Gutachten.[297] Das ist erstens teuer und belastet zweitens die Psyche des ohnehin gesundheitlich angegriffenen Spenders zusätzlich.

---

291 Schulin/Igl, SozR, § 28 Rdn. 443; zur Kritik an dem fehlenden Begründungskonstrukt dieser Theorie insbesondere: Eichenhofer, SozR, Rdn. 399.

292 Ausführlich hierzu: Erlenkämper/Fichte, SozR, S. 58-109.

293 Vgl. Muckel, SozR, § 10 Rdn. 41.

294 Muckel, SozR, § 10 Rdn. 41.

295 Hier ist insbesondere eine Abgrenzung zu Unfällen vorzunehmen, die sich lediglich „bei Gelegenheit" der versicherten Tätigkeit ereignen, vgl. Muckel, SozR, § 10 Rdn. 41.

296 Nachweise aus der Rechtsprechung des BSG finden sich bei Schmitt, SGB VII, § 8 Rdn. 87.

297 Hierauf weist auch die Enquete-Kommission im Zwischenbericht Organlebendspende, BT-Drs. 15/5050, S. 63, ausdrücklich hin.

Die Enquete-Kommission schlägt diesbezüglich vor, für die Fälle von Spätfolgen vereinfachende Beweisregeln einzuführen. Eine Beweislastumkehr soll dazu führen, dass bei Organspendern eine Regelzuständigkeit der gesetzlichen Unfallversicherung entsteht. Nur dann, wenn offenkundig die Erkrankung oder der Tod des Spenders nicht im zumindest mittelbaren Zusammenhang mit der Organspende stünden, sollte eine Leistungspflicht der GUV entfallen.[298] Eine Gefahr der übermäßigen Ausweitung der Leistungspflicht der GUV sieht die Enquete-Kommission hierin nicht, da die Auswirkungen einer solchen Beweislastumkehr sich auf nur wenige Ausnahmefälle erstreckten.[299]

Auf diese Weise wird das Problem des Nachweises zumindest der hinreichenden Wahrscheinlichkeit eines inneren Zusammenhanges jedoch nicht gelöst. Beharrt ein Unfallversicherungsträger darauf, dass ein Zusammenhang nicht besteht, kann weiterhin die Einholung entsprechender Gutachten erforderlich werden. Damit wäre dem Organspender nicht geholfen, da er sich diesen Untersuchungen – zwar aus einer anderen Zielrichtung, jedoch mit derselben Intensität – weiterhin zu unterziehen hätte. Letztlich zielt der Vorschlag der Enquete-Kommission darauf ab, durch die Aufstellung erheblicher Beweisanforderungen den Unfallversicherungsträgern faktisch eine generelle Leistungspflicht für sämtliche unerklärlichen Gesundheitsschäden des Organspenders aufzubürden. Ist dies aber das angestrebte Ziel, stellt sich die Frage, ob nicht eine solche generelle Leistungspflicht der GUV gesetzlich normiert werden sollte.

Auch für die Beweisproblematik hinsichtlich des inneren Zusammenhangs zwischen Gesundheitsschaden und Organspende bei Spätfolgen ist also eine gesetzliche Neuregelung wünschenswert. Auf mögliche Lösungswege wird am Ende dieses Kapitels unter VI. eingegangen werden.

b) Unfallversicherungsausschluss bei Spätfolgen aufgrund fehlender „Compliance“ des Spenders

Den Spender treffen aufgrund der Organspende und der damit verbundenen, dauerhaften körperlichen Beeinträchtigung besondere Verhaltensobliegenheiten (sogenannte „Compliance“). Zu diesen gehören insbesondere die gemäß § 8 Abs. 3 Satz 1 TPG obligatorischen Nachsorgemaßnahmen. Es ist nicht auszuschließen, dass ein Unfallversicherungsträger in extremen Fällen eine Leistungsverpflichtung mit der Begründung ablehnt, der Spender sei seiner Verpflichtung zur Teilnahme an Nachsorgemaßnahmen nicht ausreichend nachgekommen und habe daher eine Ursache für den Eintritt des Gesundheitsschadens selbst gesetzt, die so wesentlich sei, dass sie einen aufgrund der Organspende grundsätzlich bestehenden Unfallversicherungsschutz ausschließe.

---

[298] BT-Drs. 15/5050, S. 77.
[299] BT-Drs. 15/5050, S. 63.

Als Kriterium im Rahmen der Prüfung des inneren Zusammenhangs nach § 8 Abs. 1 SGB VII hat das BSG den Begriff der „selbst geschaffenen Gefahr“ geprägt.[300] Hierdurch kann in Ausnahmefällen auch ein etwaiger Mitverursachungsbeitrag des Versicherten selbst berücksichtigt werden. Wenn die so herbeigeführte Gefahr ein derartiges Gewicht hat, dass das eigentliche Unfallgeschehen bei wertender Betrachtung nicht mehr als wesentliche Ursache des Arbeitsunfalles angesehen werden kann, entfällt der Unfallversicherungsschutz als Ganzes.[301] § 7 Abs. 2 SGB VII bestimmt zwar, dass selbst verbotswidriges Verhalten eines Versicherten den Unfallversicherungsschutz nicht ausschließt; jedoch ist zunächst Voraussetzung, das sich das Unfallgeschehen bereits tatbestandlich als Arbeitsunfall qualifizieren lässt. Denn erst danach setzt das BSG mit dem Kriterium der „selbst geschaffenen Gefahr“ an.

Wenn beispielsweise die frühzeitige Feststellung einer Erkrankung durch die Nachsorgemaßnahmen nach § 8 Abs. 3 Satz 1 TPG hätte gewährleistet werden können und mangels Durchführung der Nachsorgemaßnahmen ein weit größerer Gesundheitsschaden entstanden oder der Spender gar verstorben ist, stellt sich die Frage, inwieweit der innere Zusammenhang zwischen der versicherten Tätigkeit und dem unfallbringenden Ereignis durch die mangelnde Compliance des Spenders so in den Hintergrund gedrängt wird, dass bei wertender Betrachtung letztere als Ursache überwiegt.

Ob eine solche Missachtung der Verpflichtung zur Nachsorge durch den Spender tatsächlich geeignet ist, den Ursachenzusammenhang zwischen Organspende und Gesundheitsschaden entfallen zu lassen, wurde bislang nicht rechtlich geklärt. Dennoch besteht grundsätzlich die Möglichkeit, dass in Ausnahmefällen ein solcher Ursachenzusammenhang vom zuständigen Gericht aufgrund der Rechtsprechung zur „selbst geschaffenen Gefahr“ verneint werden würde. Nicht zuletzt auch zum Schutz vor der Gefahr einer solchen Argumentation der Träger der GUV sollten daher begleitende gesetzliche Maßnahmen die Organspender zu einer regelmäßigen Inanspruchnahme der Nachbetreuungsmaßnahmen anregen.

4) Mittelbare Schäden infolge der Einnierigkeit des Spenders

Abschließend sind diejenigen Gesundheitsschäden des Organspenders, die nur mittelbar mit der Organspende in Zusammenhang stehen, darauf hin zu untersuchen, ob sie dem Unfallversicherungsschutz unterliegen. Primär sind dies die sogenannten Folgen der Einnierigkeit, Fälle also, bei denen der Spender einen Gesundheitsschaden erleidet, jedoch wegen seiner Einnierigkeit schwerere gesundheitliche Folgen auftreten, als dies bei Besitz beider Nieren der Fall wäre. Insbesondere kommen hier mittelbare Gesundheitsschäden aufgrund äußerer

---

300 BSGE 64, S. 159 ff. (161).

301 Sogenanntes „Alles-oder-Nichts-Prinzip“ der GUV, vgl. Schulin/Igl, SozR, § 28 Rdn. 447.

Ursachen, wie etwa eine Beeinträchtigung der verbliebenen Niere aufgrund eines Verkehrsunfalls, in Betracht.

In der Literatur wird in diesen Fällen überwiegend davon ausgegangen, dass ein Unfallversicherungsschutz besteht.[302] Lediglich Sengler[303] vertritt, insoweit im Einklang mit den Trägern der gesetzlichen Unfallversicherung[304] die Auffassung, dass „Gesundheitsschäden, die lediglich eine Verwirklichung des durch die Entnahme erhöhten allgemeinen Krankheitsrisikos des Spenders darstellen", keinem Versicherungsschutz durch die GUV unterliegen. Die Enquete-Kommission plädiert schließlich in ihrem Zwischenbericht Lebendorganspende ausdrücklich für eine Erweiterung des Unfallversicherungsschutzes auf „Schäden infolge der spendebedingten Erhöhung des Erkrankungs- und Lebensrisikos".[305]

a) Mittelbare Gesundheitsschäden als Arbeitsunfälle im Sinne des § 8 Abs. 1 SGB VII

Untersucht man Schäden aufgrund des wegen der Einnierigkeit erhöhten Krankheitsrisikos des Spenders darauf, ob sie die gesetzlichen Voraussetzungen des Arbeitsunfalles nach § 8 Abs. 1 SGB VII erfüllen, ergibt sich das folgende Bild:

Zunächst müsste ein Unfall im Sinne des § 8 Abs. 1 Satz 2 SGB VII vorliegen. Als das einen Unfall auslösende Ereignis im Sinne des § 8 Abs. 1 Satz 2 SGB II kommen verschiedene Umstände in Betracht. Der einnierige Spender kann sich eine Verletzung zuziehen, die zu einem Verlust der zweiten Niere führt oder diese kann etwa aufgrund einer Infektion, welche sich der Spender zuzieht, geschädigt werden. Auslöser ist in jedem Fall eine äußere Einwirkung, letzteren Falles durch Bakterien, die zur Infektion beim Spender führen. Insoweit liegt ein Gesundheitsschaden aufgrund eines äußeren Ereignisses im Sinne des § 8 Abs. 1 Satz 2 SGB VII vor. Denn da die Beeinträchtigung ursächlich auf eine einmalige Einwirkung von nur kurzer Dauer – etwa eine Verletzung des Spenders – zurückzuführen ist, fehlt es auch nicht am Merkmal der zeitlichen Begrenzung im Sinne des § 8 Abs. 1 Satz 2 SGB VII.

---

302 Zu einer Einbeziehung in den Schutz der GUV neigt offenbar: Kraushaar in: Kirste (Hrsg.) Nieren-Lebendspende, S. 74 ff. (78); Gutmann, ZfTxMed 2000 S. 174-183 (179), ordnet die Risiken der Einnierigkeit allgemein dem rechtlich nicht existenten Begriff der Komplikationen zu und plädiert für eine Einbeziehung in die GUV; Ugowski, Rechtsfragen der Lebendspende, S. 135, will auch „Folgeerkrankungen" in den Unfallversicherungsschutz einbezogen wissen; lediglich auf versicherungsrechtliche Probleme weisen Heemann/Demmer in: DTG (Hrsg.), Versicherungsschutz für die Lebendorganspende, S. 15, hin.

303 Sengler in: Nickel/Schmidt-Preisigke/Sengler, TPG, § 23 Rdn. 7; derselbe bereits (wortgleich) in: Kirste (Hrsg.), Nieren-Lebendspende, S. 120.

304 Vgl. die Ausführungen der Enquete-Kommission zum Standpunkt der Unfallversicherungsträger im Zwischenbericht Organlebendspende, BT-Drs. 15/5050, S. 63.

305 BT-Drs. 15/5050, S. 77.

Auch ein Ursachenzusammenhang zwischen dem auftretenden Gesundheitsschaden und dem Ereignis ist unproblematisch zu bejahen. Das Ereignis, welches zu dem Gesundheitsschaden geführt hat, stellt in der Regel eine „conditio sine qua non" für den Gesundheitsschaden dar. Ohne die Infektion oder die Verletzung des Spenders wäre es erst gar nicht zu dem Gesundheitsschaden gekommen.

§ 8 Abs. 1 Satz 1 SGB VII verlangt aber darüber hinaus auch einen Ursachenzusammenhang zwischen der versicherten Tätigkeit und dem Unfall im Sinne des § 8 Abs. 1 Satz 2 SGB VII. Denn der Unfall muss „infolge" der versicherten Tätigkeit eintreten. Das Bestehen eines solchen Zusammenhanges ist hingegen zweifelhaft.

Der Anknüpfungspunkt für den Ursachenzusammenhang bedarf einer Konkretisierung: Soweit § 8 Abs. 1 Satz 1 SGB VII von einem Unfall spricht, stellt er genau genommen auf das unfallbringende Ereignis im Sinne des § 8 Abs. 1 Satz 2 SGB VII ab. Bei einer erneuten Anknüpfung allein an den Gesundheitsschaden würde die Verknüpfung der Ursachenzusammenhänge, die § 8 Abs. 1 SGB VII normiert, lückenhaft. Ein Versicherungsschutz soll nur für solche Ereignisse bestehen, die auch in einem Zusammenhang zur versicherten Tätigkeit stehen.

Genau ein solcher Zusammenhang lässt sich bei Gesundheitsschäden durch äußere Einwirkungen gerade nicht ausmachen. Das unfallbringende Ereignis ist von der versicherten Tätigkeit vollkommen unabhängig eingetreten. Die über den normalerweise bei derartigen Ereignissen eintretenden Gesundheitsschaden hinaus gehende Beeinträchtigung des Spenders rührt zwar aus der Vorschädigung durch die versicherte Tätigkeit. Diese hat jedoch zum Unfallgeschehen überhaupt keinen sachlichen Zusammenhang. Ob ein Mensch eine Infektionskrankheit erleidet oder sich bei einem Unfall verletzt, ist vollkommen unabhängig davon, ob er zuvor irgendwann in seinem Leben ein Organ gespendet hat. Die versicherte Tätigkeit „Organspende" hatte zwar Auswirkungen auf das Ausmaß der Unfallfolgen, nicht hingegen auf das eigentliche Unfallgeschehen.

Damit fehlt es in diesen Fällen am nach § 8 Abs. 1 Satz 1 SGB VII erforderlichen Ursachenzusammenhang zwischen versicherter Tätigkeit und Unfall, so dass Ereignisse mit zusätzlichen Folgen aus der Einnierigkeit nicht als Arbeitsunfälle zu qualifizieren sind und daher nicht dem Schutz der GUV unterliegen.

b) Mittelbare Gesundheitsschäden als mittelbare Folgen eines Versicherungsfalles im Sinne des § 11 Abs. 1 SGB VII

Eine Einbeziehung in den Unfallversicherungsschutz könnte allenfalls erfolgen, wenn die durch die Einnierigkeit des Spenders entstehenden zusätzlichen Gesundheitsschäden als mittelbare Folgen eines Versicherungsfalles einzuordnen wären und dementsprechend dem Versicherungsschutz der GUV unterstünden.

In § 11 Abs. 1 SGB VII finden sich Regelungen zu mittelbaren Folgen eines Versicherungsfalles nach § 7 Abs. 1 SGB VII, die aufgrund ihres Zusammenhanges zu einem solchen Versicherungsfall ebenfalls Unfallversicherungsschutz genießen. Diese Regelungen zeigen, dass der Gesetzgeber den Unfallversicherungsschutz durchaus nicht strikt auf Versicherungsfälle hat beschränken wollen sondern unter Umständen einen erweiterten Unfallversicherungsschutz für gerechtfertigt hielt.

§ 11 Abs. 1 SGB VII setzt aber ebenfalls für das Eingreifen des Unfallversicherungsschutzes einen Versicherungsfall bereits voraus. Der liegt jedoch bei Folgen aus der Einnierigkeit des Spenders gerade nicht vor. Eine Einbeziehung dieser Fallgestaltungen in den Schutz der GUV kommt schon deswegen nicht in Betracht, so dass es auf die in der rechtswissenschaftlichen Diskussion aufgeworfenen Frage,[306] ob etwa § 11 Abs. 1 SGB VII enumerativen Charakter hat, die Fälle mittelbarer Folgeschäden also abschließend beschreibt, gar nicht ankommt.

c) Ergebnis

Eine Leistungspflicht der gesetzlichen Unfallversicherung für Gesundheitsschäden aufgrund des als Folge der Einnierigkeit des Spenders erhöhten Krankheits- und Lebensrisikos kommt damit unter keinem rechtlichen Gesichtspunkt in Betracht.

Das gefundene Ergebnis entspricht im Übrigen auch dem Zweck des gesetzlichen Unfallversicherungsschutzes. Dieser soll die Betroffenen vor Gefahren absichern, denen sie bei der Ausübung der versicherten Tätigkeit ausgesetzt sind. Die versicherte Tätigkeit ist vorliegend nach § 2 Abs. 1 Nr. 13 lit. b SGB VII die Organspende, die Einnierigkeit ist – „nur" – die von vornherein bezweckte, dauerhafte Folge dieser versicherten Tätigkeit. Die Organspende führt so über die Einnierigkeit zwar zu einer irreversiblen Erhöhung des allgemeinen Lebensrisikos des Spenders. Diese Erhöhung wird jedoch vom Schutzzweck der GUV nicht erfasst.

Die GUV kann, nur weil die Organspende als untypische versicherte Tätigkeit Folgen mit sich bringt, die bei keiner der anderen versicherten Tätigkeiten des Unfallversicherungsrechts zu verzeichnen sind, nicht sämtliche Risiken des Organspenders abdecken. Der gesetzlich krankenversicherte Spender ist über die GKV auch hinsichtlich der in diesen Fällen zusätzlich entstehenden Behandlungsleistungen zumindest krankenversicherungsrechtlich abgesichert. Denn es besteht dann bei dem Organspender ein behandlungsbedürftiger Zustand, dessen Beseitigung nach §§ 11 Abs. 1 Nr. 4, 27 ff. SGB V dem Leistungsumfang seiner eigenen GKV unterliegt. Hingegen stehen einem Organspender aufgrund der fehlenden Einbeziehung in die GUV hinsichtlich etwaiger Folgen aus der Ein-

---

306 Kraushaar in: Kirste (Hrsg.) Nieren-Lebendspende, S. 74 ff. (78).

nierigkeit insbesondere Ansprüche auf Erwerbsunfähigkeitsrente ebenso wenig zu wie – im Falle des Todes des Spenders – dessen Angehörige gegenüber der GUV Ansprüche auf eine Hinterbliebenenrente geltend machen können.

Dass die versicherungsrechtliche Absicherung des Organspenders hier lückenhaft sein kann, war offenbar auch dem Gesetzgeber bei Konzeption des Transplantationsgesetzes bewusst. Zwar trifft das TPG keine materiell-rechtlichen Regelungen zur Versicherung der Organspender.[307] Dennoch lässt die Begründung zu den Strafvorschriften im TPG einen entsprechenden Schluss zu. Dort wird aus dem Begriff des Handeltreibens nach § 16 Abs. 1 Satz 2 Nr. 1 des Gesetzentwurfs[308] eine vom Empfänger erbrachte „angemessene Absicherung einer durch die Organentnahme bedingten Erhöhung des Risikos des Spenders, berufsunfähig zu werden“[309] ausdrücklich ausgeklammert. Eine solche zusätzliche Absicherung durch den Organempfänger wäre aus Sicht des Gesetzgebers nicht notwendig, wenn der Spender durch die Regelungen des Sozialversicherungsrechts diesbezüglich ausreichend geschützt wäre.

5) Zusammenfassung des Untersuchungsergebnisses zum Begriff des Arbeitsunfalles

Bei Unfällen infolge der Einnierigkeit des Spenders scheidet ein gesetzlicher Unfallversicherungsschutz mangels inneren Zusammenhangs zwischen der versicherten Tätigkeit und dem unfallbringenden Ereignis definitiv aus. Zwar ist der gesetzlich krankenversicherte Organspender hinsichtlich der Behandlungsleistungen im Zusammenhang mit einem solchen Ereignis durch die Leistungspflicht der GKV abgesichert. Gegen eine hieraus resultierende Berufsunfähigkeit oder gar den Tod muss der Organspender jedoch anderweitig versichert werden. Insbesondere für eine finanzielle Absicherung dieses Risikos durch den Organempfänger lassen der Gesetzesbegründung zufolge[310] die Strafvorschriften des TPG genügend Raum.

Bei Komplikationen während der Organentnahme, die zu bleibenden Schäden führen, bei Komplikationen nach der Organentnahme während des Heilungsprozesses sowie bei Spätfolgen aus der Organspende bedarf der Organspender des gesetzlichen Unfallversicherungsschutzes. Herausgearbeitet wurde in den vorangegangenen Abschnitten, dass dem Spender ein solcher Unfallversicherungsschutz aber nach der derzeitigen Rechtslage nur unzureichend gewährt wird. So scheitert ein Anspruch des Spenders gegen die GUV – je nach Krankheitsbild –

---

[307] Die in § 23 TPG angeordnete Änderung des SGB VII bezweckt lediglich eine Anpassung der Terminologie von TPG und SGB VII, vgl. dazu die Beschlussempfehlung des Bundestagsausschusses für Gesundheit vom 23.06.1997, BT-Drs. 13/8017, S. 45.

[308] Die zitierte Vorschrift des Gesetzentwurfes entspricht dem späteren § 17 Abs. 1 Satz 2 Nr. 1 TPG.

[309] BT-Drs. 13/4355, S. 30.

[310] BT-Drs. 13/4355, S. 30.

im einen Fall am Fehlen des Tatbestandsmerkmals des „äußeren Ereignisses" nach § 8 Abs. 1 Satz 2 SGB VII. Im anderen Fall lässt sich ein Ursachenzusammenhang zwischen der versicherten Tätigkeit und dem Gesundheitsschaden und der Organspende als versicherter Tätigkeit im Sinne des § 2 Abs. 1 Nr. 13 lit. b SGB VII häufig nur unter erheblichem Aufwand nachweisen, so dass hier aufgrund der geschilderten Beweisproblematik die Gefahr besteht, dass der Unfallversicherungsschutz zu Unrecht verweigert wird. Dem entsprechend besteht hier gesetzgeberischer Handlungsbedarf.

V. Zuständigkeit bei Gesundheitsschäden des Organspenders

Fraglich ist weiter, welcher Sozialversicherungsträger hinsichtlich der für die einzelnen Komplikationsformen zu erbringenden Behandlungsleistungen aufzukommen hat. In Betracht kommt hier neben der Krankenkasse des Organempfängers als für die Leistungen zur Organentnahme beim Spender grundsätzlich leistungspflichtigem Sozialversicherungsträger, die Krankenkasse des Spenders oder die zuständige GUV.

Da Schäden infolge der Einnierigkeit des Spenders definitiv keinen Arbeitsunfall im Sinne des § 8 Abs. 1 Satz 1 SGB VII darstellen, ist lediglich zu klären, welche der in Frage kommenden Krankenkassen leistungspflichtig ist. Im Falle der dem Unfallversicherungsschutz grundsätzlich unterliegenden Komplikationen stellt sich zusätzlich die bereits angedeutete Frage nach der Reichweite der Abgrenzungsnorm des § 11 Abs. 4 SGB V.

1) Komplikationen während der Organentnahme

Im Hinblick auf die Organentnahme selbst besteht nach der Rechtsprechung des BSG eine grundsätzliche Leistungspflicht der Krankenkasse des Empfängers.[311] Treten nun während dieses Eingriffes Komplikationen auf, stellt sich im Fall bleibender Schäden die Frage nach der Abgrenzung der Zuständigkeit der Krankenkasse des Empfängers von derjenigen der GUV.

Helfen könnte in diesem Fall auf den ersten Blick die Vorschrift des § 11 Abs. 4 SGB V, die einen grundsätzlichen Vorrang der Leistungspflicht der gesetzlichen Unfallversicherung begründet, wenn die Leistungen aufgrund eines Arbeitsunfalles zu erbringen sind. Dennoch greift die Norm in Fällen während der Organentnahme auftretender Komplikationen mit bleibenden Schäden nicht.

Wie oben unter IV.1) erörtert, kann eine Abgrenzung der während der Organentnahme erbrachten Behandlungsleistungen aufgrund der bestehenden Regelungen zur Abrechnung nach Fallpauschalen nach der FPV 2005[312] nicht erfol-

---

[311] BSGE 35, S. 102-104 (103, 104).

[312] Vereinbarung zum Fallpauschalensystem für Krankenhäuser für das Jahr 2005 (Fallpauschalenvereinbarung 2005 – FPV 2005) vom 16.09.2004; vgl. oben Fn. 265.

gen. Diese Behandlungsleistungen selbst werden also in voller Höhe von der Empfängerkrankenkasse getragen.

Nur für den Fall, dass über die Akutmaßnahmen im Rahmen der Organentnahme hinaus auch nach dem Eingriff aufgrund der beim Spender verbliebenen Schäden zusätzliche Behandlungsleistungen erforderlich werden, käme ein Rückgriff auf die Kollisionsnorm des § 11 Abs. 4 SGB V in Betracht. Aber diesbezüglich wäre erforderlich, dass überhaupt eine doppelte Leistungspflicht der Krankenkasse des Empfängers und der GUV bestünde. Davon ist hingegen, wie sich im folgenden zeigt, nicht auszugehen.

Eine Leistungspflicht der Krankenkasse des Empfängers besteht nur dann, wenn diese Behandlungsleistungen sachlich noch der Organtransplantation auf den Empfänger zugeordnet werden kann. Das BSG hat zwar seinerzeit ausgeführt, dass „die ambulante oder stationäre Behandlung des Organspenders vor, bei und nach dem Entnahmeakt“[313] als Teilmaßnahme im Rahmen der Behandlung des Organempfängers anzusehen sei. Danach unterläge auch eine etwa erforderliche Behandlung des Organspenders nach dem Entnahmeakt grundsätzlich der Leistungspflicht der Krankenkasse des Empfängers. Auch die Behandlung von Komplikationen beim Organspender könnte also nach der Rechtsprechung des BSG grundsätzlich der Leistungspflicht der Krankenkasse des Empfängers unterliegen.

Von einer so weitreichenden Leistungspflicht der Krankenkasse des Empfängers ist aber nach dem Urteil des BSG nicht auszugehen. Denn bei dem vom BSG zu entscheidenden Fall spielten Komplikationen offenbar keine Rolle. Nur so lässt sich die Einschränkung des BSG verstehen, wonach die Leistungspflicht der Krankenkasse des Empfängers „jedenfalls dann, wenn sie [die Organentnahme][314] komplikationslos verläuft“,[315] anzunehmen sei. Wären im entschiedenen Fall bei oder nach der Organentnahme Komplikationen aufgetreten, hätte das BSG zur Leistungspflicht der GUV Stellung nehmen müssen.

Demzufolge kann aus dem Urteil des BSG nicht abgeleitet werden, dass über die bei der eigentlichen Organentnahme beim Spender erforderlichen Behandlungsleistungen hinaus auch im Falle später auftretender Komplikationen die Krankenkasse des Empfängers eintrittspflichtig sein soll. Wenn aber schon keine Leistungspflicht der Krankenkasse des Empfängers anzunehmen ist, bedarf es auch keiner Betrachtung, ob die Voraussetzungen des § 11 Abs. 4 SGB V für eine vorrangige Leistungspflicht der GUV vorliegen.

Ist schließlich wegen der Komplikationen die Erwerbsfähigkeit des Spenders eingeschränkt oder verstirbt der Spender gar, so dass daher Dauerleistungen

---

313 BSGE 35, S. 102-104 (104).
314 Anmerkung des Verfassers.
315 BSGE 35, S. 102-104 (104).

nach dem SGB VII zu erbringen sind, kann keine Leistungskonkurrenz zwischen der Krankenkasse des Empfängers und der GUV bestehen, weil der Leistungskatalog des § 11 Abs. 1 SGB V derartige Leistungen nicht vorsieht.

Für zusätzlich notwendige Behandlungsleistungen nach der Organentnahme sowie für eventuelle Rentenleistungen besteht demnach allein die Leistungspflicht der GUV, wohingegen die allgemeinen Leistungen zur Organentnahme selbst unabhängig vom Auftreten von Komplikationen allein von der Krankenkasse des Empfängers zu tragen sind.

2) Erstmalige Komplikationen nach der Organentnahme

Anders als die im Zusammenhang mit der Organentnahme zu erbringenden Behandlungsleistungen, erfolgen Leistungen bei später auftretenden Komplikationen zu dem Zweck, beim Spender eine Krankheit zu erkennen oder zu heilen oder um die Beschwerden zu lindern. Anlass für die Leistungserbringung ist hier also nicht die Krankheit eines Dritten, nämlich des Organempfängers, sondern die Krankheit des Organspenders selbst. Demzufolge steht dem Organspender für all diese Fälle grundsätzlich ein Anspruch gegen seine eigene Krankenkasse auf Leistungen bei Krankheit nach den §§ 27 ff. SGB V zu.

Gleichzeitig unterfallen nach der hier vertretenen Auffassung nach der Organentnahme auftretende Komplikationen grundsätzlich der Leistungspflicht der GUV. Jedoch erfüllen sie, wie oben unter IV.2) und IV.3) ausgeführt, unter Umständen nicht die Tatbestandsvoraussetzungen des Arbeitsunfalles nach § 8 Abs. 1 SGB VII. § 11 Abs. 4 SGB V kann, da er ebenfalls auf den Arbeitsunfall im Sinne der gesetzlichen Unfallversicherung abstellt, demzufolge diese Parallelität von Zuständigkeiten in seiner derzeitigen Fassung nicht auflösen. Hier ist abermals der Gesetzgeber gefordert, für die genannten Fälle eine zufriedenstellende Regelung zu finden. Wie eine solche aussehen könnte, wird sogleich im Anschluss unter VI. erörtert.

3) Mittelbare Schäden aufgrund der Einnierigkeit des Spenders

Wie oben bereits dargelegt,[316] unterliegen solche Gesundheitsschäden, die auf das erhöhte Gesundheitsrisiko des Spenders wegen seiner Einnierigkeit zurückzuführen sind, nicht dem gesetzlichen Unfallversicherungsschutz.

Gleichzeitig besteht bei diesen Gesundheitsschäden auch kein Versicherungsschutz durch die Krankenkasse des Empfängers mehr, da die Behandlungsleistungen nicht dem Zweck der Behandlung des Organempfängers dienen.

Demzufolge unterfallen Leistungen zur Behandlung mittelbarer Gesundheitsschäden im Zusammenhang mit der Einnierigkeit des Spenders der alleinigen

---

316 Siehe hierzu IV 4) in diesem Kapitel.

Leistungspflicht der Krankenkasse des Spenders. Damit greift für die im Krankheitsfalle des Spenders zu erbringenden Leistungen eine eindeutige Zuständigkeit seines eigenen Krankenversicherungsträgers nach dem SGB V.

VI. Vorschlag zur gesetzlichen Neuregelung

Nachfolgend wird versucht, eine gesetzliche Neuregelung zu entwerfen, die die Schwierigkeiten bei der Einordnung von Komplikationen in den Begriff des Arbeitsunfalles nach § 8 Abs. 1 SGB VII auflösen kann. Gleichzeitig soll hierdurch die wegen der Abhängigkeit des § 11 Abs. 4 SGB V von dem Begriff des Arbeitsunfalles ebenfalls von dieser Frage betroffene Zuständigkeitskollision für die Lebendorganspende zufriedenstellend gelöst werden.

Da jeder Anspruch auf Versicherungsleistungen in der GUV von dem zentralen Begriff des Arbeitsunfalles in § 8 Abs. 1 SGB VII abhängig ist, erscheint für die Lebendorganspende ein Sonderweg hinsichtlich der Ausnahme bestimmter Tatbestandsmerkmale des § 8 Abs. 1 SGB VII, wie er von der Enquete-Kommission[317] gefordert wird, im derzeitigen System der GUV schwer möglich. So könnte man zwar im Sinne einer Ausnahmevorschrift zu § 8 Abs. 1 SGB VII eine entsprechende Klarstellung dahin im SGB VII aufnehmen, dass bei der Organspende – unabhängig vom Vorliegen der Tatbestandsvoraussetzungen des § 8 Abs. 1 SGB VII – bei sämtlichen Komplikationen die GUV leistungspflichtig ist.[318] Da jedoch, wie oben[319] bereits erläutert, der Begriff der Komplikation im Sozialversicherungsrecht bislang nicht definiert ist, bedürfte es darüber hinaus weitergehender gesetzgeberischer Maßnahmen zur Einführung des Komplikationsbegriffes. Zudem lässt dieser pauschale Vorschlag letztlich offen, ob bei der Organspende im Ergebnis ein Verzicht auf sämtliche Tatbestandsvoraussetzungen des § 8 Abs. 1 SGB VII angestrebt ist. Schließlich würde die Beweisproblematik allenfalls auf die GUV verlagert. Beharrte diese auf dem Nichtvorliegen einer entsprechenden Leistungspflicht, müssten wiederum ärztliche Gutachten darüber entscheiden, welcher Sozialversicherungsträger für die erbrachten Leistungen aufzukommen hat.

Andererseits erscheint es unbillig und letztlich vom Gesetzgeber selbst nicht gewollt, dass gerade die für eine Organspende typischen Risiken nicht von der GUV abgedeckt sind. Eine gesetzliche Neuregelung muss einerseits sicherstellen, dass die aufgezeigten Nachteile der derzeitigen Gesetzeslage ausgeräumt werden. Andererseits sollte die grundsätzliche Risikoverteilung zwischen den beteiligten Sozialversicherungsträgern, wie sie der Gesetzgeber durch Einbeziehung der Organspende in den Unfallversicherungsschutz vorgenommen hat, möglichst erhalten bleiben.

---

317 Zwischenbericht Organlebendspende, BT-Drs. 15/5050, S. 77.

318 So die Empfehlung der Enquete-Kommission an den Bundesgesetzgeber im Zwischenbericht Organlebendspende, BT-Drs. 15/5050, S. 77.

319 Vgl. dazu die Ausführungen in Kapitel E unter III.

1) Konzept der ursachenunabhängigen Leistungspflicht der GUV

Die beiden Hauptkritikpunkte, welche die Ausgestaltung der rechtlichen Anforderungen für das Eingreifen des Unfallversicherungsschutzes bei Komplikationen sowie die Beweisproblematik betreffen, lassen sich gänzlich nur durch eine generelle Einbeziehung der Komplikationen in den Versicherungsschutz der GUV erreichen. Eine langwierige Beweiserhebung hinsichtlich des Ursachenzusammenhangs zwischen Gesundheitsschaden und der Organspende vermeidet man in letzter Konsequenz allein dadurch, dass sämtliche Gesundheitsschäden, die beim Organspender nach der Organentnahme auftreten, dem Schutz der GUV unterstellt werden.

Die Nachteile einer solchen Vorgehensweise liegen auf der Hand: Die Systematik des SGB VII, die an den zentralen Begriff des „Arbeitsunfalles" nach § 8 Abs. 1 SGB VII anknüpft, würde für bestimmte nach § 2 SGB VII versicherte Tätigkeiten gänzlich aufgegeben. Die GUV haftete zudem ausschließlich und unbegrenzt für sämtliche künftigen Erkrankungen des Organspenders und das unabhängig von einem irgendwie gearteten Zusammenhang mit der versicherten Tätigkeit. Einen derart weitreichenden Versicherungsschutz kann der Gesetzgeber nicht im Sinn gehabt haben, als er die Organspende dem Schutz der GUV unterstellt hat.

Aus Sicht des Organspenders aber auch der Sozialversicherungsträger hat die generelle Einbeziehung von Gesundheitsschäden des Organspenders in den Schutz der GUV aber zugleich nicht zu unterschätzende Vorteile: Zusätzliche Belastungen durch langwierige medizinische Gutachtenerstellungen entfallen. So braucht der Spender nicht für derartige Gutachten zur Verfügung zu stehen; gleichzeitig entstehen den Sozialversicherungsträgern keine zusätzlichen Kosten für die Ermittlung der Leistungspflicht. Ein Aspekt, der schließlich auch aus Sicht der Beitragszahler (der GKV) oder der Steuerzahler (soweit die GUV betroffen ist) erfreulich wäre.

2) Einschränkende Kriterien für die ursachenunabhängige Leistungspflicht der GUV

Eine unbegrenzte Übertragung der Leistungspflicht bei jeglichen Krankheiten des Organspenders auf die GUV widerspräche jedoch der vom Gesetzgeber gewünschten Risikoverteilung zwischen den Sozialversicherungsträgern. Unfallversichert ist nach § 8 Abs. 1 SGB VII eine nach § 2 SGB VII versicherte Tätigkeit. Dies ist nach § 2 Abs. 1 Nr. 13 lit. b SGB VII die Organspende. Ist dieser Vorgang zeitlich endgültig abgeschlossen, braucht auch kein Unfallversicherungsschutz mehr gewährt zu werden.

a) Zeitliches Moment

Um den sachlichen und zeitlichen Bezug zur Organspende dennoch angemessen zu berücksichtigen, könnte daher die Übertragung des generellen Gesundheitsrisikos des Organspenders auf die GUV zeitlich befristet werden. Damit würde das Risiko, welches von der GUV zu übernehmen ist, kalkulierbar. Zudem profitierten sowohl die Träger der GKV als auch die Träger der GUV von der Ausschaltung der Beweislastproblematik. Denn während der Frist müsste zwar die GUV bei allen Erkrankungen des Organspenders leisten, danach könnte sie auf die dann ausschließliche Leistungspflicht der GKV verweisen.

Fraglich ist allerdings, ob bei einer solchen Lösung auch die Belange des Spenders angemessen berücksichtigt würden. Eine befristete Leistungspflicht der GUV hätte für ihn Nachteile: So entfiele für nach Ablauf dieser Frist auftretende Komplikationen der Schutz der GUV gänzlich; Ansprüche wegen Erwerbsminderung oder auf Hinterbliebenenversorgung könnten er oder seine Hinterbliebenen dann gegen die GUV nicht mehr geltend machen.

Ein Anspruch auf Erwerbsunfähigkeitsrente steht dem Organspender zwar grundsätzlich auch nach dem SGB VI zu. Insoweit fiele der Organspender mit dieser sozialversicherungsmäßigen Absicherung nicht vollständig aus. Dennoch können sich die Ansprüche auf Erwerbsminderungs- und Erwerbsunfähigkeitsrente nach dem SGB VI oder dem SGB VII in den tatbestandlichen Voraussetzungen oder in ihrer Höhe erheblich unterscheiden. Die Leistung einer Hinterbliebenenrente nach dem SGB VII würde im Übrigen nicht durch entsprechende Leistungsansprüche gegen andere Sozialversicherungsträger kompensiert. Hier entstünde also möglicherweise eine Versorgungslücke für die Familie des Organspenders.

Über welchen Zeitraum sich eine solche generelle Leistungspflicht der GUV erstrecken sollte, ist letztlich eine Frage der Häufigkeit des Auftretens von Komplikationen im Verhältnis zum zeitlichen Abstand von der Organentnahme. Die vorliegende Untersuchung geht – mangels wissenschaftlicher Untersuchungen dieses Zusammenhangs – davon aus, dass ein Zeitraum von sechs Monaten das Erfordernis eines zeitlichen Näheverhältnisses zur Organentnahme noch abdeckt und gleichzeitig die am häufigsten auftretenden Komplikationsfälle von diesem Zeitraum erfasste werden.

b) Sachliches Moment

Für die Verletzten- oder Hinterbliebenenrente nach dem SGB VII böte der Katalog der Leistungen nach dem Sozialgesetzbuch keine vollständigen Entsprechungen, wenn durch eine gesetzliche Neuregelung solche Ansprüche nach dem SGB VII wegfallen würden. Deswegen müsste dem Organspender und den von ihm wirtschaftlich abhängigen Personen die Geltendmachung von Ansprüchen auf diese Leistungsarten nicht nur während des Zeitraumes, in dem die GUV eine generelle Leistungspflicht für Erkrankungen des Spenders träfe, sondern darüber hinaus weiter möglich bleiben. Umgekehrt wäre es jedoch wegen der unter Umständen weitreichenden wirtschaftlichen Bedeutung solcher Dauerleistungen unbillig, die GUV auch dann zur Gewährung solcher Leistungen zu verpflichten, wenn der Spender ohne inneren Zusammenhang zur Organspende so sehr erkrankt, dass seine Erwerbsfähigkeit eingeschränkt wird oder er gar verstirbt.

Daher sollte eine zeitlich beschränkte, umfassende Leistungspflicht der GUV auf die von der GKV gewährten Leistungen beschränkt bleiben. Dies sind aus Sicht der GKV die allgemeinen Leistungen bei Krankheit, wie sie im Fünften Abschnitt des Dritten Kapitels des SGB V aufgeführt sind. Diesen Leistungen entsprechen im Rahmen der GUV diejenigen des Zweiten und Sechsten Unterabschnitts des Ersten Abschnitts im Dritten Kapitel des SGB VII (Leistungen zur Heilbehandlung und Verletztengeld).

Für die Gewährung von Dauerleistungen nach dem SGB VII sollte jedoch wegen ihrer weitreichenden wirtschaftlichen Auswirkungen weiterhin erforderlich sein, dass der für die Annahme eines Arbeitsunfalles nach § 8 Abs. 1 SGB VII erforderliche Nachweis eines inneren Zusammenhangs zwischen Gesundheitsschaden und versicherter Tätigkeit geführt wird. In diesen Fällen müsste allerdings wegen der Besonderheiten bei der Organspende auf das Tatbestandsmerkmal des Ereignisses „von außen“ verzichtet werden.

c) Ausschluss von erkennbar nicht auf die Organspende zurückzuführenden Krankheiten

Zugunsten der GUV muss allerdings auch berücksichtigt werden, dass diese nicht für jede Krankheit des Organspenders leistungspflichtig sein kann. So dürfte sich etwa für den Fall, dass sich der Organspender beim Sport einen Arm bricht, ein ursächlicher Zusammenhang mit der versicherten Tätigkeit so offensichtlich verneinen lassen, dass eine Leistungspflicht der GUV unbillig wäre.

Gesetzestechnisch lässt sich eine Ausnahme von der generellen Leistungspflicht der GUV nur durch eine Beweislastregelung konzipieren. Demzufolge würde das bereits angesprochene Problem der Beweisführung lediglich auf eine andere Ebene verlagert. Um auch hier unnötige Belastungen des Organspenders mit Gutachtenerstellungen möglichst weitgehend zu vermeiden, muss eine gesetzliche Regelung allein eindeutig zu identifizierende Fälle aus der generellen Leistungspflicht der GUV ausklammern.

d) Berücksichtigung der „Compliance“ des Organspenders

Eine zeitlich befristete und sachlich begrenzte Leistungspflicht der GUV könnte schließlich auch von einem Nachweis des Spenders abhängig gemacht werden, regelmäßig an den routinemäßig vorgesehenen Nachsorgemaßnahmen teilgenommen zu haben. Kann er dies nicht, steht ihm kein Anspruch auf Leistungen der gesetzlichen Unfallversicherung zu.

Dem Spender diese Obliegenheit aufzubürden, ist angesichts des gesundheitlichen Nutzens, welche ihm die Nachsorgemaßnahmen bieten, und des für diesen Fall umfassend zu gewährenden Unfallversicherungsschutzes vertretbar. Im Übrigen stünde es dem Spender nach wie vor frei, von dem Angebot auf Nachbetreuung Gebrauch zu machen. Jedoch würde durch die Abhängigkeit des Unfallversicherungsschutzes von der regelmäßigen Nachbetreuung zumindest während der gesetzlichen Frist zu einer verstärkten Inanspruchnahme des vom Gesetzgeber grundsätzlich gewünschten medizinischen Angebots beigetragen.

Ein entsprechender Nachweis könnte durch die Führung eines dem Bonusheft bei zahnärztlicher Prophylaxe vergleichbaren Dokuments oder durch die Dokumentation der Teilnahme an der Nachbetreuung auf der Versichertenkarte des Organspenders erbracht werden.

3) Mögliche Gesetzesänderung

Gesetzestechnisch bietet sich eine Änderung des § 8 Abs. 1 SGB VII zur Umsetzung der dargestellten Regelung nicht an. Würde der Begriff des Arbeitsunfalles für die versicherte Tätigkeit „Organspende" anders definiert als hierin allgemein niedergelegt, hätte dies eine Anwendung dieser Norm auf sämtliche Ansprüche des Spenders gegen die GUV zur Folge. Es sollen aber nur bestimmte Leistungen der GUV für einen bestimmten Zeitraum nach der Organentnahme ohne das Vorliegen der Tatbestandsvoraussetzungen des Arbeitsunfalles erbracht werden müssen.

Besser geeignet zur Begründung einer ausnahmsweisen Leistungspflicht der GUV erscheint die Kollisionsvorschrift des § 11 Abs. 4 SGB V. Die Statuierung einer solchen Leistungspflicht außerhalb des SGB VII wäre zwar gesetzessystematisch wenig befriedigend. Allerdings bliebe auf diese Weise der Begriff des Arbeitsunfalles und damit der Kern des gesetzlichen Unfallversicherungsrechts unangetastet. Die Leistung von Verletzten- und Hinterbliebenenrente durch die GUV würde damit weiterhin nur bei Vorliegen der Voraussetzungen nach den §§ 56 ff. SGB VII gewährt. Gleichzeitig ermöglicht eine Änderung des § 11 Abs. 4 SGB V über eine Inbezugnahme des Leistungskatalogs des § 11 Abs. 1 SGB V eine Einschränkung der Leistungspflicht der GUV auf bestimmte Leistungsarten.

Unter Berücksichtigung der zuvor genannten Aspekte erscheint eine gesetzliche Neuregelung in Form einer Ergänzung des § 11 Abs. 4 SGB V um die nachfolgenden Sätze 2 bis 5 sinnvoll:

„[2]Sollen für nach § 2 Abs. 1 Nr. 13 lit. b 2. und 3. Alt. SGB VII versicherte Personen (Organ- und Organteilspender) innerhalb von sechs Monaten nach Durchführung der Organ- oder Organteilspende Leistungen nach Abs. 1 Nr. 4 erbracht werden, ist die gesetzliche Unfallversicherung allein leistungspflichtig. [3]Die Leistungspflicht nach Satz 2 besteht abweichend von

Satz 1 unabhängig davon, ob die Leistungen als Folge eines Arbeitsunfalles im Sinne der gesetzlichen Unfallversicherung zu erbringen sind und entfällt nur dann, wenn der Unfallversicherungsträger nachweist, dass die Krankheit des Versicherten erkennbar nicht im Zusammenhang mit der nach § 2 Abs. 1 Nr. 13 lit. b 2. und 3. Alt. SGB VII versicherten Tätigkeit steht. [4]Sie erstreckt sich allein auf Leistungen nach dem Zweiten und Sechsten Unterabschnitt des Ersten Abschnitts im Dritten Kapitel des SGB VII und ist von dem Nachweis abhängig, dass die versicherte Person regelmäßig an Nachsorgemaßnahmen im Sinne des § 8 Abs. 3 Satz 1 des Gesetzes über die Spende, Entnahme und Übertragung von Organen (Transplantationsgesetz - TPG) vom 05. November 1997 teilgenommen hat. [5]Nach Ablauf der Frist kann die Krankenkasse Leistungen nicht mehr unter Hinweis auf die Beschränkung ihrer Leistungspflichten nach Satz 1 verweigern.“

F Die versicherungsrechtliche Behandlung von Langzeitfolgen der Organspende

Wenngleich sich nach dem bisherigen Ergebnis der Betrachtung nicht feststellen lässt, dass der Organspender sich nach Entlassung aus der stationären Behandlung noch in einem behandlungsbedürftigen Zustand befindet, also an einer Krankheit leidet, ist dessen körperliche Gesamtkonstitution aufgrund der Einnierigkeit jedoch unzweifelhaft beeinträchtigt. Der unfallbedingte oder krankheitsbedingte Verlust einer Niere wird im sozialen Entschädigungsrecht bzw. im Schwerbehindertenrecht regelmäßig mit einer Minderung der Erwerbsfähigkeit (MdE) oder einem Grad der Behinderung (GdB) von 25 bis 30 Prozent bewertet.[320] Bei einer Teilleber-Resektion[321] ist die Feststellung einer MdE oder eines GdB davon abhängig, ob und in welchem Umfang diese Funktionsbeeinträchtigungen nach sich zieht.[322] Entsprechend könnte auch bei einer Teilleber-Lebendspende eine verbliebene Erwerbsfähigkeitsminderung des Organspenders nach dem SGB VI oder dem SGB VII zu ermitteln sein.

Aus den Beeinträchtigungen des Organspenders können möglicherweise Leistungsansprüche gegen die jeweils zuständigen Versicherungsträger erwachsen. Denn haben sie auf die Erwerbstätigkeit eines Versicherten negative Auswirkungen, bietet das Sozialversicherungsrecht verschiedene Kompensationsmöglichkeiten und Hilfestellungen: In § 43 SGB VI sind Rentenleistungen für jene Versicherten vorgesehen, die „wegen Krankheit oder Behinderung auf nicht absehbare Zeit außerstande sind, unter den üblichen Bedingungen des allgemeinen Arbeitsmarktes mindestens sechs Stunden täglich erwerbstätig zu sein". Darüber hinaus kommen Ansprüche der Hinterbliebenen im Todesfalle nach §§ 46 ff. SGB VI in Betracht. Ferner besteht nach Unfallversicherungsrecht ein Rentenanspruch für denjenigen, dessen Erwerbsfähigkeit aufgrund eines Arbeitsunfalles um mindestens 20 % gemindert ist, § 56 SGB VII. Außerdem besteht in Ausnahmefällen beim Auftreten schwerer Komplikationen beim Spender die Möglichkeit, dass dieser aufgrund der Organspende verstirbt. Entsprechend kommen hier Ansprüche der Hinterbliebenen sowohl nach dem SGB VI als auch nach dem SGB VII in Betracht. Verstirbt der Organspender infolge schwerere Komplikationen, haben außerdem die Hinterbliebenen Ansprüche nach §§ 63 ff. SGB VII.

---

320 Vgl. die „Anhaltspunkte für die ärztliche Gutachtertätigkeit im sozialen Entschädigungsrecht und nach dem Schwerbehindertengesetz" herausgegeben vom Bundesministerium für Arbeit und Sozialordnung 2004, die den Verlust einer Niere mit einem GdB bzw. einer MdE von 25 % angeben. Die Anhaltspunkte sind abgedruckt in: GK-SGB IX Bd. 1, Anhang 6.

321 Entfernen eines Leberteils wegen eines Unfalles oder einer Erkrankung.

322 Heemann/Demmer in: DTG (Hrsg.), Versicherungsschutz für die Lebendorganspende, S. 12; Zwischenbericht Organlebendspende, BT-Drs. 15/5050, S. 64.

Nachfolgend wird zunächst untersucht, inwieweit die Absicherung der Organspender und ihrer Hinterbliebenen durch die Sozialversicherung gewährleistet ist. In einem weiteren Schritt werden die Möglichkeit der privatrechtlichen Absicherung besonderer, durch die Sozialversicherung nicht oder nicht ausreichend abgedeckter Risiken geprüft und Lösungsvorschläge für eine bessere Absicherung der Spender und ihrer Hinterbliebenen unterbreitet. Schließlich wird in einem Exkurs untersucht, inwieweit Langzeitfolgen aus der Organspende Rechte des Spenders nach dem SGB IX begründen.

I. Ansprüche auf Rentenleistungen nach dem SGB VII

Etwaige Rentenansprüche des Organspenders gegen die GUV wegen Minderung seiner Erwerbsfähigkeit regeln die §§ 56 ff. SGB VII, §§ 63 ff. SGB VII enthalten die Regelungen für Leistungen an die Hinterbliebenen im Todesfall.

1) Rentenansprüche bei komplikationsloser Organspende

Fraglich ist, ob dem Spender selbst Ansprüche auf Rentenleistungen gemäß §§ 56 ff. SGB VII aufgrund einer Minderung der Erwerbsfähigkeit zustehen. Allerdings setzt ein Anspruch nach § 56 Abs. 1 Satz 1 SGB VII voraus, dass die Minderung der Erwerbsfähigkeit „infolge eines Versicherungsfalles" im Sinne des § 7 Abs. 1 SGB VII, also eines Arbeitsunfalles oder einer Berufskrankheit eingetreten ist.

Hier käme allenfalls die Einordnung als Arbeitsunfall in Betracht. Allein der Verlust einer Niere bei der Organentnahme stellt jedoch keinen Arbeitsunfall im Sinne des § 8 Abs. 1 SGB VII dar.[323] Erst das Auftreten bestimmter Komplikationen bei oder nach der Organentnahme kann zu einem Versicherungsfall im Sinne des § 7 Abs. 1 SGB VII führen.[324] Daher ist die von Kraushaar geäußerte Ansicht[325] unzutreffend, wonach die MdE eine Folge des Versicherungsfalles Spende und daher die GUV grundsätzlich rentenleistungspflichtig sei. Natürlich ist der Verlust der Niere oder eines Teils der Leber spendebedingt; bei komplikationslosem Verlauf stellt dieser aber keinen Versicherungsfall der GUV dar, weil gerade kein Arbeitsunfall vorliegt. Das Fehlen des ganzen oder von Teilen des Organs selbst ist auch beim Auftreten von Komplikationen eben nicht die Folge des Versicherungsfalles sondern der vom Spender in Kauf genommene Erfolg der versicherten Tätigkeit. Da aber die notwendig mit der Organspende als versicherter Tätigkeit notwendig verbundenen gesundheitlichen Beeinträchtigungen auch nicht als Berufskrankheiten versichert sind, scheiden Ansprüche des Organspenders gegen die GUV nach § 56 Abs. 1 SGB VII bei komplikationslosem Verlauf der Organspende aus.

---

323 Siehe hierzu bereits die Ausführungen oben in Kapitel E unter IV. zur unfallversicherungsrechtlichen Einordnung von Komplikationen.

324 Vgl. insoweit ebenfalls oben in Kapitel E unter IV.

325 So zitiert in: Kirste (Hrsg.), Nieren-Lebendspende, S. 93/94.

Verläuft die Organentnahme komplikationslos, scheiden Ansprüche von Angehörigen des Spenders auf Rentenleistungen gemäß §§ 63 ff. SGB VII gegen die GUV von vornherein aus. Rentenansprüche hätten diese Personen nur dann, wenn der Spender infolge der versicherten Tätigkeit verstirbt. Dies ist aber bei komplikationslosem Verlauf der Organspende nicht der Fall.

2) Rentenansprüche bei Komplikationen im Zusammenhang mit der Organspende

Wenn im Zusammenhang mit einem Arbeitsunfall bei der Organentnahme neben dem geplanten Verlust eines Organs weitergehende Beeinträchtigungen zu beklagen sind, die ihrerseits zu einer Minderung der Erwerbsfähigkeit (MdE) führen, kommen grundsätzlich Ansprüche des Spenders nach § 56 Abs. 1 SGB VII auf eine Verletztenrente in Betracht. Erforderlich ist, dass dessen Erwerbsfähigkeit um mindestens 20 % gemindert ist. Nach dem unter 1) dargestellten bleibt bei der Ermittlung der MdE der Organverlust als solcher grundsätzlich unberücksichtigt.

Es könnte sich allenfalls die Frage stellen, ob eine Zusammenschau der Minderungstatbestände bei Vorliegen eines Versicherungsfalles mit der Minderung der Erwerbsfähigkeit aufgrund des Organverlusts selbst zulässig ist. Gemäß § 56 Abs. 1 Satz 2 SGB VII reicht es für die Begründung eines Rentenanspruches aus, dass eine Zusammenschau mehrerer Versicherungsfälle zu einer MdE von mindestens 20 % führt. Auch diese Regelung setzt voraus, dass jede einzelne Beeinträchtigung als Versicherungsfall zu qualifizieren ist. Da der reine Organverlust keinen Versicherungsfall im vorgenannten Sinne darstellt, verbietet sich konsequenterweise dessen Einbeziehung in eine solche Gesamtschau. Würde die erforderliche MdE von 20 % nur unter Berücksichtigung des Organverlusts erreicht, wären die Voraussetzungen des § 56 Abs. 1 Satz 2 SGB VII nicht erfüllt, ein Rentenanspruch bestünde nicht. Stellt sich jedoch heraus, dass nach der Organentnahme aufgetretene Komplikationen für sich allein genommen einen MdE-Grad von mindestens 20 % erreichen, hat der Spender Anspruch auf Rentenleistungen nach § 56 Abs. 1 SGB VII.

Gleiches gilt zugunsten von Hinterbliebenen, wenn der Organspender aufgrund der Spende verstirbt. Diesen stehen dann grundsätzlich Leistungen nach §§ 63 ff. SGB VII – und hier insbesondere auf Hinterbliebenenrente nach §§ 65 ff. SGB VII – zu.

3) Verhältnis der Rentenansprüche zu sonstigen Versicherungsleistungen der GUV

Die im Kapitel E vorgeschlagene gesetzliche Neuregelung der Ansprüche des Spenders bei Komplikationen im Zusammenhang mit der Organspende[326] lässt

---

[326] Siehe eingehend hierzu Kapitel E unter VI.

die hier behandelten Ansprüche unberührt. Denn von dem dort vorgeschlagenen, zeitlich befristeten Leistungsvorrang der GUV sind nur die ebenfalls nach dem SGB V zu gewährenden Leistungen nach dem Ersten Abschnitt des Dritten Kapitels des SGB VII erfasst. Rentenleistungen an die Versicherten sind im SGB V nicht vorgesehen, so dass es insoweit der Begründung einer diesbezüglichen vorrangigen Leistungspflicht der GUV nicht bedarf.

Ansprüche des Spenders auf Rente wegen Minderung der Erwerbsfähigkeit nach § 56 Abs. 1 SGB VII richten sich daher sowohl in den ersten sechs Monaten nach der Organentnahme als auch in der Zeit danach gegen die für die Versicherung der Organspende zuständige GUV. Die Ermittlung des MdE-Grades eines Spenders nach dem Auftreten von Komplikationen bedarf in jedem Falle einer sozialmedizinischen Begutachtung, da der Grad der MdE keine bloße Tatsache darstellt sondern das Ergebnis der aus den Feststellungen des Gutachters abgeleiteten Einschätzung der Leistungsminderung des Organspenders ist. Im Hinblick auf etwaige Ansprüche wegen Minderung der Erwerbsfähigkeit kann die Begutachtung also ohnehin nicht durch gesetzlich geregelte Beweiserleichterungen für den Spender ersetzt werden. Insoweit wird sich der Spender weiterhin diesbezüglichen Untersuchungen unterziehen müssen, wenn er entsprechende Ansprüche geltend machen will.

II. Ansprüche auf Rentenleistungen nach dem SGB VI

Der Organspender hat zudem möglicherweise ebenfalls Ansprüche auf Rentenleistungen nach § 43 SGB VI wegen Minderung der Erwerbsfähigkeit gegen den Rentenversicherungsträger.[327] Voraussetzung hierfür ist, dass eine teilweise oder vollständige Erwerbsminderung vorliegt. Außerdem kommen im Todesfall Ansprüche der Hinterbliebenen nach §§ 46 ff. SGB VI gegen den zuständigen Rentenversicherungsträger in Betracht.

1) Anspruchsvoraussetzungen nach § 43 Abs. 1 SGB VI

§ 43 Abs. 1 Satz 2 SGB VI nennt als Merkmal für den Begriff der teilweisen Erwerbsminderung, dass Versicherte „wegen Krankheit oder Behinderung auf nicht absehbare Zeit außer Stande sind, unter den üblichen Bedingungen des allgemeinen Arbeitsmarktes mindestens sechs Stunden täglich erwerbstätig zu sein“. Als voll erwerbsgemindert bezeichnet § 43 Abs. 2 Satz 2 SGB VI jene Versicherten, die „wegen Krankheit oder Behinderung auf nicht absehbare Zeit außerstande sind, unter den üblichen Bedingungen des allgemeinen Arbeitsmarktes mindestens drei Stunden täglich erwerbstätig zu sein“.

Beide Vorschriften knüpfen an die Begriffe der Erkrankung oder Behinderung an. Der Lebendorganspender ist nach Genesung von den Folgen der komplikati-

---

327 Instruktiv zur Reform des Rechts der Rente wegen Erwerbsminderung im SGB VI: Joussen, NZS 2002, S. 294-298.

onslosen Organentnahme nicht mehr krank. In diesem Fall kann ein Anspruch auf Rente wegen Erwerbsminderung nicht auf das Vorliegen einer dauerhaften Erkrankung gestützt werden. Allerdings könnte der Lebendorganspender einen Anspruch auf Rente wegen Erwerbsminderung aufgrund einer bestehenden Behinderung haben. Der Begriff der Behinderung ist im SGB VI nicht definiert. Jedoch wird hier, wie in § 2 Abs. 1 SGB IX auch, eine konkret-funktionale Betrachtung[328] vorgenommen. Dem entsprechend ist Voraussetzung für eine Behinderung im Sinne des § 43 Abs. 1 Satz 2 SGB VI, dass die körperliche Funktion des Betreffenden mit hoher Wahrscheinlichkeit länger als sechs Monate von dem für das Lebensalter typischen Zustand abweicht. Davon muss beim Nierenlebendspender ausgegangen werden. Nach diesen Kriterien leidet der Nierenlebendspender daher an einer Behinderung.

Allein das Fehlen einer Niere führt jedoch nicht notwendig zu Einschränkungen im Alltagsleben, die es dem Spender unmöglich machten, mindestens sechs Stunden täglich erwerbstätig zu sein. Somit dürften allein die Folgen der Lebendorganspende für sich genommen nicht ausreichen, einen Rentenanspruch nach dem SGB VI zu begründen. Im Falle von Langzeitfolgen aufgrund einer kompliziert verlaufenen Organentnahme kommen aber durchaus Rentenansprüche des Spenders nach § 43 Abs. 1 SGB VI in Betracht. Im Todesfalle haben Hinterbliebene Ansprüche auf Rentenleistungen nach §§ 46 ff. SGB VI.

2) Anspruchsausschlüsse nach rentenversicherungsrechtlichen Regelungen

a) Vorrang der Leistungen aus der GUV nach § 93 SGB VI

Zu beachten ist zunächst, dass nach § 93 Abs. 1 SGB VI für Zeiträume, in denen Ansprüche auf eine Verletzten- oder Hinterbliebenenrente aus der GUV bestehen, Renten nach dem SGB VI insoweit nicht geleistet werden, als die Summe der zusammentreffenden Rentenbeträge vor Einkommensanrechnung den jeweiligen Grenzbetrag nach § 93 Abs. 3 SGB VI übersteigen. Das bedeutet, dass die Zahlung von Renten aus der GUV Vorrang vor derjenigen aus der gesetzlichen Rentenversicherung genießt. Eine Kumulation von Ansprüchen findet also nicht statt.

b) Anspruchsausschluss nach § 103 SGB VI

Verbleibt trotz Leistungsvorrang der GUV dennoch ein Anspruch des Organspenders auf Rente wegen Erwerbsminderung, kann dieser nach § 103 SGB VI ausgeschlossen sein. Nach dieser Vorschrift haben Personen keinen Anspruch auf Rente wegen verminderter Erwerbsfähigkeit, wenn sie die für die Rentenleistung erforderliche gesundheitliche Beeinträchtigung absichtlich herbeigeführt haben. Das SGB VI statuiert also ausdrücklich einen Ausschluss des Leistungsanspruches des Versicherten für Fälle der absichtlichen Selbstschädigung.

---

[328] Hierzu etwa Schulin/Igl, SozR, § 36 Rdn. 664; ebenso Muckel, SozR, § 11 Rdn. 100.

Fraglich ist demzufolge, ob der Organspender, der sich wissentlich und willentlich für die Organspende entschieden hat, wegen § 103 SGB VI keinen Anspruch auf Rente aufgrund verminderter Erwerbsfähigkeit geltend machen kann.

§ 103 SGB VI verlangt die absichtliche Herbeiführung der Beeinträchtigung. Eine Definition absichtlichen Handelns im Sinne des § 103 SGB VI gibt das Sozialversicherungsrecht nicht. Daher ist insoweit auf die strafrechtlichen Auslegungsgrundsätze zurückzugreifen. Absicht im strafrechtlichen Sinne stellt eine Form des Vorsatzes des Täters dar, bei dem das voluntative Element gegenüber dem Wissenselement überwiegt. Der Täter muss in diesem Fall nicht nur Kenntnis von der Verwirklichung des Tatbestandes haben, ihm muss es gerade auf die Tatbestandsverwirklichung ankommen, das heißt sein Wille muss auf diesen Erfolg gerichtet sein.[329]

Diese enge Auslegung des Absichtsbegriffes vertritt das BSG nicht. Das BSG lässt für das Vorliegen von Absicht im Sinne des § 103 SGB VI vielmehr ausreichen, wenn der Versicherte in dem Bewusstsein handelt, dass das aus anderen Zielvorstellungen angetriebene Verhalten zum Eintritt der Berufsunfähigkeit oder Erwerbsunfähigkeit führt.[330] Dass es dem Versicherten direkt darauf ankomme, berufsunfähig oder erwerbsunfähig zu werden, sei nicht erforderlich, das wirklich tragende Motiv könne ein anderes sein.[331] Das BSG hat in der zitierten Entscheidung aber auch deutlich gemacht, dass es nur bedingten Vorsatz nicht ausreichen lassen will.[332]

Allein das Erkennen der Möglichkeit, dass das eigene Verhalten zur Berufsunfähigkeit oder Erwerbsunfähigkeit führen kann, zieht folglich keinen Ausschluss des Anspruchs auf Rente wegen Minderung der Erwerbsfähigkeit nach § 103 SGB VI nach sich.[333] Zwar handelt der Organspender im Hinblick auf die Organentnahme mit Wissen und Wollen. Dass die aus der Organentnahme resultierende gesundheitliche Beeinträchtigung ein Ausmaß annimmt, welches zur Minderung seiner Erwerbsfähigkeit führt, bedenkt der Spender regelmäßig nicht. Hierfür spricht schon, dass nach § 8 Abs. 1 Satz 1 Nr. 1) lit. c) TPG die Lebendspende sogar unzulässig wäre, wenn der Spender über die unmittelbaren Folgen der Organentnahme hinaus gesundheitlich schwer beeinträchtigt würde. Wird der Eingriff als zulässig erachtet, muss der Spender davon ausgehen, dass eine erhebliche Gesundheitsbeeinträchtigung nach der Organentnahme nicht verbleiben wird. Andernfalls würde er sich sicher nicht freiwillig zur Spende bereit erklären. Aber selbst wenn er die Möglichkeit der Herbeiführung einer Minderung der Erwerbsfähigkeit allein aufgrund der Einnierigkeit als unmittelbare Folge der Organentnahme erkennt und als solche in Kauf nimmt, reicht dieser Eventu-

---

329 Zur Absicht als Vorsatzform siehe: Tröndle/Fischer, StGB, § 15 Rdn. 6.
330 BSGE 21, S. 163-167 (166).
331 BSG a. a. O.
332 Vgl., BSGE 21, S. 163-167 (163), insbesondere die Leitsätze zum Urteil.
333 So auch Kreikebohm/Jörg, SGB VI, § 103 Rdn. 4.

alvorsatz nach der Auslegung des BSG nicht für einen Anspruchsausschluss nach § 103 SGB VI aus.

§ 103 SGB VI regelt auch den Ausschluss von Ansprüchen der Hinterbliebenen bei Versterben des Versicherten. Voraussetzung für eine solchen Anspruchsausschluss wäre, dass die für die Rentenleistung erforderliche Beeinträchtigung vom Begünstigten – also dem Hinterbliebenen – absichtlich herbeigeführt wurde. Auf die Entscheidung des Organspenders hat der Begünstigte jedoch nur geringen oder gar keinen Einfluss. Den spendebedingten Tod des Lebenspartners hat der Hinterbliebene schon gar nicht absichtlich im Sinne des § 103 SGB VI herbeigeführt. Ein Ausschluss nach § 103 SGB VI kommt folglich nicht in Betracht.

III. Zusammenfassende Auswertung der Regelungen zu Rentenansprüchen

Zusammenfassend kann zu den etwaigen Ansprüchen des Organspenders auf Leistungen der Sozialversicherungsträger aufgrund bestehender gesundheitlicher Beeinträchtigungen festgehalten werden:

- Der Organspender hat bei komplikationslosem Verlauf der Organspende keinen Anspruch auf Rentenleistungen der gesetzlichen Unfallversicherung nach dem SGB VII, da die nach dem Eingriff verbleibende Beeinträchtigung nicht aus einem Versicherungsfall im Sinne des § 7 Abs. 1 SGB VII herrührt. Sie ist vielmehr planmäßige Folge der Organspende. Bei kompliziertem Verlauf der Organspende und danach verbleibender, über den reinen Organverlust hinaus gehender Beeinträchtigungen ist es einer sozialmedizinischen Begutachtung vorbehalten, die Voraussetzungen für einen Rentenanspruch nach dem SGB VII festzustellen. Im Falle eines ursächlich auf die Organspende zurückzuführenden Todes des Spenders stehen außerdem den Hinterbliebenen Ansprüche nach §§ 63 ff. SGB VII zu.

- Da der Verlust eines Organs oder Organteils als Behinderung im Sinne des § 43 SGB VI zu qualifizieren ist, steht dem Organspender ein Anspruch auf Rente wegen verminderter Erwerbsfähigkeit zu. Dieser Anspruch ist nicht nach § 103 SGB VI ausgeschlossen, da sich der Spender die für die Rentenleistung erforderliche gesundheitliche Beeinträchtigung zwar wissentlich und willentlich, keineswegs jedoch absichtlich mit dem Ziel, einen Rentenanspruch zu erlangen, zufügen lässt. Den Hinterbliebenen eines bei kompliziertem Verlauf der Organspende verstorbenen Spenders stehen Ansprüche auf Hinterbliebenenrenten nach §§ 46 ff. SGB VI zu.

IV. Notwendigkeit privaten Versicherungsschutzes gegen spendebedingte Risikoerhöhungen

Die zuvor dargestellten Leistungen der Sozialversicherung bei teilweiser oder vollständiger Erwerbsminderung oder bei Tod des Organspenders bieten keine vollständige Kompensation des auf Seiten des Spenders oder seiner Hinterbliebenen entstehenden Einkommensverlustes. Denn der Umfang der Leistungen der Sozialversicherungsträger ist begrenzt.

Der Rentenanspruch nach dem SGB VI bemisst sich nach den anrechnungsfähigen Versicherungsjahren[334] und ist gemäß § 43 Abs. 1 Satz 1 Nr. 2 und Abs. 2 Satz 1 Nr. 2 SGB VI unter anderem davon abhängig, dass der Versicherte vor Eintritt der Erwerbsminderung bestimmte Pflichtbeitragszeiten erfüllt hatte. Entsprechend kann bei jüngeren Versicherten die Rente gering oder ein Anspruch gänzlich ausgeschlossen sein.

Im Unfallversicherungsrecht ergeben sich zum einen aufgrund der Beschränkung auf den Höchstjahresarbeitsverdienst möglicherweise Einbußen gegenüber dem tatsächlichen Einkommen des Versicherten,[335] zum anderen deckt eine mögliche Vollrente nach § 56 Abs. 3 Satz 1 SGB VII ohnehin nur zwei Drittel des Jahresarbeitsverdienstes ab.

Es besteht also in jedem Fall die Besorgnis, dass der Spender – und mit ihm die Personen, deren Unterhalt von seinem Einkommen bestritten wird – seinen sozialen Status nicht aufrechterhalten kann, wenn seine Erwerbsfähigkeit aufgrund der Organspende eingeschränkt wird. Gleiches gilt für die Unterhaltspflichtigen, wenn der Spender infolge der Organspende verstirbt. Aufgrund der Anknüpfung der Rentenansprüche an die Erwerbsfähigkeit des Versicherten im allgemeinen wird zudem das Risiko, in seinem erlernten Beruf nicht mehr tätig sein zu können (Berufsunfähigkeitsrisiko), von der Sozialversicherung praktisch nicht abgedeckt.

In der rechtswissenschaftlichen Diskussion wird vor diesem Hintergrund von verschiedenen Autoren gefordert, den Organspender gegen das erhöhte Risiko der Berufsunfähigkeit und/oder ein erhöhtes Todes- bzw. Invaliditätsrisiko zusätzlich privat abzusichern.[336] Überwiegend wird vorgeschlagen, die Kosten für derartige Versicherungen der Krankenkasse des Organempfängers aufzubürden. Angesichts des durch die GUV nur äußerst lückenhaft gewährten Versicherungsschutzes für den Organspender plädiert auch die Enquete-Kommission für eine zusätzliche private Absicherung der Organspender insbesondere gegen das erhöhte Invaliditätsrisiko.[337] Hierbei wird in Anlehnung an das Schweizer Mo-

---

334 Hierauf weist die Enquete-Kommission im Zwischenbericht Organlebendspende, BT-Drs. 15/5050, S. 65, ausdrücklich hin.

335 Auch dies gibt die Enquete-Kommission im Zwischenbericht Organlebendspende, BT-Drs. 15/5050, S. 64 zu bedenken.

336 Kirste in: ders. (Hrsg.) Nieren-Lebendspende, S. 89-93 (92); Ugowski, Rechtsfragen der Lebendspende, S. 130; Heemann/Demmer in: DTG (Hrsg.), Versicherungsschutz für die Lebendorganspende, S. 23-24; Gutmann/Schroth, ZfTxMed 2000, S. 174-183 (180); Schreiber, M., Gesetzliche Regelung der Lebendspende, S. 217.

337 Zwischenbericht Organlebendspende, BT-Drs. 15/5050, S. 77.

dell[338] die Sicherstellung einer Absicherung aller Spender durch die Transplantationszentren anstelle der Versicherung jedes einzelnen Spenders bevorzugt.[339]

In diesem Zusammenhang sind allerdings verschiedene Aspekte zu berücksichtigen, denen im Schrifttum bislang kaum Beachtung geschenkt wurde. Zunächst ist die Zulässigkeit solcher Zahlungen an den Spender unter dem Gesichtspunkt des verbotenen Handeltreibens nach § 17 Abs. 1 TPG zu hinterfragen. Hat ein Organspender vor der Spende keine eigene private Berufsunfähigkeitsversicherung oder Lebensversicherung, stellt der Abschluss entsprechender Verträge anlässlich der Organspende eine Zusatzleistung an den Organspender dar, die grundsätzlich an den Maßstäben des § 17 Abs. 1 TPG zum Organhandel gemessen werden muss.[340]

Greift § 17 TPG nicht, ist zu erörtern, wer in welcher Form zur zusätzlichen Absicherung des Organspenders herangezogen werden kann.

1) Zulässigkeit einer zusätzlichen privaten Absicherung des Organspenders

Das generelle Risiko des Eintritts von Berufsunfähigkeit oder Tod hat der Gesetzgeber erkannt und daher in der Begründung des Gesetzentwurfes zum TPG den Ausgleich von Kosten für eine angemessene Absicherung des durch die Spende erhöhten Risikos des Spenders, berufsunfähig zu werden oder zu versterben, aus dem Anwendungsbereich des § 17 TPG ausgeklammert.[341]

Die Enquete-Kommission hält den Abschluss von Versicherungen, welche vorgenannte Risiken absichern, im Hinblick auf die strafrechtlichen Vorschriften des TPG nicht für problematisch und schließt eine Kollision mit den §§ 17, 18 TPG insoweit aus.[342] Der Bundesregierung empfiehlt sie, mit den Spitzenverbänden der Versicherungswirtschaft in Verhandlungen zu treten, um eine Absicherung der Organspender durch geeignete Versicherungsangebote sicherzustellen.[343]

---

338 Nach Art. 14 Abs. 1 des Bundesgesetzes über die Transplantation von Organen, Geweben und Zellen (Transplantationsgesetz) der Schweizereischen Eidgenossenschaft vom 08. Oktober 2004, BBl. 2004, S. 5453-5478, wird derjenige, der einem Lebenden ein Organ entnimmt, verpflichtet, sicherzustellen, dass „diese Person gegen mögliche schwer wiegende Folgen der Entnahme angemessen versichert ist." Die Ausgestaltung von Inhalt und Umfang der Versicherung bleiben nach Art. 14 Abs. 4 Transplantationsgesetz einer gesonderten Regelung vorbehalten.

339 Zwischenbericht Organlebendspende, BT-Drs. 15/5050, S. 67, 77.

340 Ausführlich Stellung hierzu nimmt Zillgens, Strafrechtliche Grenzen der Lebendorganspende, S. 290-292.

341 BT-Drs. 13/4355, S. 30.

342 Zwischenbericht Organlebendspende, BT-Drs. 15/5050, S. 66.

343 Zwischenbericht Organlebendspende, BT-Drs. 15/5050, S. 77.

Auch in der Literatur wird der Abschluss entsprechender Zusatzversicherungen im Hinblick auf das Verbot des Organhandels wegen der eindeutigen Aussage des Gesetzgebers zu den §§ 17, 18 TPG für unkritisch gehalten.[344] Zurecht wird allerdings vereinzelt darauf hingewiesen, dass der Abschluss einer – zusätzlichen – Berufsunfähigkeitsversicherung für den Organspender durchaus als wirtschaftlicher Vorteil angesehen werden könnte, dessen Gewährung mit dem Verbot des Organhandels nach § 17 Abs. 1 TPG kollidiert.[345] Letztlich befürwortet aber auch diese Auffassung eine Ausklammerung einer angemessenen Absicherung des Organspenders gegen die Risiken spendebedingter wirtschaftlicher Nachteile aus den Tatbeständen der §§ 17, 18 TPG.[346]

Mit dem Schrifttum ist davon auszugehen, dass eine zusätzliche Absicherung des Organspenders gegen spendebedingte Risiken rechtlich zulässig ist. Schon die Begründung zum Entwurf des TPG[347] zeigt, dass der Gesetzgeber entsprechende Maßnahmen nicht sanktionieren wollte. Das Ergebnis der Diskussionen in der Enquete-Kommission deutet darauf hin, dass eine entsprechende Absicherung der Organspender heute sogar rechtspolitisch erwünscht ist.[348] Wenn auch in Bezug auf die strafrechtsdogmatische Bewertung Zweifel bestehen können,[349] ist eine private Absicherung des Organspenders im Ergebnis nicht zu beanstanden.

2) Grenzen einer möglichen Zusatzversicherung

Um dem Vorwurf wirksam vorzubeugen, eine zusätzliche private Absicherung des Organspenders erfülle eine Anreizfunktion für die Lebendorganspende,[350] muss bei der Ausgestaltung einer entsprechenden Versicherung beachtet werden, dass allein spendebedingte Risikoerhöhungen abzusichern sind. Zutreffend hat daher die Enquete-Kommission darauf hingewiesen, dass der Abschluss reiner Kapitallebensversicherungen nach §§ 17, 18 TPG nicht zulässig ist,[351] da sie einen wirtschaftlichen Vorteil für den Organspender begründen, der über die Kompensation spendebedingter Risiken hinaus geht. Vielmehr kommen als Versicherungsformen Risikolebensversicherungen und / oder Berufsunfähigkeitsversicherungen in Betracht. Deren Abschluss stellt zwar für den Spender, der noch nicht über solche privaten Versicherungsverträge verfügt, einen im Zu-

---

344 Gutmann/Schroth, ZfTxMed 2000, S. 174-183 (180); Ugowski, Rechtsfragen der Lebendspende, S. 130.

345 Zillgens, Strafrechtliche Grenzen der Lebendorganspende, S. 290-292.

346 Zillgens, Strafrechtliche Grenzen der Lebendorganspende, S. 290-292 (291 f.).

347 BT-Drs. 13/4355, S. 30.

348 Vgl. Zwischenbericht Organlebendspende, BT-Drs. 15/5050, S. 66 f.

349 Zillgens, Strafrechtliche Grenzen der Lebendorganspende, S. 290-292.

350 Auf die Gefahr der Anreizfunktion einer allgemeinen Risikoversicherung weist die Enquete-Kommission ausdrücklich hin, vgl. Zwischenbericht Organlebendspende, BT-Drs. 15/5050, S. 67.

351 Zwischenbericht Organlebendspende, BT-Drs., 15/5050, S. 66.

sammenhang mit der Organspende gewährten wirtschaftlichen Vorteil dar. Dem steht jedoch das vom Organspender übernommene Risiko spendebedingter Folgen gegenüber. Insoweit dürfen derartige Versicherungen die zusätzlichen Risiken des Organspenders kompensieren, ohne als eine nach § 17 Abs. 1 TPG unzulässige Gegenleistung für die Organspende qualifiziert zu werden. Voraussetzung ist, dass die Versicherungen allein das zusätzlich durch die Organentnahme entstehende Risiko des Organspenders abdecken, berufsunfähig zu werden oder zu versterben.[352]

3) Ausgestaltung einer Risikoversicherung für den Organspender

Zu bedenken bleibt im Hinblick auf die Ausgestaltung derartiger Versicherungsverhältnisse, dass die versicherungsmathematische Berechnung eines spendebedingten Risikos und damit die Kalkulation entsprechender Versicherungsprämien mangels ausreichenden statistischen Datenmaterials derzeit schwer möglich ist.[353] Um diesem Problem zu begegnen wurden bereits verschiedene Modelle in die Diskussion eingebracht. Neben einer zeitlichen Begrenzung der Risikoversicherung[354] wird auch der Abschluss einer Gruppenversicherung für alle Organspender erwogen.[355] Dieser Vorschlag geht auf Diskussionen im Zusammenhang mit den Beratungen zum Schweizerischen Transplantationsgesetz zurück.[356] In § 14 Abs. 1 Schweizerisches TPG[357] werden die Transplantationszentren verpflichtet, Organspender angemessen gegen mögliche schwerwiegende Folgen der Organspende zu versichern. Die Einzelheiten einer solchen Versicherung wurden der gesonderten Regelung durch eine Verordnung überlassen.

Die Erörterung der verschiedenen Modelle zur Absicherung des Organspenders ist in der Schweiz noch nicht abgeschlossen. Auch in Deutschland besteht diesbezüglich weiterer Diskussionsbedarf. Aus Sicht des Verfassers sind folgende wesentliche Aspekte bei der privatrechtlichen Absicherung der Organspender zu berücksichtigen.

---

352 So lautet folgerichtig auch der Vorschlag der Enquete-Kommission, Zwischenbericht Organlebendspende, BT-Drs. 15/5050, S. 67.

353 Hierauf weist der Zwischenbericht Organlebendspende, BT-Drs. 15/5050, S. 66, insbesondere Fn. 550 ausdrücklich hin.

354 Eine solche Alternative wird unter anderen im Zwischenbericht Organlebendspende, BT-Drs. 15/5050, S. 66, erwogen.

355 Kirste in: ders. (Hrsg.), Nieren-Lebendspende, S. 89-93 (93); Gutmann, Für ein neues TPG, S. 94, 95. Zu den Vorteilen gegenüber einer Einzelversicherung vgl. Heemann/Demmer in: DTG (Hrsg.), Versicherungsschutz für die Lebendorganspende, S. 23 f.

356 Wie ein Modell aussehen könnte stellt Kirste in: ders. (Hrsg.), Nieren-Lebendspende, S. 89-93 (93), vor.

357 Bundesgesetz über die Transplantation von Organen, Geweben und Zellen (Transplantationsgesetz) vom 08.10.2004, BBl. 2002, S. 5453-5478.

a) Kernfragen einer privaten Absicherung der Spenderrisiken

Eine lückenlose Absicherung der Risiken der Organspender ist unmöglich. Daher sollte gar nicht der Versuch unternommen werden, den Organspendern die Illusion eines solchen lückenlosen Schutzes zu vermitteln. Auch die private Absicherung der Risiken birgt Schwierigkeiten. So ist beispielsweise die von der Enquete-Kommission beklagte Beweisproblematik[358] bei Spätfolgen der Organspende genauso bei der privaten Berufsunfähigkeitsversicherung gegeben. Das Problem der Beweisführung verlagert sich lediglich auf einen anderen Versicherungszweig.[359] Hier können allenfalls durch entsprechende Beweislastregelungen Erleichterungen für die Betroffenen herbeigeführt werden.

Der Gesetzgeber hält eine angemessene Risikoabsicherung für zulässig.[360] Diesem Maßstab müssen die möglichen Lösungsalternativen gerecht werden, um nicht mit dem Verbot des Organhandels nach § 17 Abs. 1 TPG zu kollidieren. Unter dem Aspekt der Angemessenheit erscheint die zeitliche Begrenzung der Versicherungsdauer als geeignetes Regulativ. Hierfür bedarf es jedoch weiterer Erfahrungen mit der Lebendspende. Sollten empirische Untersuchungen belegen können, dass diejenigen Komplikationen, die vom Versicherungsschutz umfasst sein sollen, überwiegend in einer gewissen zeitlichen Nähe zur Organspende auftreten, erscheint eine zeitliche Beschränkung des Versicherungsschutzes unter Abwägung des notwendigen Individualschutzes des Organspenders als vertretbar. Ist jedoch für das Auftreten schwerer Komplikationen ein begrenztes Zeitfenster nicht mit ausreichender Sicherheit zu ermitteln, müssten andere Modelle überdacht werden.

Um ein für alle Lebendorganspender gleiches Versicherungsniveau zu erreichen, sollte die private Zusatzversicherung zwingend vorgeschrieben werden. Auf diese Weise bleiben einerseits den redlichen Organspendern Verhandlungen mit der Krankenversicherung des Organempfängers über die Gewährung eines zusätzlichen Versicherungsschutzes erspart. Andererseits werden Organempfänger und deren Krankenversicherungen vor überzogenen Forderungen potentieller Organspender geschützt, die ihre Spende von der privaten Absicherung abhängig machen wollen.

Konzeptionell erscheint das in der Schweiz gewählte Modell, wonach die Transplantationszentren für die Versicherung Sorge tragen müssen, eine Absicherung aber nicht Voraussetzung für die Zulässigkeit der Organspende ist, als nicht ausreichend. Stattdessen sollte der deutsche Gesetzgeber die angemessene Versicherung des Organspenders gegen spendebedingte Risiken als Zulässig-

---

358 Zwischenbericht Organlebendspende, BT-Drs. 15/5050, S. 67.

359 Daher befürwortet die Enquete-Kommission auch in diesem Bereich die Einführung von Beweiserleichterungen für den versicherten Organspender, vgl. Zwischenbericht Organlebendspende, BT-Drs. 15/5050, S. 67.

360 BT-Drs. 13/4355, S. 30.

keitsvoraussetzung der Organspende ausgestalten und in § 8 Abs. 1 TPG verankern.

Gleichzeitig könnte auf diese Weise eine Legitimation für die Krankenkasse des Organempfängers geschaffen werden, die entsprechenden Versicherungsbeiträge als Nebenleistungen der Behandlungsleistungen zur Organtransplantation beim Empfänger nach § 27 ff. SGB V zu übernehmen. Denn bislang fehlt für eine Leistungspflicht der Krankenkasse des Organempfängers, wie sie überwiegend gefordert wird,[361] eine sozialversicherungsrechtliche Rechtsgrundlage.

Aus abrechnungstechnischer Sicht wäre wünschenswert, dass der Versicherungsbeitrag für die private Risikoabsicherung der Spender – entsprechend der pauschalierten Abgeltung der Nachbetreuungskosten – in Form einer einmaligen Prämie erbracht werden kann. Das dürfte gerade bei einer zeitlichen Begrenzung des Versicherungsschutzes unproblematisch möglich sein. So werden im übrigen Schwierigkeiten für den Fall der Beendigung der Mitgliedschaft des Organempfängers bei der leistungspflichtigen Krankenkasse vermieden.[362]

Zu Bedenken ist schließlich der Vorschlag, durch eine Umkehr der Beweislast – entsprechend dem zur gesetzlichen Unfallversicherung unterbreiteten Modell[363] – auch in der privaten Zusatzversicherung Beweiserleichterungen für die Betroffenen vorzusehen.[364] Demnach wäre nicht der Zusammenhang von Spende und Beeinträchtigung des Spenders sondern das Fehlen eines solchen durch die leistungspflichtige Versicherung nachzuweisen. Gelingt dieser Nachweis nicht, ist die Versicherung zur Leistung verpflichtet. Freilich bleibt auch bei einer solchen Regelung die Klärung der Anspruchsberechtigung wieder einer medizinischen Begutachtung überlassen. Schließlich werden sich private Versicherer jedoch nicht darauf einlassen, derartige Beweiserleichterungen unbefristet zu gewähren. Im Zweifel werden solche Beweiserleichterungen ohnehin durch entsprechende Risikoaufschläge auf die Versicherungsprämie erkauft werden müssen.

b) Mögliche gesetzliche Regelung

Ohne die inhaltliche Ausgestaltung einer privaten Absicherung des Organspenders genauer zu betrachten, ist damit jedenfalls eine gesetzliche Verankerung des Erfordernisses einer solchen Absicherung in den Regelungen zur Zulässigkeit der Lebendorganspende nach § 8 Abs. 1 Satz 1 TPG notwendig, die mit

---

361 Gutmann/Schroth, ZfTxMed 2000, S. 174-183 (180); Kirste in: ders. (Hrsg.), Nieren-Lebendspende, S. 89-93 (92); Heemann/Demmer in: DTG (Hrsg.), Versicherungsschutz für die Lebendorganspende, S. 23 f.

362 Vgl. auch den entsprechenden Vorschlag für die Abgeltung der Kosten für die Nachbetreuungsmaßnahmen beim Organspender oben in Kapitel A unter III.

363 Siehe hierzu oben im Kapitel A unter II.

364 So die Enquete-Kommission, Zwischenbericht Organlebendspende, BT-Drs. 15/5050, S. 67; Gutmann, Für ein neues TPG, S. 95.

dem folgenden Wortlaut als fünfte Zulässigkeitsvoraussetzung eingefügt werden könnte:

„§ 8 Zulässigkeit der Organentnahme
(1) Die Entnahme von Organen einer lebenden Person ist nur zulässig, wenn
...
5. die Person von der Krankenversicherung des Organempfängers vor Durchführung der Organentnahme durch Abschluss einer entsprechenden Risikoversicherung gegen die von der Sozialversicherung nicht umfassten spendebedingten Risiken abgesichert wird."

Die Einzelheiten der versicherungsrechtlichen Ausgestaltung sind vor Einführung dieser Verpflichtung unter Berücksichtigung der soeben unter a) dargestellten Aspekte zwischen dem Gesetzgeber und den Spitzenverbänden der Versicherungswirtschaft festzulegen.[365]

V. Exkurs: Der Organspender als behinderter Mensch nach dem SGB IX

Zwar stellen die Regelungen des SGB IX keinen versicherungsrechtlichen Schutz im klassischen Sinne dar. Gleichwohl unterliegen Personen, auf welche die Regelungen des SGB IX Anwendung finden, nach dem Grad ihrer Behinderung gesteigerten Schutzvorschriften im Arbeitsleben und haben Anspruch auf Eingliederungshilfen oder sonstige Hilfen im Erwerbsleben. Deswegen wird nachfolgend zur Vervollständigung der Betrachtung der versicherungsrechtlichen Auswirkungen von Langzeitfolgen aus einer Organentnahme beim lebenden Spender geprüft, inwieweit der körperliche Zustand nach der Organspende die Qualität einer Behinderung oder einer Schwerbehinderung im Sinne des § 2 SGB IX erreicht und damit auch Lebendorganspender dem besonderen Schutz des Behindertenrechts unterliegen.

1) Behinderter Mensch im Sinne des § 2 Abs. 1 SGB IX

Eine allgemeine Definition des Begriffs der Behinderung enthält § 2 Abs. 1 Satz 1 SGB IX. Behindert sind danach „Menschen, wenn ihre körperliche Funktion, geistige Fähigkeit oder seelische Gesundheit mit hoher Wahrscheinlichkeit länger als sechs Monate von dem für das Lebensalter typischen Zustand abweichen und daher ihre Teilhabe am Leben in der Gesellschaft beeinträchtigt ist".

Die erste Voraussetzung für das Vorliegen einer Behinderung im Sinne des § 2 Abs. 1 SGB IX, hier das Abweichen der körperlichen Funktion vom für das Lebensalter typischen Zustand für länger als sechs Monate ist regelmäßig schon

---

365 Insoweit schließt sich der Verfasser den Vorschlägen der Enquete-Kommission, BT-Drs. 15/5050, S. 77, an.

bei einer komplikationslos verlaufenden Nierenlebendspende erfüllt.[366] Auch der Leberteilverlust aufgrund einer Teilleber-Lebendspende führt zu einem solchen, von der Regel abweichenden körperlichen Zustand.[367]

Fraglich ist jedoch, ob damit zwingend eine Beeinträchtigung der Teilhabe am Leben in der Gesellschaft einhergeht. Allein die Störung körperlicher Funktionen führt nicht notwendig zu einer Beeinträchtigung der Teilhabe am gesellschaftlichen Leben. Vielmehr muss sich diese Störung in einem oder in mehreren Lebensbereichen negativ auswirken.[368]

Sprenger-Klasen vertritt zwar die Ansicht, dass weder die Nieren- noch die Leberteilspende zu einer andauernden organspezifischen Beeinträchtigung des Spenders führen.[369]

Dennoch kann die Nierenspende in Einzelfällen bei linksseitiger Entnahme zum Verlust der Milz führen, bei einer Leberlebendspende muss unter Umständen die Gallenblase entnommen werden. Zwar ist nach den medizinischen Erkenntnissen regelmäßig nach einer unterschiedlich langen Genesungsphase eine dem Zustand vor der Organentnahme gleichwertige Funktionsfähigkeit des verbliebenen Organs oder Organteils festzustellen. Allerdings wird den Spendern in der Regel aus medizinischer Sicht angeraten, Tätigkeiten oder Sportarten mit einem erhöhten Risiko von Gewalteinwirkung zu meiden.[370] Zudem wird eine erhöhte psychische Belastung der Spender im Alltag angenommen.[371] Jedenfalls sind in Fällen von über die reinen Spendefolgen hinausgehenden Langzeitfolgen negative Auswirkungen auf die Teilhabe am gesellschaftlichen Leben festzustellen.

Aufgrund der geschilderten Auswirkungen der Organspende ist daher zumindest für den Fall über den reinen Organverlust hinaus gehender Langzeitfolgen eine Beeinträchtigung der Teilhabe am Leben in der Gesellschaft im Sinne des § 2

---

366 Aus sozialmedizinischer Sicht qualifiziert auch Sprenger-Klasen, MedSach 100 (2004), S. 17-22 (21), die Nierenlebendspende gutachterlich als anhaltenden regelwidrigen körperlichen Zustand.

367 Sprenger-Klasen, MedSach 100 (2004), S. 17-22 (21).

368 Schimanski in: GK-SGB IX Bd. 2, § 2 Rdn. 124.

369 Sprenger-Klasen, MedSach 100 (2004), S. 17-22 (21).

370 Sprenger-Klasen, MedSach 100 (2004), S. 17-22 (21).

371 Sprenger-Klasen, MedSach 100 (2004), S. 17-22 (21). Diese Erwägungen stellte offenbar auch der Gesetzgeber an, da er die Einwilligung des Spenders in die medizinische Nachbetreuung nach § 8 Abs. 3 Satz 1 TPG zur Zulässigkeitsvoraussetzung für die Organentnahme gemacht hat. So weist auch die Begründung zum Gesetzentwurf zum TPG, BT-Drs. 13/4355, S. 21, auf die Notwendigkeit einer psychischen Nachbetreuung von Empfänger und Spender hin.

Abs. 1 SGB IX bei der Lebendorganspende anzunehmen.[372] Der Organspender ist damit im Sinne des § 2 Abs. 1 SGB IX behindert.

2) Schwerbehinderter Mensch im Sinne des § 2 Abs. 2 SGB IX

Zur Qualifikation einer Beeinträchtigung als Schwerbehinderung im Sinne des § 2 Abs. 2 SGB IX muss der Grad der Behinderung (GdB) mindestens 50 % betragen.

Zwar verbietet sich wegen der grundsätzlich individuell unterschiedlichen Beeinträchtigungen bei der Ermittlung des Grades der Behinderung jede schematische Betrachtung. Jedoch zeigt sich bei einem Blick auf die Einordnung der unfallbedingten Einnierigkeit in die „Anhaltspunkte für die ärztliche Gutachtertätigkeit im sozialen Entschädigungsrecht und nach dem Schwerbehindertengesetz" des Bundesministeriums für Arbeit und Sozialordnung aus dem Jahr 2004,[373] dass diese für sich genommen nicht mehr als 25 % GdB zur Folge hat und lediglich bei auftretenden Komplikationen oder der Wechselwirkung mit hinzutretenden Störungen der körperlichen Funktion darüber hinaus gehende Behinderungsgrade zu rechtfertigen vermag. Demnach ist davon auszugehen, dass allein der komplikationslose Verlust einer Niere nicht ausreicht, eine Schwerbehinderung im Sinne des § 2 Abs. 2 SGB IX zu begründen.

Gleiches dürfte auch für den Teilleber-Lebendspender gelten. Zwar sehen die Anhaltspunkte für die teilweise Leberresektion keinen bestimmten GdB vor; allerdings wird bei komplikationslosem Verlauf der GdB in jedem Falle unter 50 % liegen, so dass eine Qualifikation als Schwerbehinderung auch in diesen Fällen ausscheidet.[374]

3) Den schwerbehinderten Menschen Gleichgestellter im Sinne des § 2 Abs. 3 SGB IX

Anders verhält es sich aber hinsichtlich der Einordnung des Organspenders als schwerbehinderten Menschen Gleichgestellter. Nach § 2 Abs. 3 SGB IX sollen den Schwerbehinderten auch Menschen mit einem GdB von weniger als 50 % aber wenigstens 30 % gleichgestellt werden, wenn bei ihnen die übrigen Voraussetzungen des § 2 Abs. 2 SGB IX vorliegen[375] und „sie infolge ihrer Behin-

---

372 Neumann in: Neumann/Pahlen, SGB IX, § 2 Rdn. 19, weist darauf hin, dass der Zusammenhang zwischen Funktionsstörung und Behinderung, ist letztere einmal festgestellt, meist ebenfalls gegeben sein wird.

373 Abgedruckt in: GK-SGB IX, Bd. 1, Anhang 6.

374 Diese Auffassung vertritt auch Sprenger-Klasen, MedSach 100 (2004), S. 17-22 (21), die hinsichtlich des GdB für eine Gleichstellung von Nieren- und Teilleberspende plädiert.

375 Diese Voraussetzungen knüpfen nur am rechtmäßigen Aufenthalt oder an einer rechtmäßigen Beschäftigung im Bundesgebiet an und sind daher unabhängig von einer etwaigen Behinderung.

derung ohne die Gleichstellung einen geeigneten Arbeitsplatz im Sinne des § 73 nicht erlangen oder nicht behalten können".

Sprenger-Klasen,[376] die zwar nur einen GdB bzw. eine MdE von 25 % für Nieren- und Teilleberspenden befürwortet, schließt aus § 69 Abs. 1 Satz 4 SGB IX, dass eine generelle Aufrundung des festgestellten Grades der Beeinträchtigung auf den nächst höheren Zehnergrad zu erfolgen hat. Folgt man dieser Auffassung, kommt grundsätzlich auch ein Antrag auf Anerkennung als Schwerbehinderten gleichgestellter Mensch in Betracht.

Nach § 69 Abs. 1 Satz 4 SGB IX ist der GdB zwar nach Zehnergraden abgestuft festzustellen. Damit ist eine Einordnung der Spender mit einem GdB von 25 % bei einer Feststellung nach § 69 Abs. 1 SGB IX nicht in jedem Fall auf 30 % aufzurunden. Denn eine generelle Aufrundung, wie sie etwa im Bundesversorgungsgesetz vorgeschrieben ist, ist im Schwerbehindertenrecht unzulässig.[377] Hier ist für die Frage, ob der GdB auf- oder abzurunden ist, darauf abzustellen, ob die Behinderung im Einzelfall im Vergleich zu dem in den Anhaltspunkten des Bundesministeriums für Arbeit und Sozialordnung genannten Standardfall günstiger oder ungünstiger zu bewerten ist.[378] Entgegen der Ansicht von Sprenger-Klasen[379] führt also die Annahme eines GdB von 25 % nicht ohne weiteres zur Gleichstellung des Spenders mit einem schwerbehinderten Menschen.

Auch die weitere Voraussetzung für die Gleichstellung, wonach der Behinderte infolge der Behinderung ohne eine Gleichstellung einen geeigneten Arbeitsplatz nicht erlangen oder behalten kann, ist in Fällen normal verlaufener Organspenden regelmäßig nicht erfüllt. Nur in Ausnahmefällen wird der Organspender – abhängig von der beruflichen Tätigkeit und der gesundheitlichen Bewältigung der Organentnahme – seine bislang ausgeübte Tätigkeit nicht mehr wahrnehmen können. Ebenso wenig wird ein Spender bei der Arbeitsplatzsuche durch die Organspende beeinträchtigt sein. Grundsätzlich ist seine Arbeitskraft durch die organischen Folgen der Spende nicht eingeschränkt. Auch die von Sprenger-Klasen angesprochene, nach einer Organspende angezeigte Zurückhaltung bei der Ausübung von Tätigkeiten, die mit Gewalteinwirkung verbunden sind,[380] kann daran nichts ändern.

Unabhängig davon, ob man der Auffassung der Enquete-Kommission folgt, wonach die komplikationslose Nierenspende keinen GdB von 20 % rechtfertigt,[381]

---

376 Sprenger-Klasen, MedSach 100 (2004), S. 17-22 (21).
377 Schimanski in: GK-SGB IX Bd. 2, § 69 Rdn. 105.
378 Schimanski in: GK-SGB IX Bd. 2, § 69 Rdn. 105. Zum Verfahren bei der Berechnung des GdB im Einzelnen vgl. Neumann in: Neumann/Pahlen, SGB IX, § 69 Rdn. 5 f.
379 Sprenger-Klasen, MedSach 100 (2004), S. 17-22 (21).
380 Sprenger-Klasen, MedSach 100 (2004), S. 17-22 (22).
381 Zwischenbericht Organlebendspende, BT-Drs. 15/5050, S. 64.

oder ob man mit Sprenger-Klasen[382] von einem GdB von 25 % ausgeht, kommt eine Gleichstellung von Organspendern mit Schwerbehinderten nach § 2 Abs. 3 SGB IX lediglich in Ausnahmefällen in Betracht.

4) Ergebnis zur Einordnung der Langzeitfolgen der Organspende in das Behindertenrecht

Der Organspender untersteht damit im Sinne des § 2 Abs. 1 SGB IX zwar als behinderter Mensch dem Schutz des SGB IX. Jedoch kann er sich in der Regel nicht auf den besonderen Schutz der Vorschriften des zweiten Teils des SGB IX zum Schwerbehindertenrecht berufen und unterliegt daher insbesondere nicht den erhöhten arbeitsrechtlichen Schutzvorschriften der §§ 80 ff. SGB IX für schwerbehinderte Menschen oder diesen gleichgestellten Personen.

[382] Sprenger-Klasen, MedSach 100 (2004), S. 17-22 (21).

G Sonderfälle außerhalb des solidarischen Sozialversicherungsrechts

Bis hierhin beschränkte sich die Untersuchung der sozialversicherungsrechtlichen Auswirkungen einer Lebendorganspende weitgehend auf Fälle, bei denen sowohl Spender als auch Empfänger der Sozialversicherungspflicht nach dem SGB unterlagen. Allerdings gehören nicht immer beide Beteiligte dem sozialversicherungspflichtigen Personenkreis an. In solchen Konstellationen können sich Sonderprobleme bei der Betrachtung der rechtlichen und wirtschaftlichen Auswirkungen ergeben.

Hervorzuheben ist zum einen die Konstellation, bei der der Organempfänger hilfebedürftig im Sinne des § 9 SGB I ist und daher Anspruch auf Leistungen der Sozialhilfe hat. Die Sozialhilfe war bislang ein eigenes Rechtsgebiet im besonderen Verwaltungsrecht, zuständig für Streitigkeiten im Sozialhilferecht waren die Verwaltungsgerichte. Die Versorgung der Sozialhilfeempfänger im Krankheitsfall wich nach dem Bundessozialhilfegesetz (BSHG) deutlich von derjenigen gesetzlich krankenversicherter Personen ab. In jüngster Zeit war das Sozialhilferecht umfangreichen Gesetzesinitiativen unterworfen, die insbesondere Auswirkungen auf die Regelung der Krankenversorgung der Sozialhilfeempfänger hatten. Ein Schwerpunkt der nachfolgenden Untersuchung wird daher sein, inwieweit diese Änderungen sich auch auf die Behandlung der Lebendorganspende auswirken.

Weiter ist der Fall zu betrachten, bei dem der Organempfänger aufgrund eines zivilrechtlichen Vertrages bei einer privaten Krankenversicherung (PKV) krankenversichert ist. Bei einem privaten Krankenversicherungsverhältnis gelten die Regelungen des SGB V nicht. Der Leistungsumfang hängt von der vertraglichen Vereinbarung zwischen Krankenversicherung und Versichertem ab. Die Rechtsprechung des Bundessozialgerichts lässt sich auf diesen Bereich wegen seiner zivilrechtlichen Ausrichtung nicht ohne weiteres übertragen.

Die versicherungsrechtliche Behandlung der Lebendorgantransplantation ist aufgrund dieser, von der Situation gesetzlich krankenversicherter Organempfänger abweichenden Besonderheiten in beiden Fällen gesondert zu prüfen. Bestehen etwa versicherungsrechtliche Vergleichbarkeiten, die eine entsprechende Handhabung rechtfertigen oder weichen die Grundprinzipien dieser Systeme doch so erheblich von dem der solidarischen Sozialversicherung ab, dass eine andere Handhabung erforderlich ist?

Die Untersuchung beginnt mit der Konstellation, in der der Organempfänger aufgrund seiner wirtschaftlichen Situation auf Unterstützung durch die Sozialhilfe angewiesen ist. Gerade hier liegt eine der Handhabung bei gesetzlich krankenversicherten Organempfängern entsprechende Behandlung der Lebendorgantransplantation nahe – insbesondere nach den verschiedenen gesetzlichen Neuregelungen der jüngsten Vergangenheit.

I. Sonderfall I: Der Organempfänger als Hilfebedürftiger im Sinne des Sozialhilferechts

Voraussetzung für die Inanspruchnahme von Sozialhilfe nach dem SGB XII oder sozialhilfeähnlichen Ansprüchen wie der Grundsicherung nach dem SGB II ist die Bedürftigkeit des Betroffenen.[383] Allerdings kommen als gesetzliche Grundlage für die Gewährung von Hilfen nach der Neuordnung des Sozialhilferechts Vorschriften aus unterschiedlichen Gesetzen in Betracht. Insbesondere unterscheidet sich die Versorgung bei Krankheit abhängig davon, nach welchem Gesetz der Hilfebedürftige Leistungen erhält, erheblich.

Zwar ist die Gewährung eines Anspruches auf Vornahme einer Lebendorgantransplantation nach dem Sozialhilferecht soweit ersichtlich dem Grunde nach anerkannt.[384] Dennoch sind einzelne rechtliche Aspekte der Lebendorgantransplantation im Falle der Hilfebedürftigkeit des Organempfängers nicht abschließend geklärt.

So hat das BSG die Frage ausdrücklich offen gelassen, ob bei nicht krankenversicherten Organempfängern im Falle einer Lebendorgantransplantation die Krankenkasse des Organspenders für die diesem gegenüber zu erbringenden Behandlungsleistungen „subsidiär" leistungspflichtig ist.[385] Außerdem wird teilweise eine Leistungspflicht des für den Empfänger zuständigen Sozialhilfeträgers für den dem Spender entstehenden Verdienstausfall abgelehnt sowie für Nachbetreuungsmaßnahmen zugunsten des Spenders zumindest in Zweifel gezogen.[386]

Nachfolgend werden daher zunächst die wesentlichen Änderungen im Sozialhilferecht sowie ihre Auswirkung auf die Versorgung der Hilfebedürftigen bei Krankheit dargestellt. In einem weiteren Schritt werden dann – bezogen auf die verschiedenen Gesetzesmaterien – die im Zusammenhang mit der Lebendorganspende relevanten Fragen im Einzelnen untersucht. Den Schwerpunkt bildet dabei zum einen die vom BSG[387] aufgeworfene Frage einer möglichen subsidiären Eintrittspflicht der Krankenkasse des Organspenders. Darüber hinaus werden etwaige Beschränkungen der Leistungspflicht der Sozialhilfeträger in Bezug auf einzelne, gegenüber dem Spender zu erbringende Leistungen erörtert.

---

383 Die Kriterien für die Bedürftigkeit bestimmt § 9 SGB I. § 2 SGB XII grenzt zudem die Bedürftigkeit negativ ab. Die Bedürftigkeit gilt nach den §§ 7 Satz 1 Nr. 3, 9 SGB II auch als Maßstab für die Ansprüche von Arbeitssuchenden auf Grundsicherung nach dem SGB II.

384 Vgl. Sauer, NDV 2000, S. 97-101. Die Enquete-Kommission stellt im Zwischenbericht Organlebendspende, BT-Drs. 15/5050, S. 60 f, die grundsätzliche Leistungspflicht der Sozialhilfeträger ebenfalls nicht in Abrede.

385 BSGE 35, S. 102-104 (103).

386 Zwischenbericht Organlebendspende, BT-Drs. 15/5050, S. 60 f.

387 In BSGE 35, S. 102-104, hatte das BSG diese Frage ausdrücklich offen gelassen.

1) Neuordnung des Sozialhilferechts

Im Jahr 2003 hat der Gesetzgeber eine ganze Reihe von Gesetzen erlassen, die in der Zusammenschau zu einer völligen Neuordnung des Sozialhilferechts geführt haben. Dies hatte auch erhebliche Auswirkungen auf die rechtliche Organisation der Absicherung von Sozialhilfeempfängern gegen Krankheit.[388]

Zunächst wurde mit dem GKV-Modernisierungsgesetz vom 14.11.2003[389] durch Einfügung des § 264 Abs. 2 bis 7 SGB V den gesetzlichen Krankenkassen die Krankenhilfe für die nicht versicherten Sozialhilfeempfänger übertragen. Nach der Regelung in § 264 Abs. 2 SGB V gibt es hiervon nur wenige Ausnahmen. So unterliegen weiterhin kurzfristig hilfebedürftige Personen der Krankenhilfe nach dem Sozialhilferecht.

Weiterhin wurden durch das zum 01.01.2005 in Kraft getretene Vierte Gesetz für moderne Dienstleistungen am Arbeitsmarkt vom 24.12.2003[390] – das sogenannte Hartz IV-Gesetz – alle nach § 7 SGB II erwerbsfähigen Personen den Regelungen des SGB II untergeordnet. Das hat unter anderem zur Folge, dass auch sämtliche erwerbsfähigen Hilfeempfänger nunmehr Leistungsansprüche nach dem SGB II geltend machen müssen. Als Empfänger der Grundsicherung nach dem SGB II unterliegen sie gemäß § 5 Abs. 1 Nr. 2a SGB V seit dem 01.01.2005 der Versicherungspflicht in der gesetzlichen Krankenversicherung. Erwerbsfähige Hilfebedürftige, die Leistungen nach dem SGB II erhalten, beanspruchen also als Pflichtmitglieder der GKV Leistungen nach dem SGB V.

Schließlich wurde das bis dahin im BSHG geregelte Sozialhilferecht durch Artikel 1 des Gesetzes zur Einordnung des Sozialhilferechts in das Sozialgesetzbuch vom 27.12.2003[391] als zwölftes Buch in das SGB überführt. Es ist in seinen wesentlichen Teilen seit dem 01.01.2005 in Kraft. Durch die Überführung wurden jedoch nur wenige inhaltliche Änderungen bewirkt. Die Regelungen der Hilfen zur Gesundheit nach den §§ 47 ff. SGB XII enthalten gegenüber den bisherigen Vorschriften des BSHG zur Krankenhilfe keine wesentlichen Neuerungen. So erhalten Personen, denen Grundsicherung im Alter oder bei Erwerbsminderung nach dem Sozialhilferecht zusteht und die nicht krankenversichert sind, weiterhin Hilfen zur Gesundheit nach den §§ 47 ff. SGB XII.[392]

---

388 Einen Überblick über die verschiedenen Gesetzesvorhaben und ihre Folgen für die Versorgung von Hilfebedürftigen bei Krankheit bieten Birk/Bieritz-Harder in: LPK-SGB XII, § 48 Rdn. 1-4.

389 Gesetz zur Modernisierung der gesetzlichen Krankenversicherung (GKV-Modernisierungsgesetz – GMG), BGBl. I 2003, S. 2190 ff.

390 BGBl. I 2003, S. 2954 ff.

391 BGBl. I 2003, S. 3022 ff.

392 Ausführlich zum verbliebenen Anwendungsbereich der §§ 47 ff. SGB XII: Birk/Bieritz-Harder in: LPK-SGB XII, § 48 Rdn. 11-15.

2) Leistungsumfang bei Empfängern von Grundsicherung nach dem SGB II

Handelt es sich bei dem Organempfänger um eine grundsätzlich erwerbsfähige Person, richten sich Leistungen wegen Hilfebedürftigkeit nach dem SGB II. Die Sozialhilfeträger sind für diesen Personenkreis grundsätzlich nicht zuständig. Ansprüche auf Hilfen zur Gesundheit nach den §§ 47 ff. SGB XII kann ein Organempfänger wegen des Grundsatzes des Nachranges der Sozialhilfe[393] nach § 2 Abs. 1 SGB XII gegen sie nicht geltend machen, weil er bereits von anderen Trägern Sozialleistungen nach dem SGB II erhält. Aufgrund der aus § 5 Abs. 1 Nr. 2a SGB V für Personen, die Leistungen nach dem SGB II gewährt bekommen, resultierenden Krankenversicherungspflicht wird die Lebendorganspende von der Krankenkasse übernommen, bei welcher der Organempfänger versichert ist. Hinsichtlich des diesbezüglichen Leistungsumfanges ergeben sich also keine Unterschiede zu einem nach anderen Vorschriften gesetzlich Krankenversicherten.

3) Leistungsumfang bei Hilfebedürftigen nach dem SGB XII

Die Leistungspflicht des Sozialhilfeträgers nach dem SGB XII richtet sich danach, unter welche Kategorie von Hilfebedürftigen der Organempfänger zu subsumieren ist. Zu unterscheiden sind grundsätzlich zwei Personengruppen: Solche, die Leistungen bei Krankheit nach dem § 48 SGB XII erhalten und solche, deren Krankenbehandlung über § 264 Abs. 2 Satz 1 SGB V den gesetzlichen Krankenkassen übertragen worden ist.

Zunächst gilt allerdings, dass die Sozialhilfeträger nur zur Leistung verpflichtet sind, wenn sich der Hilfebedürftige nicht auf andere Weise helfen kann. Diese Nachrangigkeit der Sozialhilfe kommt in § 2 Abs. 1 SGB XII zum Ausdruck. Danach erhalten Personen keine Sozialhilfe, die sich vor allem durch den Einsatz ihrer Arbeitskraft, ihres Einkommens und ihres Vermögens selbst helfen können oder die die erforderlichen Leistungen von anderen, insbesondere von Angehörigen oder von Trägern anderer Sozialleistungen erhalten. Sind andere Sozialleistungsträger verpflichtet, Leistungen zu gewähren, welche der Bedürftige von dem Sozialhilfeträger verlangt, kann letzterer also wegen des Nachrangs der Sozialhilfe nicht in Anspruch genommen werden.

Aus dem Nachrangprinzip ergeben sich bei der Lebendorgantransplantation im Hinblick auf die Krankenbehandlung des Organempfängers selbst keinerlei Einschränkungen. Denn für diese Behandlungsleistungen kommt kein anderer Sozialleistungsträger auf.

Anders verhält es sich möglicherweise bei gegenüber dem Organspender zu erbringenden Behandlungsleistungen. Hier wird die vom BSG aufgeworfene, allerdings nicht beantwortete Frage einer „subsidiären" Leistungspflicht der

---

393 Muckel, SozR, § 13 Rdn. 24 ff.

Krankenkasse des Organspenders relevant.[394] Bestünde eine Leistungspflicht der Krankenkasse des Organspenders für die Leistungen im Zusammenhang mit der Organentnahme, wäre der Organempfänger insoweit nicht hilfebedürftig, da ein anderer Sozialleistungsträger für die entstehenden Kosten aufzukommen hätte. Dann entfiele eine Leistungspflicht des Sozialhilfeträgers wegen § 2 Abs. 1 SGB XII.

Würde bei der Lebendorganspende eine Leistungspflicht der Krankenkasse des Organspenders greifen, so könnte sich der Sozialhilfeträger die an die Krankenkasse des Organempfängers nach § 264 Abs. 7 SGB V zu erstattenden Aufwendungen für die Behandlung des Organspenders seinerseits von dessen Krankenkasse erstatten lassen. Gleiches würde in den Fällen gelten, in denen der Sozialhilfeträger nach § 48 Satz 1 SGB XII selbst für die Krankenbehandlung des Organempfängers aufzukommen hat. Denn die Kosten für die Krankenbehandlung nach § 48 SGB XII trägt der Sozialhilfeträger ohnehin. Die vom BSG offen gelassene Frage einer subsidiären Leistungspflicht der Krankenkasse des Organspenders ist also durch die Neuregelungen im SGB V keineswegs obsolet geworden.

a) Keine vorrangige Leistungspflicht der Krankenkasse des Organspenders

Eine grundsätzliche Leistungspflicht der Krankenkasse des Organspenders bezüglich Aufwendungen im Zusammenhang mit der Organtransplantation besteht allerdings nicht. Der Organspender ist zum Zeitpunkt der Vornahme des Eingriffes nicht behandlungsbedürftig. Daher steht ihm nach den §§ 27 ff. SGB V ein Anspruch auf Behandlung gegen seine eigene Krankenkasse nicht zu.

Wie das BSG selbst ausgeführt hat, ist eine Unterscheidung zwischen dem eigentlichen Entnahmeakt, anlässlich dessen der Organspender (noch) nicht krank ist, und dem Folgezustand, der als behandlungsbedürftiger Zustand zu qualifizieren wäre, nicht zu rechtfertigen. Vielmehr handelt es sich bei der Organentnahme um eine unteilbare Leistung.[395]

Besteht aber danach nicht die Möglichkeit, den Zustand des Organspenders nach erfolgter Organentnahme versicherungsrechtlich anders zu behandeln, als denjenigen vor Beginn des Eingriffes, muss die Leistungspflicht seiner Krankenkasse auch für die Folgebehandlung daran scheitern, dass bereits bei Vornahme des Eingriffs keine Krankheit des Organspenders im Sinne des § 27 Abs. 1 SGB V vorlag. Eine Leistungspflicht der Spenderkrankenkasse lässt sich folglich nicht begründen.

Da für die Behandlungsleistungen zur Organentnahme also kein anderer Träger von Sozialleistungen aufzukommen hat, kann der zuständige Sozialhilfeträger

---

[394] BSGE 35, S. 102-104 (103).

[395] BSGE 35, S. 102-104 (103).

nicht bereits mit dem Hinweis auf die Nachrangigkeit der Sozialhilfe nach § 2 Abs. 1 SGB XII die Übernahme von Behandlungskosten für den Organspender verweigern.[396]

b) Leistungsbeschränkungen bei Hilfebedürftigen nach dem SGB XII

Für Sozialhilfeempfänger nach dem SGB XII ist der Träger der Sozialhilfe grundsätzlich auch für die Gewährung von Hilfen zur Gesundheit zuständig. Allerdings übernimmt die Krankenkasse nach § 264 Abs. 2 Satz 1 SGB V die Krankenbehandlung für Personen, die Leistungen nach dem Dritten bis Neunten Kapitel des SGB XII erhalten.

Zweck des § 264 Abs. 2 bis 7 SGB V ist es der Begründung zum Gesetzentwurf[397] zufolge, sicherzustellen, dass die Sozialhilfeempfänger nicht mehr medizinische Leistungen erhalten als gesetzlich Krankenversicherte. Der Gesetzgeber hat die Hilfeempfänger, die unter § 264 Abs. 2 Satz 1 SGB V fallen, den gesetzlich Krankenversicherten leistungsrechtlich gleichstellen wollen.[398] Daher bestimmt § 264 Abs. 4 Satz 1 SGB V, dass den Personen, deren Krankenbehandlung gemäß § 264 Abs. 2 Satz 1 SGB V die Krankenkasse übernommen hat, Ansprüche auf Krankenbehandlung entsprechend § 11 Abs. 1 SGB V zustehen. Ein Versicherungsverhältnis wird hierdurch nicht begründet.[399]

Für sonstige, der Sozialhilfe unterliegende Organempfänger hat der Sozialhilfeträger nach §§ 47 ff. SGB XII Hilfen zur Gesundheit zu gewähren. Wie der Verweis in § 48 Satz 1 SGB XII auf die Vorschriften des SGB V zeigt, orientiert sich der Leistungsumfang in diesem Fall ebenfalls an dem der gesetzlichen Krankenversicherung.

Unabhängig davon, ob die Krankenbehandlung nach § 264 Abs. 2 Satz 1 SGB V von einer Krankenkasse übernommen wurde oder ob die Beteiligten Hilfe bei Krankheit nach § 48 SGB XII erhalten, trifft die tatsächliche Kostenlast nach wie vor den Sozialhilfeträger. Denn für Krankenbehandlungen nach § 264 Abs. 2 Satz 1 SGB V bestimmt § 264 Abs. 7 SGB V, dass die den Krankenkassen entstehenden Aufwendungen von den Trägern der Sozialhilfe zu erstatten sind. Insoweit bleibt der Sozialhilfeträger auch nach Übertragung der Krankenbehandlung nicht krankenversicherter Sozialhilfeempfänger auf die Krankenkassen mit den Behandlungskosten belastet.

---

396 Anders kann dies allerdings, wegen der hier nach § 23 Abs. 1 SGB V bestehenden Leistungspflicht der Krankenkasse des Organspenders, hinsichtlich der Übernahme von Nachbetreuungsmaßnahmen für den Organspender zu beurteilen sein; siehe hierzu unten unter b) bb) (2) in diesem Kapitel.

397 BT-Drs. 15/1525, S. 167.

398 BT-Drs. 15/1525, S. 141.

399 BT-Drs. 15/1525, S. 141.

Möglicherweise bestehen aber hinsichtlich einzelner, gegenüber dem Organspender zu erbringender Leistungen in der Sozialhilfe gesetzliche Beschränkungen, die eine Leistungsverweigerung durch den Sozialhilfeträger rechtfertigen.

aa) Beschränkung der Ansprüche auf Krankenbehandlung nach § 264 Abs. 2 Satz 1 SGB V

Im Hinblick auf diejenigen Sozialhilfeempfänger, für die Behandlungsleistungen nach § 264 Abs. 2 Satz 1 SGB V von der Krankenkasse übernommen worden sind, kommt eine Beschränkung des Leistungskatalogs der GKV schon gesetzessystematisch nicht in Betracht.

Denn für sie gilt gemäß § 264 Abs. 4 Satz 1 SGB V die Vorschrift des § 11 Abs. 1 SGB V entsprechend. Danach haben diese Personen Anspruch auf sämtliche Leistungsarten, die in § 11 Abs. 1 SGB V genannt sind.

Für die Lebendorgantransplantation auf einen sozialhilfebedürftigen Organempfänger heißt dies, dass genau die gleichen Behandlungsleistungen zu erbringen sind wie für gesetzlich versicherte Organempfänger. Weder das SGB V noch das SGB XII bieten Anhaltspunkte, bei Krankenbehandlungen nach § 264 Abs. 2 Satz 1 SGB V den Leistungsumfang zu beschränken.

bb) Beschränkung der Ansprüche auf Krankenbehandlung nach § 48 Satz 1 SGB XII

In den §§ 47 ff. SGB XII finden sich hingegen Anhaltspunkte dafür, dass die Leistungspflichten bei Krankheit der Hilfebedürftigen gegenüber dem Leistungskatalog der gesetzlichen Krankenversicherung eingeschränkt sein können.

§ 48 Satz 1 SGB XII verweist zwar auf die Regelungen des SGB V zur Krankenbehandlung, klammert aber die Regelungen der §§ 44 SGB V zum Krankengeld ausdrücklich aus. Unter Hinweis darauf will die Enquete-Kommission begründen, dass die Sozialhilfeträger nicht verpflichtet sind, den Lebendorganspendern Verdienstausfallerstattung zu gewähren.[400]

(1) Die Erstattung von Verdienstausfall des Organspenders durch den Sozialhilfeträger

Die Erstattungspraxis der Krankenkassen zum Verdienstausfall des Organspenders erfolgt bis heute nach den Regelungen der §§ 44 ff. SGB V zum Kranken-

---

400 Zwischenbericht Organlebendspende, BT-Drs. 15/5050, S. 61/62. Interessant hierbei ist, dass die Enquete-Kommission diesbezüglich offenbar auch keinen Bedarf für gesetzliche Änderungen sieht, jedenfalls macht sie hierzu, anders als zu anderen Aspekten der Lebendorganspende (vgl. insoweit BT-Drs. 15/5050, S. 76/77), im Zwischenbericht keine konkreten Vorschläge.

geld. Für die Erstattung von Verdienstausfall an den Spender bietet das SGB V, wie die vorliegende Untersuchung gezeigt hat,[401] bislang keine geeignete Rechtsgrundlage. Das BSG hat bei der krankenversicherungsrechtlichen Betrachtung die Erstattung von Verdienstausfall als mit der Organtransplantation zusammenhängende Kosten der Krankenkasse des Empfängers aufgebürdet und eine an den Vorschriften zum Hausgeld orientierte Erstattung befürwortet.[402]

Allein die Tatsache, dass die Krankenkassen die Zahlung von Verdienstausfall an die Organspender nach den Regeln des SGB V zum Krankengeld erbringen, auf die § 48 Satz 1 SGB XII nicht verweist, kann aber nicht zum Ausschluss einer entsprechenden Leistungspflicht des Sozialhilfeträgers führen.

Bei der Zahlung von Verdienstausfall an den Organspender handelt es sich keineswegs um Zahlung von Krankengeld nach §§ 44 ff. SGB V. Einen Anspruch auf Zahlung von Krankengeld nach den §§ 44 ff. SGB V hat der Versicherte (in diesem Fall also der Organempfänger), nicht hingegen der Spender. Das BSG hat in seiner bereits zitierten Entscheidung[403] den dem Spender aufgrund spendebedingter Arbeitsunfähigkeit entstehenden Verdienstausfall als Nebenleistung zur Krankenbehandlung des Empfängers und gerade nicht als Zahlung von „Hausgeld“ an den Spender qualifiziert.

Aus der Systematik des Sozialhilferechts ist es folgerichtig, dass § 48 Satz 1 SGB XII nicht auf die Vorschriften des SGB V zum Krankengeld verweist. Denn das Krankengeld dient bei gesetzlich Krankenversicherten nach dem Wegfall etwaiger Entgeltfortzahlungs- oder Arbeitslosengeldansprüche als Einkommensersatz. Einer Kompensation eines Einkommensausfalles bedarf es im Sozialhilferecht gegenüber dem Hilfebedürftigen selbst jedoch nicht. Dieser verliert während der Zeit einer Krankheit seinen Anspruch auf Hilfe zum Lebensunterhalt nicht. Er erhält vielmehr auch während einer Krankheit weiter die Leistungen nach dem SGB XII und hat damit schlicht keine Einbuße.

Bei der Lebendorganspende erfolgt die Einkommensersatzleistung jedoch nicht an den Empfänger sondern an den Organspender. Dieser hat, unabhängig davon, ob der Empfänger gesetzlich krankenversichert oder sozialhilfeberechtigt ist, immer dann Einkommenseinbußen aufgrund seiner spendebedingten Arbeitsunfähigkeit, wenn er durch Arbeit Einkommen erzielt und ihm während der Organspende Arbeitsausfall entsteht. Der Verdienstausfall des Organspenders ist daher vollkommen unabhängig vom Status des Organempfängers. Trotz der eingeschränkten Verweisung des § 48 Satz 1 SGB XII auf die Regelungen des SGB V kann somit dem Organspender Verdienstausfallerstattung durch den Sozialhilfeträger nicht verweigert werden.

---

401 Vgl. oben in Kapitel A unter II.

402 BSGE 35, S. 102-104. Das BSG schränkt seine Auffassung allerdings dahin ein, dass diese nur für ebenfalls gesetzlich krankenversicherte Organspender gelten soll.

403 BSGE 35, S. 102-104.

Gegen eine Pflicht des Sozialhilfeträgers zur Erstattung von Verdienstausfall an den Organspender spricht sich aber die Enquete-Kommission[404] unter Hinweis auf Sauer[405] aus. Der weist zwar darauf hin, dass das Sozialhilferecht Einkommensersatzleistungen nicht kennt und daher Krankenhilfe im Sinne des BSHG die Leistung von Krankengeld nicht erfasst. Dass Sauer auch eine Zahlung von Verdienstausfallerstattung an den Organspender als Nebenleistung zur Krankenbehandlung des Organempfängers ablehnt, lässt sich seinen diesbezüglichen Ausführungen jedoch nicht entnehmen.

Gegen eine Erstattung des Verdienstausfalls des Organspenders kann eingewendet werden, das BSG habe mit dem Begriff der „Nebenleistung zur Krankenbehandlung" eine im Krankenversicherungsrecht so nicht vorgesehene Leistungsform eigener Art geschaffen, welche durch den Verweis in § 48 Satz 1 SGB XII für die sozialhilferechtliche Gewährung von Hilfe zur Gesundheit an den Organempfänger nicht erfasst wird.

Diese Argumentation ist jedoch rechtssystematisch fragwürdig. § 48 SGB XII ordnet an, dass Leistungen zur Krankenbehandlung entsprechend den §§ 27 ff. SGB V, grundsätzlich also in dem Umfang zu erbringen sind, wie sie auch von der GKV erbracht werden. Ist aber die Verdienstausfallerstattung nach der Rechtsprechung des BSG im Recht der GKV eine Nebenleistung zur Krankenbehandlung des Empfängers (nach §§ 27 ff. SGB XII), ist sie vom Verweis in § 48 Satz 1 SGB XII erfasst. Dass ihre Höhe bei gesetzlich versicherten Spendern entsprechend den Vorschriften zum Krankengeld ermittelt wird, die von § 48 Satz 1 SGB XII nicht in Bezug genommen werden, schadet hierbei nicht. Ist aber die Verdienstausfallerstattung an den Organspender im SGB V dem Grunde nach unumstritten, verbietet sich wegen des grundsätzlichen Gleichlaufs des Anspruches des Sozialhilfebedürftigen mit dem eines gesetzlich krankenversicherten Organempfängers eine diesbezüglich unterschiedliche Behandlung.

Schließlich kommt auch ein Ausschluss der Leistung von Verdienstausfall an den Spender aufgrund des sozialhilferechtlichen Individualisierungsprinzips[406] nicht in Betracht. Danach erhält jeder Leistungsberechtigte die Hilfeleistungen, die zur Deckung seines persönlichen und individuell zu ermittelnden Bedarfs notwendig sind. Erhält ein Dritter aufgrund der Leistungen im Zusammenhang mit der Lebendorgantransplantation nun Leistungen des Sozialhilfeträgers, kann dies als – unzulässige – Durchbrechung des Individualisierungsprinzips angesehen werden. Hilfe zur Gesundheit nach dem SGB XII soll aber dem hilfebedürftigen Organempfänger gewährt werden. Daher entscheidet auch nur dessen individuelle Hilfebedürftigkeit über die Leistungspflicht des Sozialhilfeträgers. Verdienstausfall an den Spender ist somit vom Sozialhilfeträger des leistungsberechtigten Empfängers unabhängig davon zu erstatten, ob der Spender selbst hil-

---

404 Zwischenbericht Organlebendspende, BT-Drs. 15/5050, S. 61 f.
405 NDV 2000, S. 97-101 (98 f).
406 Weiterführend zum Individualisierungsprinzip: Schulin/Igl, SozR, § 54 Rdn. 946/947.

febedürftig im Sinne des Sozialhilferechts ist. Die Frage einer möglichen Verdienstausfallerstattung an den Spender ist auf der Prüfungsebene des „Ob“ der Leistungsgewährung ohne Bedeutung. Sie betrifft nur den Umfang der Leistungspflicht gegenüber dem Organempfänger, nicht aber deren Rechtsgrund.

Demzufolge hat der Träger der Sozialhilfe Einkommenseinbußen des Organspenders nach § 48 Satz 1 SGB XII zu erstatten. Was den Umfang der Verdienstausfallerstattung angeht, sei auf die Ausführungen oben in Kapitel A unter II. 3) verwiesen. Dort wurde bereits ausgeführt, dass unter dem derzeitigen Rechtsregime eine Ausweitung der Verdienstausfallerstattung über die bestehende Praxis hinaus nicht möglich ist.

Mit der oben in Kapitel A unter II. 3) c) dd) vorgeschlagenen gesetzlichen Regelung zum Verdienstausfall für den Organspender in § 13 Abs. 3a SGB V wird auch bezüglich der Leistungspflicht der Sozialhilfeträger Rechtsklarheit geschaffen. Denn die neue Vorschrift ordnet die Verdienstausfallerstattung an den Spender ausdrücklich der Krankenbehandlung nach §§ 27 ff. SGB V zu. Damit ist die Verdienstausfallerstattung vom Verweis des § 48 SGB XII erfasst. So erstreckt sich die Wirkung des § 13 Abs. 3a SGB V n. F. hinsichtlich des Umfangs des zu leistenden Verdienstausfalles auch auf das Sozialhilferecht. Entsprechend ist auch nach der vorgeschlagenen Neuregelung eine Gleichschaltung der beiden Systeme sichergestellt.

(2) Nachbetreuungsmaßnahmen

Ein Sonderproblem entsteht aufgrund der Kollision der grundsätzlich langfristig angelegten Nachbetreuungsmaßnahmen einerseits mit dem Grundsatz der Sozialhilfe als punktueller und nicht auf Dauer angelegter Hilfeleistung in besonderen wirtschaftlichen Notlagen. Geht man davon aus, dass der Organempfänger nicht dauerhaft Anspruch auf Sozialhilfe hat sondern mittelfristig – etwa durch Bezug von Arbeitseinkommen oder Rentenleistungen – wieder in die Lage versetzt wird, seinen Lebensunterhalt ohne fremde Hilfe zu bestreiten, entfallen dessen Leistungsansprüche gegen den Sozialhilfeträger. Weil aber die Leistungspflicht hinsichtlich der Aufwendungen für den Organspender von dem primären Leistungsanspruch des Organempfängers abhängt, stellt sich die Frage, wer bei Wegfall des Anspruchs auf Sozialhilfe der für die Nachbetreuungsmaßnahmen beim Spender zuständige Leistungsträger ist.

Wegen des sowohl im Anwendungsbereich des § 264 Abs. 2 Satz 1 SGB V als auch im § 48 Satz 1 SGB XII grundsätzlich hergestellten Gleichlaufs von GKV und Sozialhilfe erscheint ein genereller Ausschluss der Nachbetreuungsmaßnahmen aus dem Leistungskatalog der Sozialhilfe nicht opportun. Hier gelten die wesentlichen Argumente für die Leistungspflicht des auf Seiten des Organempfängers zuständigen Trägers sowohl für den Bereich der Krankenversicherung als auch den Bereich der Sozialhilfe. So spricht insbesondere die in § 8

Abs. 3 Satz 1 TPG angelegte Einheitlichkeit der Nachbetreuungsmaßnahmen von Empfänger und Spender[407] für die grundsätzliche Leistungspflicht des Sozialhilfeträgers. Gleichzeitig erspart jedenfalls bei der Nierenlebendspende zwar nicht die Solidargemeinschaft der Versicherten, wohl aber der Sozialhilfeträger Kosten für jahrelange Dialysemaßnahmen beim Organempfänger. Es ist daher interessengerecht, dem zuständigen Sozialhilfeträger die Kosten für die Nachbetreuungsmaßnahmen beim Spender jedenfalls so lange aufzuerlegen, wie der Organempfänger hilfebedürftig ist.

Verliert der Organempfänger seinen Anspruch auf Sozialhilfe, kommen hinsichtlich der Nachbetreuungsmaßnahmen für den Organspender verschiedene Optionen in Betracht. Neben einem Fortwirken der Leistungspflicht des Sozialhilfeträgers könnte ein Übergang der Leistungspflichten des Sozialhilfeträgers auf den Krankenversicherungsträger des Organempfängers stattfinden oder – als schlechteste Variante für den Organspender – die Inanspruchnahme seiner eigenen Krankenkasse erforderlich werden.[408]

Knüpft man die Leistungspflicht – wie beim gesetzlich krankenversicherten Organempfänger – an den konkreten Leistungsfall Organtransplantation als Krankenbehandlung des Organempfängers, so kann der Übergang des Empfängers in ein anderes Leistungssystem nicht zur Unzuständigkeit des Trägers führen, der für die Organtransplantation seinerzeit zuständig gewesen ist.[409] Knüpft man hingegen die Leistungspflicht an die jeweilige Person des Leistungsberechtigten an, so bewirkt ein Wechsel des Leistungsberechtigten Organempfängers auf einen anderen Sozialhilfe- oder Sozialversicherungsträger auch den Wechsel bezüglich der Leistungspflicht an den Organspender.

Durch die Fähigkeit, seinen Lebensunterhalt wieder aus eigenen Mitteln zu bestreiten, verliert der Organempfänger die Anspruchsberechtigung gegenüber dem Sozialhilfeträger insgesamt. Eine über das Ende der Hilfsbedürftigkeit des Empfängers hinaus fortwirkende Inanspruchnahme des Leistungsträgers ist im Rahmen der Sozialhilfe nicht möglich. Bei Wegfall der Hilfebedürftigkeit des Empfängers darf der Sozialhilfeträger keine Leistungen mehr erbringen. Eine Fortwirkung des Leistungsfalles widerspricht dem grundsätzlich auf Hilfe für gegenwärtige Notsituationen angelegten System des Sozialhilferechts.

---

407 Vgl. dazu die Begründung zum Regierungsentwurf zum TPG in BT-Drs. 13/4355, S. 21. Hiernach hält der Gesetzgeber die Nachbetreuung beider Beteiligten für unerlässlich, um den Erfolg der Organtransplantation auf Dauer zu sichern. Siehe dazu auch oben in Kapitel A unter II.

408 Auch die Enquete-Kommission hält die Frage der Leistungspflicht des Sozialhilfeträgers für Nachbetreuungsmaßnahmen für „unklar", zeigt allerdings keine eigenen Lösungswege auf, vgl. Zwischenbericht Organlebendspende, BT-Drs. 15/5050, S. 61.

409 So bereits oben in Kapitel A unter II. 3) für den Fall der Beendigung der Mitgliedschaft des Organempfängers bei der Krankenkasse, bei welcher er bei Vornahme der Organentnahme versichert war.

Ein Übergang der Leistungspflicht für Nachbetreuungsmaßnahmen des Organspenders auf die neue Krankenkasse des Empfängers ist nicht interessengerecht. Bei der neuen Krankenkasse war der Organempfänger bei Vornahme der Organtransplantation nicht versichert. Allein die Mitgliedschaft des Organempfängers begründet keinen Anknüpfungspunkt für einen Übergang der aus dem Ursachenzusammenhang zwischen Organtransplantation und Nachbetreuungsmaßnahmen resultierenden Leistungspflicht gegenüber dem Organspender.

Wenn jedoch der Sozialhilfeträger nicht mehr als Leistungspflichtiger in Betracht kommt, müsste der Versicherungsschutz des Spenders über seine eigene Krankenversicherung erfolgen. Diese ist, wie in Kapitel A unter II. 1) ausgeführt, nach § 23 Abs. 1 SGB V für medizinische Vorsorgemaßnahmen gegenüber dem bei ihr versicherten Organspender grundsätzlich leistungspflichtig. Daher müsste in einem solchen Fall letztlich doch die Krankenkasse des Spenders subsidiär Leistungen erbringen, die mittelbar in Zusammenhang mit der Organspende stehen.

Ebenso wie im Recht der GKV ist aber auch im Sozialhilferecht allein eine Inanspruchnahme des für den Organempfänger im Zeitpunkt der Vornahme der Organtransplantation zuständigen Kostenträgers interessengerecht. Denn auch hier greifen – wie oben bereits dargelegt – für die Leistungspflicht des Sozialhilfeträgers dieselben Argumente, die für eine Leistungspflicht der Krankenkasse des Organempfängers sprechen. Die Nachbetreuungsmaßnahmen haben ihre Ursache in der allein zum Nutzen des Empfängers vorgenommenen Organtransplantation.

Wegen der nach Wegfall der Hilfebedürftigkeit des Organempfängers nach dem System der Sozialhilfe ausgeschlossenen Inanspruchnahme des Sozialhilfeträgers erscheint hier eine Pauschalierung der Kosten der Nachbetreuung und deren Abrechnung bereits bei Vornahme der Organtransplantation als einzig sachgerechte Lösung.[410] Zur Vermeidung einer unterschiedlichen Handhabung der betreffenden Fälle je nach zuständigem Leistungsträger ist daher auch im Sozialhilferecht eine pauschale Abgeltung der Kosten für Nachbetreuungsmaßnahmen vorzuziehen.

c) Zusammenfassung der Ergebnisse

Bei der Betrachtung der Leistungsbeziehungen zwischen einem auf Sozialhilfe angewiesenen Organempfänger, dem Organspender und dem Sozialhilfeträger zeigen sich also grundsätzlich keine wesentlichen Unterschiede zur Handhabung im Falle eines gesetzlich krankenversicherten Organempfängers. Vielmehr hat der Organspender regelmäßig den gleichen Leistungsumfang zu erwarten, wie er

---

[410] Der Vorschlag Kirstes in: ders. (Hrsg.), Nieren-Lebendspende, S. 89-93 (92), zur pauschalen Abgeltung der Nachbetreuungsmaßnahmen durch die Krankenkassen kann analog für eine Regelung der Leistungspflichten der Sozialhilfeträger herangezogen werden.

bei gesetzlicher Krankenversicherung des Organempfängers zur Verfügung stünde.

Es zeigt sich, dass die vom Gesetzgeber angestrebte Harmonisierung der sozialhilferechtlichen Krankenversorgung mit derjenigen der gesetzlichen Krankenversicherung auch im Sonderfall der Lebendorganspende ihre Bewährungsprobe bestehen kann. Hierbei macht es grundsätzlich keinen Unterschied, ob die Krankenbehandlung von den Krankenkassen nach § 264 Abs. 2 Satz 1 SGB XII übernommen wurde oder ob der Sozialhilfeträger selbst nach § 48 Satz 1 SGB XII für die Leistungen im Zusammenhang mit der Lebendorganspende einzustehen hat.

Gleichwohl weist die Enquete-Kommission[411] zurecht darauf hin, dass sich Organspender, die an einen sozialhilfeberechtigten Organempfänger ein Organ spenden wollen, zuvor in jedem Fall mit dem Sozialhilfeträger über den zu gewährenden Leistungsumfang – insbesondere im Hinblick auf die Verdienstausfallerstattung – ins Benehmen setzen sollten. Ebenso wie bei der gesetzlichen Krankenversicherung besteht überdies bei der Sozialhilfe noch Bedarf für eine praktisch handhabbare Lösung im Hinblick auf die versicherungsrechtliche Abwicklung von Nachbetreuungsmaßnahmen für den Organspender.

II. Sonderfall II: Private Krankenversicherungsverhältnisse bei der Lebendorganspende

Einen zweiten Sonderfall stellen Konstellationen dar, bei denen die Lebendorganspende zwischen Beteiligten erfolgt, von denen nur einer der gesetzlichen Krankenversicherungspflicht unterliegt, wohingegen der andere mit seinem Einkommen über der Pflichtversicherungsgrenze des § 7 Abs. 6 SGB V liegt oder wegen der Art seiner Tätigkeit nicht der gesetzlichen Versicherungspflicht unterliegt und daher bei einem privaten Träger krankenversichert ist.

Denkbar ist diese Konstellation sowohl für den Organempfänger als auch für den Organspender. Während sich bei einem privat krankenversicherten Organempfänger insbesondere die Frage stellt, inwieweit dessen private Krankenversicherung die Kosten der Lebendorganspende entsprechend der Handhabung bei der GKV übernimmt, stehen bei einem privat krankenversicherten Organspender vor allem zwei Gesichtspunkte im Vordergrund: Wie wirkt sich die Lebendorganspende auf das bestehende privatrechtlich strukturierte Krankenversicherungsverhältnis des Spenders aus? Und zweitens: Wie und in welchem Umfang kann vor dem Hintergrund der Strafbarkeit des verbotenen Handeltreibens mit Organen nach § 18 TPG vom Organempfänger bei wirtschaftlich negativen Auswirkungen auf das Versicherungsverhältnis des Spenders – etwa aufgrund von Beitragsanpassungen wegen Erhöhung des persönlichen Versicherungsrisi-

---

[411] Zwischenbericht Organlebendspende, BT-Drs. 15/5050, S. 62.

kos durch dessen private Krankenversicherung – Kompensation geleistet werden?

1) Reichweite der Kostentragung durch die private Krankenversicherung des Organempfängers

Die Kostenerstattung für eine Lebendorganspende an einen privat krankenversicherten Organempfänger unterliegt nicht dem Recht der GKV. Die Beziehungen zwischen Organempfänger und dessen privater Krankenversicherung sind rein zivilrechtlicher Natur. Etwaige Ansprüche des Organempfängers gegen die private Krankenversicherung ergeben sich aus dem zwischen ihm und seiner Krankenversicherung abgeschlossenen Versicherungsvertrag.

Diesem zivilrechtlichen Vertragsverhältnis liegen regelmäßig die vom Verband der privaten Krankenversicherung e. V. herausgegebenen Musterbedingungen 1994 Krankheitskosten- und Krankenhaustagegeldversicherung (MB/KK 94) zugrunde. Was den Leistungsumfang im Krankheitsfalle betrifft, verweist § 4 Abs. 1 MB/KK 94 auf den jeweils gültigen Tarif und die entsprechenden Tarifbedingungen. Nach § 4 Abs. 4 Satz 1 MB/KK 94 hat der Versicherte hinsichtlich stationärer Heilbehandlung die freie Wahl unter den öffentlichen und privaten Krankenhäusern. Geleistet wird nach § 4 Abs. 6 Satz 1 MB/KK 94 für Untersuchungs- oder Behandlungsmethoden, die von der Schulmedizin überwiegend anerkannt sind. Dies schließt eine Lebendorganspende als allgemein anerkannte Behandlungsmethode ein. Ob und inwieweit die Behandlungskosten für einen Organspender von der privaten Krankenversicherung ebenfalls übernommen werden, ist den MB/KK 94 nicht zu entnehmen.

Nach einer im Jahr 1999 ergangenen Mitteilung des Verbandes der privaten Krankenversicherung e. V.[412] tragen die privaten Krankenversicherungen „auch die dem Spender üblicherweise entstehenden Behandlungskosten sowie gegebenenfalls einen damit[413] einhergehenden Verdienstausfall“. Diese Mitteilung gab hinsichtlich des Umfanges der Kostentragung beim Verdienstausfall keine präzise Auskunft. Ebenso wenig wurde zu Fragen der Kostenerstattung für Nachbetreuungsmaßnahmen und der Behandlung von Komplikationen beim Spender Stellung genommen. Jedoch hat der Verband der privaten Krankenversicherung e. V. seine Erstattungspraxis bei Lebendspenden bezüglich der Kosten für Organspender auf eine Anfrage des Verfassers eingehender dargelegt.[414] Danach stellt sich die Erstattungspraxis wie folgt dar:

---

412 Mitteilung des Verbandes an die Universitätsklinik Hamburg-Eppendorf vom 12.01.1999, zitiert nach: Kraushaar in: Kirste (Hrsg.), Nieren-Lebendspende, S. 74 ff. (80).

413 A. d. V.: mit der Lebendorganspende.

414 Schreiben der Geschäftsführung des Verbandes der privaten Krankenversicherung e. V. vom 06.01.2005 zur Kostenübernahme bei Lebendorganspende.

Die private Krankenversicherung des Empfängers trägt im Zusammenhang mit der Organspende entstehende Fahrt- bzw. Reisekosten zum nächstgelegenen Behandlungsort in dem Umfang, in welchem der Versicherungsschutz des Organempfängers entsprechende Leistungen vorsieht. Für Zeiten der Arbeitsunfähigkeit des Spenders bei Vorbereitung der Organspende ebenso wie bei der eigentlichen Spende erstattet der Versicherer dessen Verdienstausfall ohne eine Beschränkung auf bestimmte Höchstsätze. Diese insoweit eindeutige Aussage des Verbandes der privaten Krankenversicherung unterstreicht und vervollständigt die bereits 1999 getroffene grundsätzliche Aussage zur Kostentragung des Verdienstausfalles des Spenders. Insoweit dürfte der von Kirste im Jahr 2000 geschilderte Fall[415] entgegen dessen Vermutung keinen rechtlichen Sprengstoff enthalten. Dort war einem privat krankenversicherten Spender von seiner privaten Krankenversicherung die Erstattung von Verdienstausfall für die Zeit verweigert worden, während der er aufgrund seiner Spende an seine ebenfalls privat krankenversicherte Ehefrau arbeitsunfähig gewesen war. Die private Krankenversicherung des Spenders musste angesichts der klaren Kostenübernahmepflicht die Forderung des Spenders zurückweisen. Denn für die Erstattung von Verdienstausfall des Spenders ist gerade nicht dessen private Krankenversicherung sondern vielmehr diejenige des Empfängers zuständig. Daher wäre in diesem Fall die private Krankenversicherung der Ehefrau des Spenders richtiger Anspruchsgegner gewesen.

Die Nachbetreuungsmaßnahmen beim Spender nach § 8 Abs. 3 Satz 1 TPG werden ebenfalls vom privaten Krankenversicherer des Empfängers getragen. Soweit Untersuchungs- oder Behandlungskosten nicht in unmittelbarem Zusammenhang mit dem Eingriff beim Spender entstehen, geht der Verband davon aus, dass diese nicht mehr von der privaten Krankenversicherung des Empfängers zu tragen sind, selbst wenn ein Ursachenzusammenhang zur Spende besteht. Einen unmittelbaren Zusammenhang nimmt der Verband jedenfalls so lange an, wie der stationäre Aufenthalt des Spenders im unmittelbaren Anschluss an die Organentnahme andauert. Nach Auffassung des Verbandes unterliegen die Gesundheitsbeeinträchtigungen, welche sich aus der Einnierigkeit des Spenders ergeben, keinesfalls der Leistungspflicht der privaten Krankenversicherung des Organempfängers.

Die Handhabung der Lebendorganspende durch die privaten Krankenversicherungen geht somit noch über den Leistungsumfang der GKV hinaus. Erfreulich ist insbesondere der Umstand, dass die Erstattung des Verdienstausfalles des Spenders keiner Beschränkung auf einen Höchstbetrag unterliegt. Im Recht der GKV bedarf es hinsichtlich des Umfangs der Verdienstausfallerstattung an den Spender noch gesetzgeberischer Maßnahmen. Die privaten Krankenversicherungen können hier bereits heute flexibler agieren, da insoweit auf den tatsächlichen Verdienstausfall des Spenders, nicht indessen auf seinen möglichen Krankengeldanspruch abgestellt wird.

---

415 Kirste in: ders. (Hrsg.), Nieren-Lebendspende, S. 89 ff. (91-92).

Klar ist zudem die Verantwortlichkeit der privaten Krankenversicherung in Abgrenzung zu etwaigen Behandlungen, die nicht mehr in unmittelbarem Zusammenhang mit der Organentnahme stehen. Die Handhabung der Fälle, bei denen aufgrund der Einnierigkeit des Spenders erhöhte Aufwendungen entstehen, entspricht der bereits oben gefundenen Lösung. Insoweit ist allein die Krankenkasse des Spenders leistungspflichtig.[416]

Zusammenfassend kann daher konstatiert werden, dass die Kostenerstattung für gegenüber dem Organspender erforderliche Behandlungsleistungen im Recht der PKV im Gegensatz zum Recht der GKV erschöpfend geregelt erscheint. Insbesondere die Frage der Erstattung des Ausgleichs wirtschaftlicher Einbußen unterliegt einer klaren versicherungsrechtlichen Regelung, welche wegen des Verzichts auf Höchsterstattungsbeträge den Umständen des jeweiligen Einzelfalles im erforderlichen Umfang Rechnung tragen kann.

2) Auswirkungen der Lebendspende auf das Versicherungsverhältnis eines privat krankenversicherten Organspenders

Sofern der Organspender selbst privat krankenversichert ist, können sich aus seiner Organspende – in erster Linie wirtschaftliche – Auswirkungen auf das mit seiner privaten Krankenversicherung bestehende Versicherungsverhältnis ergeben.[417]

a) Mögliche Mehraufwendungen des Organspenders

Zwar nehmen die privaten Krankenversicherungen allein aufgrund der Lebendorganspende – zum Beispiel wegen einer spendebedingten Risikoerhöhung beim Versicherungsnehmer – während eines laufenden Versicherungsverhältnisses in der Praxis keine Vertragsanpassung vor.[418] Jedoch steht ihnen nach § 8a Abs. 4 MB/KK 94 dann ein Anspruch auf einen angemessenen Zuschlag zu, wenn im Zeitpunkt einer Beitragsanpassung aufgrund allgemein gestiegener Krankheitskosten ein erhöhtes Versicherungsrisiko vorliegt.[419] Somit muss der Lebendorganspender bereits bei der nächsten auf die Organspende folgenden Beitragsanpassung seiner privaten Krankenversicherung damit rechnen, infolge des durch Hingabe eines Organs oder Organteils erhöhten gesundheitlichen Risikos einen Zuschlag auf seinen Versicherungsbeitrag leisten zu müssen. Bislang liegen keine empirischen Erkenntnisse darüber vor, ob dies der Praxis der privaten Kran-

---

416 Vgl. hierzu die Ausführungen oben in Kapitel E unter IV. 4) c).

417 Vgl. hierzu den Zwischenbericht Organlebendspende der Enquete-Kommission, BT-Drs. 15/5050, S. 60. Auch Nickel/Schmidt-Preisigke/Sengler, TPG, Erl. § 23, Rdn. 5 weisen, wenn auch nur eingeschränkt auf den Neuabschluss einer PKV, darauf hin, dass u. U. erhöhte Beitragsleistungen zur PKV zu erbringen sein können.

418 Zwischenbericht Organlebendspende der Enquete-Kommission, BT-Drs. 15/5050, S. 60.

419 Darauf weist auch Kraushaar in der Diskussion im Anschluss an seinen Beitrag in Kirste (Hrsg.), Nierenlebendspende, S. 74-80, hin, vgl.: ebenda, S. 84.

kenversicherer entspricht und in welcher Höhe ein Beitragszuschlag erhoben wird. Es besteht jedoch nach der Regelung zur Risikoerhöhung in § 8a Abs. 4 MB/KK 94 grundsätzlich die Möglichkeit solcher Zuschlagsverlangen durch die privaten Krankenversicherungen.

Darüber hinaus kann der Organspender beim Abschluss von anderen Versicherungsverträgen ebenfalls mit der Forderung nach einem Beitragszuschlag wegen des durch die Organspende bedingten erhöhten Gesundheits- oder Todesfallrisikos konfrontiert werden. Als Beispiel kommt der Abschluss einer Kapitallebensversicherung oder Risikolebensversicherung – etwa im Zusammenhang mit einem privaten Bauvorhaben – in Betracht.

Die Wissenschaft hat sich früh mit Kompensationsmöglichkeiten des Organempfängers für mittelbare wirtschaftliche Folgen beim Organspender beschäftigt. So hat Bucher[420] bereits im Jahr 1966 hinsichtlich der Transplantatentnahme beim lebenden Spender auf die Gefahr hingewiesen, dass der Spender „beim Abschluss von Lebensversicherungsverträgen oder beim Eintritt in Pensionskassen infolge des erhöhten Versicherungsrisikos einen Zuschlag wird zahlen müssen“ und diesbezüglich eine Entschädigungszahlung durch den Empfänger des Transplantats in die Diskussion gebracht.[421]

Diesen Gedanken haben nach Inkrafttreten des TPG auch andere Autoren aufgenommen.[422] Anknüpfungspunkt für eine zusätzliche Absicherung des Spenders ist jedoch zumeist das Risiko der Erwerbs- oder Berufsunfähigkeit[423] oder des Todes des Spenders,[424] letztlich also spendebedingter Gesundheitsrisiken. Diesbezüglich befürworten die Autoren nahezu geschlossen die Übernahme durch die Krankenkasse des Organempfängers. Jedoch stellt sich die Frage, ob sich für die mittelbaren wirtschaftlichen Folgen überhaupt eine Eintrittspflicht der Krankenkasse des Organempfängers begründen lässt.

b) Mögliche Leistungspflicht der Krankenkasse des Organempfängers

Nach dem bisherigen Ergebnis der Untersuchung ist eine solche Leistungspflicht der Krankenversicherung des Organempfängers für mittelbare wirtschaftliche Folgen nicht anzunehmen.

---

420 Bucher, Transplantatbeschaffung, in: Largiadèr, Organtransplantation, S. 75 ff., 78.

421 Bucher, Transplantatbeschaffung, in: Largiadèr, Organtransplantation, S. 75 ff., 78.

422 So etwa kurz nach Inkrafttreten des TPG: Ugowski, Rechtsfragen der Lebendorganspende, S. 130.

423 Gutmann, ZfTxMed 2000, S. 174-183 (180); Kirste in: ders. (Hrsg.), Nieren-Lebendspende, S. 89 ff. (92). Schreiber, M., Gesetzliche Regelung der Lebendspende, S. 217; Heemann/Demmer in: DTG (Hrsg.), Versicherungsschutz für die Lebendorganspende.

424 Vgl. zu beiden ausführlich oben in Kapitel F unter IV.

Die Entscheidung des BSG aus dem Jahr 1972[425] erfasste lediglich im unmittelbaren Zusammenhang mit der Organspende zu erbringende Leistungen. Das SGB V hält für den gesetzlich versicherten Empfänger keine Kompensationsvorschriften für mittelbare wirtschaftliche Einbußen bereit. Das TPG bietet – auch nach einer Änderung, wie sie oben in Kapitel F unter IV. 3) b) vorgeschlagen wird – hinsichtlich einer Verpflichtung des Sozialversicherungsträgers des Organempfängers zur Leistung von Kompensationszahlungen für mittelbare wirtschaftliche Folgen keine Lösungsansätze.

Auch erscheint eine Leistungspflicht des Sozialversicherungsträgers des Empfängers unter Aufopferungsgesichtspunkten, wie sie vereinzelt in der Literatur gefordert wurde,[426] rechtlich bedenklich. Bezüglich der in Rede stehenden Einbußen des Organspenders sind schon die Tatbestandsvoraussetzungen des staatshaftungsrechtlichen Aufopferungsanspruches[427] fraglich. Beispielhaft sei hier nur angeführt, dass es bereits an einem hoheitlichen, also öffentlich-rechtlichen Eingriff fehlt, der einen Aufopferungsanspruch begründen würde. Denn der Sozialversicherungsträger des Empfängers hat keinen Einfluss darauf, ob dem Spender zugunsten seines Versicherungsnehmers ein Organ entnommen wird und auch nicht auf die Beitragspraxis der Vertragspartner des Spenders. Schließlich würden Aufopferungsansprüche nur öffentlich-rechtliche Sozialversicherungsträger treffen. Eine Leistungspflicht privater Krankenversicherungen ließe sich also ohnehin nicht begründen. Insoweit kommt eine Haftung der Empfänger-Krankenkasse auch unter Aufopferungsgesichtspunkten nicht in Betracht.

c) Freiwillige Leistung durch die Krankenkasse des Organempfängers

Dennoch könnte eine Absicherung auch solcher mittelbarer wirtschaftlicher Folgen der Organspende durch die Krankenversicherung des Empfängers – beispielsweise entsprechend den spendebedingten Gesundheitsrisiken des Spenders – gerechtfertigt sein.

Die Begründung zu § 16 des Regierungsentwurfes zum TPG[428] lässt den Ansatz des Gesetzgebers erkennen, dass gewisse mittelbare Risiken des Spenders durch den Organempfänger abgesichert werden können, ohne dass dies als verbotenes Handeltreiben mit Organen zu qualifizieren wäre. Explizit erwähnt wird in der Begründung zwar nur die angemessene Absicherung des Spenders gegen eine durch die Organentnahme bedingte Erhöhung des Risikos der Berufsunfähigkeit oder des Todesfallrisikos.[429] Die Begründung zum Regierungsentwurf zum TPG zählt die Berufsunfähigkeitsversicherungen allerdings nicht abschließend auf

---

425 BSGE 35, S. 102-104.
426 Lührs, NJW 1992, S. 302-305 (304).
427 Im einzelnen hierzu: Depenheuer in: von Mangoldt/Klein/Starck, GG I, Art. 14 Rdn. 481 ff. (484-487).
428 BT-Drs. 13/4355, S. 30.
429 BT-Drs. 13/4355, S. 30.

sondern beschreibt sie nur als Beispielsfall, bei dem es am für die Strafbarkeit erforderlichen Eigennutzen für den Spender fehlt. Insoweit ist die Zulässigkeit weiterer Kompensationsleistungen jedenfalls nicht grundsätzlich ausgeschlossen.[430] Sie stellen so lange kein strafbares Handeltreiben dar, wie der wirtschaftliche Vorteil für den Spender keinen Eigennutzen zu begründen vermag.

Bei den genannten mittelbaren wirtschaftlichen Einbußen handelt es sich um echte Kompensationsleistung ohne zusätzlichen wirtschaftlichen Vorteil für den Spender. Denn hier soll nur ein Ausgleich für nachweislich durch die Organspende bedingte Mehraufwendungen erbracht werden. Insoweit bestehen im Hinblick auf die durch § 17 Abs. 1 TPG gesetzte Grenze keine Bedenken.

Noch weniger als bei der privaten Absicherung des Organspenders gegen spendebedingte Gesundheitsrisiken ist im Zeitpunkt der Organspende jedoch eine Berechnung der zu erwartenden Höhe von Kompensationsleistungen möglich. Denn ihre Entstehung ist keineswegs gewiss und hängt hinsichtlich einzelner Aufwendungen maßgeblich vom Verhalten des Organspenders selbst ab. Daher ist eine versicherungsmäßige Absicherung kaum möglich.

d) Mögliche Alternativen

Eine Lösung könnte die Erstattung solcher Mehraufwendungen des Organspenders gegen entsprechenden Nachweis durch den Organempfänger selbst sein.

Die Enquete-Kommission hält Kompensationsleistungen des Empfängers an den Spender im Hinblick auf die strafrechtlichen Vorschriften des TPG offenbar für nicht problematisch.[431] Jedenfalls schließt sie eine Kollision mit den §§ 17, 18 TPG insoweit aus.

Gegen die bewusste Hinnahme direkter Zahlungen vom Empfänger an den Spender – beispielsweise auf Nachweis der entstandenen Mehraufwendungen – bestehen jedoch grundsätzliche Bedenken. Es fehlt an einer Möglichkeit zur wirksamen Kontrolle der Zahlungsflüsse. Gestattete man in den Fällen, in denen der Spender hinsichtlich bestehender privatrechtlicher Versicherungsverträge aufgrund seiner Organspende mittelbare wirtschaftliche Einbußen erleidet, dem Empfänger direkte Kompensationszahlungen, würde Gelegenheit für überhöhte Zahlungen gegeben und damit indirekt dem Organhandel Vorschub geleistet. Die Hinnahme derartiger Kompensationsleistungen läuft den Regelungszielen des TPG entgegen. Direkte Zahlungen vom Empfänger an den Spender sollten

---

430 Zur gleichen Auffassung kommt auch die Enquete-Kommission in ihrem Zwischenbericht Organlebendspende, BT-Drs. 15/5050, S. 60.

431 Zwischenbericht Organlebendspende, BT-Drs. 15/5050, S. 60.

daher nicht gefördert werden.[432] Wirkungsvoll verhindert werden können sie allerdings auch nicht. Denn ohne Anhaltspunkte für eine Straftat nach §§ 17, 18 TPG kommt die Überprüfung von Zahlungsflüssen zwischen Organempfänger und Organspender ohnehin nicht in Betracht.

Alternativ könnte der Gesetzgeber daher – zum Beispiel in Form der Konkretisierung der Strafvorschriften der §§ 17, 18 TPG – Bagatellgrenzen festlegen, bis zu deren Höhe eine Strafbarkeit der Beteiligten wegen Organhandels ausscheidet. Mit einer solchen Regelung würden allerdings die Grenzen zur Entlohnung der Organspende weiter aufgeweicht.

Letztlich muss sich der Gesetzgeber wohl damit abfinden, dass in jedem Fall der Lebendorganspende ein Restrisiko für Zahlungen zwischen Organempfänger und Organspender bleibt, die im Hinblick auf das Organhandelsverbot der §§17, 18 TPG bedenklich erscheinen und deren wirksame Kontrolle einer gesetzlichen Regelung nicht zugänglich ist.

---

[432] Dies insbesondere vor dem Hintergrund, dass die Lebendspendekommissionen nicht in die Situation gebracht werden sollen, über die zulässige Höhe solcher Kompensationszahlungen innerhalb eines von ihnen nach § 8 Abs. 3 S. 2 TPG geforderten Gutachtens Stellung nehmen zu müssen; vgl. hierzu bereits die Ausführungen oben in Kapitel A unter II 3) b).

H Sozialversicherung und Lebendorgantransplantation im Ausland

In Deutschland herrscht auch acht Jahre nach Inkrafttreten des Transplantationsgesetzes Organmangel. Es verwundert nicht, dass sich einige Patienten nicht mit diesem Umstand abfinden wollen. Eine Alternative ist, die Organübertragung im Ausland durchführen zu lassen. Während bei der Transplantation eines postmortal gespendeten Organs die schnellere Verfügbarkeit den Grund für eine Auslandstransplantation darstellen wird, ist bei der Lebendorgantransplantation die Motivation überwiegend eine andere. Möglicherweise ist eine Lebendspende in Deutschland unzulässig, weil der Spender nicht dem durch § 8 Abs. 1 Satz 1 Nr. 1 TPG begrenzten Spenderkreis angehört. Da teilweise in anderen Ländern diesbezüglich eine liberalere Gesetzgebung existiert, wird ins Ausland ausgewichen, um die deutsche Spenderkreisbeschränkung zu umgehen. Sowohl bei der postmortalen wie der Lebendorganspende spielt zudem die Versuchung eine Rolle, das begehrte Organ käuflich zu erwerben.[433] Während letzterer Fall den Straftatbestand des verbotenen Handeltreibens mit Organen nach §§ 17, 18 TPG erfüllt, sind die zuvor genannten Fälle in Deutschland allenfalls rechtlich unzulässig, allerdings nicht strafbewehrt. Eine Auslandstransplantation kann aber – insbesondere bei der Übertragung eines postmortal gespendeten Organs – auch gänzlich in Übereinstimmung mit deutschem Recht erfolgen.

All diese Fälle haben eines gemeinsam: Die finanzielle Abwicklung findet zunächst ohne Beteiligung des deutschen Sozialversicherungsträgers statt. Erst ein entsprechender Antrag des betroffenen Organempfängers bei dem für ihn zuständigen Sozialversicherungsträger auf Erstattung der Auslandsbehandlungskosten stellt den Bezug zum deutschen Sozialversicherungsrecht her. Diesen Antrag kann der Versicherte freilich bereits vor Durchführung der Auslandsbehandlung stellen, eine endgültige Klärung wird er jedoch für den Fall, dass die Krankenkasse die Kostenübernahme ablehnt, möglicherweise erst nach Jahren vor den Sozialgerichten erlangen. Damit wird der Versicherte, wenn er dazu finanziell in der Lage ist, regelmäßig in Vorleistung treten müssen, um möglichst schnell in den Genuss der Auslandsbehandlung zu kommen.

Das deutsche Recht der gesetzlichen Krankenversicherung ist bezüglich der Erstattung von Auslandsbehandlungen sehr restriktiv. Wegen des mit der Versicherungspflicht der Mitglieder korrelierenden Versorgungsauftrages der gesetzlichen Krankenversicherungen besteht nach § 2 Abs. 2 Satz 1 SGB V der Grundsatz der vorrangigen Inanspruchnahme von im Inland durch die Träger der GKV zur Verfügung gestellten Sachleistungen. Nur in Ausnahmefällen kommt eine vom Sachleistungsprinzip abweichende Kostenerstattung von Auslandsbehandlungen in Betracht. Niedergelegt ist dieser Erstattungsanspruch gegen die GKV in § 18 Abs. 1 SGB V.

---

[433] Vgl. die unregelmäßig wiederkehrende Berichterstattung zur Thematik in der Tagespresse: Feyerabend/Fittkau, Organhandel in der deutschen Transplantationsmedizin, Beitrag vom 29.05.2002 im Deutschlandfunk; Görlitzer, Geld für Nieren, TAZ v. 14.03.2003.

Bis in die jüngste Vergangenheit hatte das Bundessozialgericht immer wieder über Rechtsstreitigkeiten im Zusammenhang mit Organtransplantationen mit Auslandsbezug zu entscheiden. Angefangen bei der Frage, ob eine behauptete Gegenleistung für ein Spenderorgan vom deutschen Sozialversicherungsträger erstattet werden muss[434] über die Frage, ob die deutsche Krankenkasse einem Versicherten die Kosten für Beschaffung und Übertragung einer Niere von einem indischen Spender zu erstatten hat[435] bis hin zu der Frage, ob die Kosten für zulässigerweise im Ausland durchgeführte Organtransplantationen von dem zuständigen Sozialversicherungsträger zu erstatten sind.[436] Bei allen Fällen stand die Frage im Vordergrund, ob oder in welchem Umfang der deutsche Sozialversicherungsträger für die Auslandsbehandlungen aufzukommen hat. In keinem der Fälle hat das BSG bislang den Betroffenen einen Anspruch gegen den jeweiligen Sozialversicherungsträger zugesprochen.

In diesem Kapitel soll – insbesondere anhand der genannten obergerichtlichen Rechtsprechung – geprüft werden, ob die vorhandenen gesetzlichen Regelungen in diesem Bereich ausreichend sind. Sozialversicherungsrechtlich von Interesse ist aber nicht nur die Frage der Erstattung der unmittelbaren Kosten der Organtransplantation. Vielmehr sollen sämtliche Leistungsarten daraufhin untersucht werden, ob ein Auslandsbezug sozialversicherungsrechtlich eine andere Bewertung erfordert. Beginnen wird die Untersuchung mit dem Kostenerstattungsanspruch selbst. In weiteren Schritten wird dann untersucht, ob und inwieweit vom deutschen Sozialversicherungsträger weitere Leistungen – etwa für Nachbetreuungsmaßnahmen nach § 8 Abs. 3 Satz 1 TPG oder bei auftretenden Komplikationen – gegenüber Spender und Empfänger zu erbringen sind. Während der Fokus zunächst auf die Erstattungspflichten der GKV gerichtet sein wird, kommen bei den weiteren Leistungen auch andere Sozialversicherungsträger, etwa die GUV in Betracht. Schließlich wird in einem weiteren Abschnitt auf Folgeprobleme wie Ansprüche auf Rentenleistungen oder das Einspringen der Sozialhilfeträger eingegangen.

I. Anspruch auf Erstattung der Kosten der im Ausland vorgenommenen Organtransplantation

Bei Auslandsaufenthalten ruht gemäß § 16 Abs. 1 Nr. 1 SGB V zunächst grundsätzlich der Anspruch des Versicherten auf Leistungen aus der gesetzlichen Krankenversicherung. Mit § 13 Abs. 4, 5 SGB V gelten allerdings Sonderregelungen für Krankenbehandlungen im EU-Ausland.[437] Eine Ausnahme vom

---

[434] BSG Urteil v. 16.07.1996 – 1 RK 15/95, SozR 3-2500 § 27 Nr. 7.

[435] BSG Urteil v. 15.04.1997 – 1 RK 25/95, NZS 1997, S. 570-572 mit Anmerkung Wolber in: SGb 1998, S. 484-485.

[436] BSGE 92, S. 19-34, in dem sich das BSG mit der Frage der Zulässigkeit der Überkreuz-Lebendspende auseinandergesetzt hat und BSGE 92, S. 164-172, das die Frage der Kostenerstattung einer unstreitig rechtmäßigen Auslandstransplantation zum Gegenstand hatte.

[437] Hierzu sogleich im Anschluss unter 1).

Grundsatz des § 16 SGB V bildet die Vorschrift des § 18 Abs. 1 SGB V. Lässt ein Mitglied der gesetzlichen Krankenversicherung Behandlungsleistungen außerhalb des Geltungsbereiches des Vertrages zur Gründung der Europäischen Gemeinschaft und des Abkommens über den Europäischen Wirtschaftsraumes vornehmen, besteht unter den Voraussetzungen des § 18 Abs. 1 SGB V die Möglichkeit der Erstattung seiner Kosten durch die Krankenkasse. Erforderlich hierfür ist, dass eine dem allgemein anerkannten Stand der medizinischen Erkenntnisse entsprechende Behandlung einer Krankheit nur außerhalb des genannten Gebietes möglich ist.

1) Exkurs: Sozialversicherungsrecht und europarechtliche Dienstleistungsfreiheit

An dieser Stelle sei darauf hingewiesen, dass die europäische Integration auch auf dem Gebiet des Sozialrechts weiter voranschreitet. So hatte der europäische Gerichtshof (EuGH) in der jüngsten Vergangenheit mehrere Fälle zu entscheiden, die sich mit der Frage der passiven Dienstleistungsfreiheit[438] befassten und einen direkten Bezug zum jeweiligen mitgliedstaatlichen Sozialrecht aufwiesen. Kernthema war regelmäßig, ob ein Bürger eines Mitgliedstaates, der in diesem einem gesetzlichen Sozialversicherungssystem angehört und sich zur Inanspruchnahme von ärztlichen Behandlungsleistungen[439] oder zum Erwerb von medizinischen Hilfsmitteln[440] ins EU-Ausland begibt, einen Anspruch auf Kostenübernahme durch den zuständigen Sozialversicherungsträger in seinem Heimatmitgliedstaat hat. Auf die vielschichtigen Probleme, die sich durch die Auswirkungen der europäischen Harmonisierung im Bereich der Dienstleistungsfreiheit auch auf das deutsche Sozialrecht ergeben, kann hier nicht im Einzelnen eingegangen werden.

Zur Rechtslage in Deutschland sei nur soviel gesagt: § 13 Abs. 4, 5 SGB V regeln grundsätzlich die Inanspruchnahme von ärztlichen Leistungen außerhalb des Geltungsbereichs des SGB V. Während § 13 Abs. 4 SGB V dabei allgemein die Inanspruchnahme von Leistungserbringern im EG/EWR-Ausland regelt, stellt § 13 Abs. 5 SGB V besondere, über die in § 13 Abs. 4 SGB V hinaus gehende Anforderungen für die Inanspruchnahme von Krankenhausleistungen im Ausland.

---

438 Hiervon spricht man, wenn ein Leistungsempfänger sich in einen anderen Mitgliedstaat begibt, um dort Leistungen in Anspruch zu nehmen, vgl. EuGH (Rechtssachen C-286/82, C-26/83, „Luisi und Carbone"), Slg. 1984, S. 377 ff.

439 Zur Zahnbehandlung im EU-Ausland: EuGH (Rechtssache C-158/96, „Kohll") NJW 1998, S. 1771 ff., zur Krankenhausbehandlung vgl.: EuGH (Rechtssache C-157/99, „Smits/Peerbooms"), NJW 2001, S. 3391 ff. oder EuGH (Rechtssache C-368/98, „Vanbraekel"), NJW 2001, S. 3397 ff.

440 In EuGH (Rechtssache C-120/95, „Decker"), NJW 1998, S. 1769 ff., ging es um die Erstattung von Kosten für die Beschaffung einer Brille im europäischen Ausland.

Soweit ein Versicherter Behandlungsleistungen im europäischen Ausland in Anspruch nimmt, steht ihm nach § 13 Abs. 4 SGB V grundsätzlich ein Erstattungsanspruch zu, allerdings beschränkt auf die Höhe der Vergütung, welche die Krankenkasse bei Erbringung als Sachleistung in Deutschland zu tragen hätte. Nach § 13 Abs. 5 SGB V ist für die Erstattung der Kosten von im EG/EWR-Ausland zu erbringenden Krankenhausleistungen zusätzlich erforderlich, dass die Krankenkasse zuvor der Behandlung im Ausland zugestimmt hat. Eine Befugnis zur Verweigerung der Zustimmung hat die Krankenkasse danach nur dann, wenn eine ebenso wirksame, dem allgemeinen Stand der medizinischen Erkenntnisse entsprechende Behandlung der Krankheit rechtzeitig bei einem Vertragspartner der Krankenkasse im Inland erlangt werden kann.

Die bislang vom BSG entschiedenen Fälle mit Bezug zum Transplantationswesen hatten ausnahmslos keine europarechtlichen Bezüge. Daher sollen die Vorschriften des SGB V lediglich unter dem Aspekt der Erstattung von Kosten für in anderen Staaten erfolgte Behandlungen untersucht werden. Soweit Therapieformen betroffen sind, die oder deren konkrete Ausführungsumstände in Deutschland unzulässig sind oder nicht zum Leistungsumfang der gesetzlichen Krankenversicherung gehören,[441] verneint das BSG bislang ohnehin auch im Hinblick auf im EU-Ausland vorgenommene ärztliche Behandlungen einen Erstattungsanspruch,[442] so dass hier jedenfalls bislang keine rechtliche Differenzierung erforderlich ist.

2) Die Voraussetzungen des § 18 Abs. 1 SGB V

a) Auslandsbehandlung entspricht dem allgemein anerkannten Stand der medizinischen Erkenntnisse

Tatbestandliche Voraussetzung für einen Erstattungsanspruch nach § 18 Abs. 1 SGB V ist, dass eine dem allgemein anerkannten Stand der medizinischen Erkenntnisse entsprechende Behandlung nur im Ausland möglich ist. Voraussetzung ist daher zunächst, dass die im Ausland beabsichtigte Behandlung überhaupt dem allgemein anerkannten Stand der medizinischen Erkenntnisse entspricht. Das BSG hat bei der Auslegung dieses unbestimmten Tatbestandsmerkmals eine Eingrenzung dahin vorgenommen, dass eine Behandlung immer dann diesem Standard entspricht, wenn sie nicht nur von einzelnen Ärzten sondern „von der großen Mehrheit der einschlägigen Fachleute (Ärzte und Wissenschaftler) befürwortet wird“[443] und über die Zweckmäßigkeit der Therapie – ab-

---

[441] Bei der Organtransplantation wären dies die bereits angeführten Fälle der entgeltlichen Organbeschaffung oder der Umgehung der Spenderkreisbeschränkungen des § 8 Abs. 1 Satz 1 Nr. 1 TPG.

[442] BSG Urteil v. 09.10.2001, NZS 2002, S. 480 ff.

[443] BSG Urteil v. 14.02.2001 – B KR 29/00 R (unveröffentlicht).

gesehen von vereinzelten, nicht ins Gewicht fallende Gegenstimmen – Konsens besteht.[444]

Die Organtransplantation ist – jedenfalls bei Leber und Niere – zwischenzeitlich zu einem Routineeingriff geworden, eine in der Krankenhausmedizin allgemein anerkannte Behandlungsmethode mit weltweit großer Verbreitung. Folgerichtig hat das BSG jüngst entschieden, dass die „Transplantation der Niere eines verstorbenen Spenders eine dem allgemein anerkannten Stand der medizinischen Erkenntnisse entsprechende therapeutische Maßnahme zum Ausgleich der beim Empfänger des Spenderorgans ausgefallenen Nierenfunktion ist“.[445] Entsprechendes muss angesichts ihrer ebenfalls weltweiten Verbreitung für die Organlebendspende gelten.

Diese Einschätzung zur allgemeinen Akzeptanz der Organtransplantation als Therapiemethode gilt zunächst unabhängig davon, unter welchen Umständen ein Organ gewonnen wurde. Soweit jedoch die konkrete Methodik der Behandlung von den allgemein anerkannten Standards abweicht, können bereits an dieser Stelle der Prüfung einzelne Sachverhalte ausgeschieden werden. Auch das BSG hatte in einem Fall, in dem die Organtransplantation in Indien ohne vorherige Gewebeverträglichkeitsprüfung durchgeführt wurde, bereits Bedenken angemeldet, ob die konkrete Ausführung der Behandlungsmethode noch dem allgemein anerkannten Stand der medizinischen Erkenntnisse entspricht, die Frage jedoch offen gelassen und seine ablehnende Entscheidung zur Kostentragungspflicht der Krankenkasse letztlich anders begründet.[446]

b) Keine vergleichbare Therapiemethode im Inland verfügbar

Weitere Voraussetzung ist, dass eine dem Standard entsprechende Behandlung der beim Versicherten bestehenden Erkrankung in Deutschland (oder dem europäischen Ausland) nicht möglich ist.[447] Dabei kommt es nach der Auffassung des BSG nicht darauf an, ob qualitative oder quantitative Aspekte dafür maßgeblich sind, dass die Behandlung in Deutschland nicht möglich ist.[448]

Im Bereich der Organtransplantation hat das BSG zu diesen Merkmalen im Jahr 2004 ausführlich Stellung bezogen.[449] In dem seinerzeit entschiedenen Fall hatte ein Patient, der an chronischer Niereninsuffizienz litt, sich in den USA eine postmortal gespendete Niere implantieren lassen. Von der zuständigen Ersatzkasse verlangte der Kläger vergeblich Übernahme der für die – unstreitig in

[444] BSGE 84, S. 90-98 (96); ebenso: BSG Urteil v. 14.02.2001 – B KR 29/00 R.
[445] BSGE 92, S. 164-172 (165).
[446] BSG Urteil v. 15.04.1997 – 1 RK 25/95, NZS 1997, S. 570-572 (570).
[447] BSGE 84, S. 90-98 (91/92).
[448] BSGE 84, S. 90-98 (92).
[449] BSGE 92, S. 164-172.

Übereinstimmung mit deutschem Recht vorgenommene – Organtransplantation aufgebrachten Kosten in Höhe von circa 140.000 €.

aa) Qualitatives Versorgungsdefizit

Das BSG verneinte in diesem Fall das Vorliegen eines qualitativen Versorgungsdefizits. Das Merkmal des qualitativen Versorgungsdefizits stellt darauf ab, dass eine der Auslandsbehandlung von der Behandlungsmethodik her vergleichbare Behandlung im Inland nicht verfügbar ist. Voraussetzung hierfür ist, dass die im Ausland praktizierte Methode allgemein anerkannt ist. An einem qualitativen Versorgungsdefizit fehlt es jedoch in der Regel bei der Organtransplantation. Denn die Behandlungsmethode als solche wird in Deutschland ebenso praktiziert, wie dies im Ausland der Fall ist. Signifikante qualitative Unterschiede bei Diagnostik, Operationstechniken oder anderen Qualitätsmerkmalen der Behandlungsmethode Organtransplantation sind nicht bekannt. Allein die Wartezeit auf ein geeignetes Spenderorgan kann, statistisch gesehen, in Deutschland länger sein als in anderen Staaten.

Aus diesem Umstand kann aber nach Auffassung des BSG ein qualitatives Versorgungsdefizit nicht hergeleitet werden. Das BSG ist in seinem Urteil insoweit nicht der Argumentation des Klägers gefolgt, wonach die Organtransplantation gegenüber der in Deutschland im Zeitpunkt ihrer Vornahme aufgrund des dort herrschenden Organmangels allein zur Verfügung stehenden Dialysebehandlung eine höherwertigere, weil kausale Therapie gewesen sei. Das BSG hatte im Hinblick auf die Feststellung des qualitativen Versorgungsdefizits nicht auf den konkreten Zeitpunkt der Vornahme der Behandlung im Ausland abgestellt sondern auf die allgemeine Verfügbarkeit der Methode. Andernfalls hätte es die Behandlungsmethoden der Dialysebehandlung einerseits und der Organtransplantation andererseits vergleichen müssen. In Deutschland stand definitiv zum Zeitpunkt, zu welchem dem Kläger die Transplantation in den USA angeboten wurde, kein geeignetes Spenderorgan zur Verfügung. Der Spender stand lediglich auf der Warteliste von Eurotransplant; wann er mit der Zuteilung eines geeigneten Organs hätte rechnen können, war nicht absehbar.

Der Argumentation des BSG ist im Ergebnis zuzustimmen. Systematisch handelte es sich im entschiedenen Fall nicht um ein qualitatives Versorgungsdefizit. Wie das BSG zutreffend ausführt, muss in derartigen Fällen „die sich im Inland wie im Ausland ergebende Zeit des Wartens auf ein geeignetes Spenderorgan zunächst mit laufender Dialysebehandlung überbrückt werden".[450] Insoweit besteht keine Veranlassung, die im Inland wie im Ausland gleichermaßen kumulativ angewendeten Methoden der Dialysebehandlung und Organtransplantation miteinander zu vergleichen. Entscheidend ist in solchen Fällen also nicht die Frage, ob eine Methode in Deutschland zu Verfügung steht, sondern nur wann

450 BSGE 92, S. 164-172, Rdn. 17.

dies der Fall ist. Eine solche Entscheidung ist jedoch keine qualitativen sondern allenfalls eine quantitativen Inhalts.

Dieser Ansatz des BSG ist auch auf solche Organtransplantationen anwendbar, bei denen von vornherein der Organtransplantation keine alternative Therapiemethode gegenübersteht (etwa bei schweren Leberschädigungen). Denn auch hier würde die Auslandsbehandlung nur deswegen gewählt, weil sie gegenüber der Inlandsbehandlung vermeintlich schneller zu erlangen ist. Die Behandlungsmethode als solche ist jedoch die gleiche wie im Inland. Qualitative Mängel bestehen daher in diesen Fällen ebenfalls nicht.

Schließlich ist die zitierte Entscheidung des BSG auch auf Fälle der Lebendorgantransplantation übertragbar. Fälle, in denen ein Organempfänger sich zum Zwecke der Durchführung einer nach deutschem Recht zulässigen Lebendorgantransplantation ins Ausland begibt, sind schwer vorstellbar. Denn die deutsche gesetzliche Krankenversicherung übernimmt auch bei einem Spender mit Wohnsitz außerhalb Deutschlands die Kosten für dessen An- und Heimreise,[451] so dass es regelmäßig keiner Auslandsbehandlung bedarf.

Auch Auslandsbehandlungen, die aus anderen Gründen, wie etwa der Unzulässigkeit der konkreten Lebendspende in Deutschland, vorgenommen werden, sind nicht geeignet, einen Anspruch auf Kostenübernahme aufgrund eines qualitativen Versorgungsdefizits zu begründen. Auf die Unzulässigkeit der Organtransplantation kommt es hierbei zunächst nicht an. Denn auch in diesen Fällen ist die konkrete Behandlungsmethode die Organübertragung von einem lebenden Spender auf den Organempfänger. Die medizinische Behandlungsleistung kann in Deutschland ebenso zur Verfügung gestellt werden wie im Ausland, so dass es an einem qualitativen Versorgungsdefizit im Sinne der Rechtsprechung des BSG zu § 18 Abs. 1 SGB V fehlt. Die rechtliche Unzulässigkeit stellt keinen Mangel an medizinischer Versorgung dar, sondern die Grundentscheidung des deutschen Gesetzgebers über die rechtlichen Rahmenbedingungen bestimmter medizinisch möglicher, ethisch aber fragwürdiger und daher vom Gesetzgeber verworfener Therapieformen.

Allein der Umstand, dass ein potentieller Organempfänger in Deutschland länger auf ein geeignetes Spenderorgan warten müsste als im Ausland, kann also kein qualitatives Versorgungsdefizit im Sinne des § 18 Abs. 1 SGB V begründen, welches einen Anspruch auf Kostenerstattung einer Auslandsbehandlung rechtfertigen würde.

---

[451] Vgl. den der Entscheidung des BSG v. 16.07.1996 – 1 RK 15/95, SozR 3-2500 § 27 Nr. 7, zugrunde liegenden Sachverhalt, bei dem die Kosten eines Spenders für die Beförderung von der und in die Türkei von der Krankenkasse des Organempfängers übernommen wurden.

bb) Quantitatives Versorgungsdefizit

(1) Voraussetzungen nach der Rechtsprechung des BSG

Ein quantitatives Versorgungsdefizit besteht nach der Rechtsprechung des BSG dann, wenn „eine Behandlung im Inland zwar möglich ist, jedoch wegen fehlender Kapazitäten oder aus anderen Gründen nicht rechtzeitig erfolgen kann“.[452] Das BSG stützt sich hierbei auf die Begründung zum Gesetzentwurf, die verlangt, dass „wegen mangelnder Kapazitäten und dadurch bedingter Wartezeiten eine frühzeitigere Auslandsbehandlung aus medizinischen Gründen unbedingt erforderlich ist“.[453]

Eine eingeschränkte Verfügbarkeit der Therapiemethode Organtransplantation kann für Deutschland nicht konstatiert werden. Für Nieren- oder Lebertransplantationen standen in Deutschland im Jahr 2003 jeweils 24 Transplantationszentren zur Verfügung.[454] Signifikante Wartezeiten bis zu einer Organtransplantation, die auf die mangelnde Verfügbarkeit von Operationskapazitäten zurückzuführen wären, sind nicht bekannt. Ein quantitatives Versorgungsdefizit, welches darauf zurückzuführen wäre, dass eine zu geringe Zahl von Therapieeinrichtungen zur Verfügung gestellt wird, besteht demnach in Deutschland nicht.

Das BSG hält das Vorliegen eines quantitativen Versorgungsdefizits bei Organtransplantationen aufgrund einer in Deutschland gegenüber dem Ausland längeren Wartezeit auf ein Spenderorgan zwar für zweifelhaft,[455] lässt diese Frage bislang jedoch offen. Denn auch unter Annahme eines Versorgungsdefizits in solchen Fällen scheide ein Anspruch des Versicherten auf Kostenübernahme nach § 18 Abs. 1 SGB V aus.[456] Dem Versicherten stehe auch bei Auslandsbehandlungen lediglich ein Anspruch auf bedarfsgerechte Versorgung mit medizinischen Leistungen zu, der ebenso an die Grundsätze der Wirtschaftlichkeit und Notwendigkeit gebunden sei wie der Behandlungsanspruch im Inland. Hierbei sei schließlich auch angesichts des § 70 Abs. 1 Satz 1 SGB V, so das BSG weiter, auf eine gleichmäßige Versorgung aller Versicherten zu achten. Art. 3 Abs. 1 GG begründe – nur – die verfassungsrechtliche Pflicht, Versicherte bei der Versorgung mit Leistungen auch in bestehenden Mangelsituationen nicht willkürlich ungleich zu behandeln.[457] Dem sei der Gesetzgeber mit der Verabschiedung des TPG in Kenntnis des bestehenden Versorgungsmangels an geeigneten Spenderorganen in nicht zu beanstandender Weise nachgekommen. Daher stünden dem Kläger auch unter dem Gesichtspunkt des Eintretens der Kranken-

---

452 BSGE 84, S. 90-98 (92).
453 Entwurf eines Gesetzes zur Strukturreform im Gesundheitswesen (Gesundheits-Reformgesetz – GRG), BT-Drs. 11/2237, S. 166.
454 DSO, Organspende und Transplantation in Deutschland, S. 26 und 32.
455 BSGE 92, S. 164-172 (166).
456 BSGE 92, S. 164-172 (166).
457 BSGE 92, S. 164-172 (167).

kassen für sogenanntes Systemversagen[458] keine Ansprüche zu. Denn schließlich folge aus Art. 2 Abs. 2 GG kein Anspruch auf Bereithaltung spezieller Gesundheitsleistungen sondern aufgrund der den zuständigen staatlichen Stellen insoweit eingeräumten weiten Gestaltungsfreiheit lediglich eine Schutzpflicht des Staates dahin, dass überhaupt Vorkehrungen zum Schutze des Grundrechts getroffen werden, die nicht völlig ungeeignet oder unzulänglich sind.[459]

(2) Stellungnahme zum Begründungsansatz des BSG

Die Zweifel des BSG am Vorliegen eines quantitativen Versorgungsdefizits wegen längerer Wartezeiten auf ein Spenderorgan in Deutschland sind berechtigt. Ein quantitatives Versorgungsdefizit wird durch eine solche längere Wartezeit nicht begründet. Letztlich resultiert eine längere Wartezeit aus einer mangelnden Zahl an Spenderorganen. Die Zurverfügungstellung einer ausreichenden Zahl von Spenderorganen ist aber keine Frage des medizinischen Standards sondern allein ein Kapazitätsproblem, auf welches der Staat – und damit die öffentlich-rechtlichen Versorgungsträger – nur beschränkten Einfluss hat. Dem Staat ist unter Rücksichtnahme auf die Menschenwürde potentieller Spender nur durch passiv wirkende Maßnahmen die Möglichkeit eröffnet, auf die Zahl der Spenderorgane einzuwirken. So kann er etwa die Anzahl der postmortal gespendeten Organe durch liberale Regelungen zur Zulässigkeit der Organentnahme von Toten[460] erhöhen oder den zulässigen Spenderkreis für Lebendorganspenden weit fassen.[461] Aktiv kann er jedoch in keinem Fall das Aufkommen an Spenderorganen beeinflussen.

Wenn die Gesetzesbegründung zu § 18 Abs. 1 SGB V von mangelnden Kapazitäten spricht,[462] die zu einer die Auslandsbehandlung rechtfertigenden Wartezeiten im Inland führen können, so stellt sie auf die Verfügbarkeit von Behandlungskapazitäten ab. § 18 Abs. 1 SGB V gewährt unter Berücksichtigung des gesetzlichen Auftrags der GKV, die Versicherten mit einem nach § 2 Abs. 1 Satz 3 SGB V dem allgemein anerkannten Stand der medizinischen Erkenntnisse entsprechenden Standard an Leistungen zu versorgen, Anspruch auf Kostenübernahme für Auslandsbehandlungen, wenn eben dieser Standard in Deutschland nicht gewährleistet wird. Dass für die Behandlung einer Erkrankung neben den medizinischen Leistungen wie Behandlungsleistung oder Hilfsmitteln ein Organ eines anderen Menschen erforderlich ist, stellt einen Sonderfall dar, den

---

458 Zum Begriff: BSGE 73, S. 271-292 (276).

459 BSGE 92, S. 164-172 (169).

460 Hier ist insbesondere die Diskussion um die sogenannte Widerspruchslösung einerseits und die – letztlich im TPG verankerte – erweiterte Zustimmungslösung im Gesetzgebungsverfahren hervorzuheben; vgl. hierzu: BT-Drs. 13/4355, S. 13.

461 Siehe hierzu die Diskussion über die Spenderkreisbeschränkungen des § 8 Abs. 1 Satz 2 TPG; instruktiv: Gutmann, ZRP 1994, S. 111-114; vgl.: Seidenath, MedR 1998, S. 253-256, der auch auf die Frage der Zulässigkeit der Überkreuz-Lebendspende eingeht.

462 BT-Drs. 11/2237; S. 166.

der Gesetzgeber bei der Konzeption der Vorschrift des § 18 Abs. 1 SGB V offensichtlich nicht bedacht hat – jedenfalls bieten die Gesetzesmaterialien diesbezüglich nicht genügend Anhaltspunkte. Hängt eine schnellere Behandlung eines Versicherten im Ausland aber von der dort schnelleren Verfügbarkeit des Organs eines Dritten ab, so kann § 18 Abs. 1 SGB V diesen Fall nicht erfassen. Denn dann geht es gerade nicht um die in die Verantwortung des Staates fallende Sicherstellung der Verfügbarkeit von Behandlungskapazitäten sondern um das vom Staat allenfalls mittelbar beeinflussbare Aufkommen an Spenderorganen.

Im Ergebnis ist auch den verfassungsrechtlichen Ausführungen des BSG zuzustimmen. Das Bundesverfassungsgericht hat bereits 1951 grundsätzlich geurteilt, dass Art. 2 Abs. 2 GG kein „Grundrecht des Einzelnen auf gesetzliche Regelung von Ansprüchen auf angemessene Versorgung durch den Staat“[463] gewährt. Nach Art. 2 Abs. 2 Satz 1 GG besteht kein Anspruch des Organempfängers auf Beseitigung einer bestehenden Mangelsituation oder gar auf Bereithaltung bestimmter Gesundheitsleistungen. Konkrete Maßnahmen, wie beispielsweise die Beibehaltung oder Erweiterung des Leistungskatalogs der gesetzlichen Krankenversicherung, können vom Bürger gegenüber dem Staat aufgrund dieser Verfassungsnorm nicht gefordert werden.[464] Dem Gesetzgeber ist insbesondere im Hinblick auf die Transplantationsmedizin ein weiter Gestaltungsspielraum[465] bei der Organisation der medizinischen Versorgung zuzugestehen. Besonderes Gewicht ist hierbei dem Umstand zuzumessen, dass die Transplantationsmedizin – jedenfalls nach dem heutigen Stand der medizinischen Erkenntnisse – ohne Spenderorgane undenkbar ist. Selbst wenn der deutsche Gesetzgeber im TPG ein effizienteres Organbeschaffungssystem eingeführt hätte, hätte er nicht sicherstellen können, dass die Zahl der gespendeten Organe diejenige der benötigten Organe tatsächlich erreicht oder übersteigt, so dass allen potentiellen Organempfängern ein geeignetes Organ zur Verfügung gestellt werden kann. Die Verfügbarkeit von Organen mag durch liberalere Organspenderegelungen erhöht werden können; dass die tatsächliche Zahl der Spenderorgane höher ist als die der benötigten Organe, kann der Staat nicht gewährleisten, dies steht außerhalb seines Einflussbereichs.

---

463 BVerfGE 1, S. 97 ff. (104 f).

464 Di Fabio in: Maunz/Dürig, Komm. z. GG, Art. 2 Abs. 2, Rdn. 94. Vgl. auch Jarass in Jarass/Pieroth, GG, Art. 20 Rdn. 114.

465 Unter Betonung der dem Gesetzgeber von der Verfassung zugewiesenen Aufgabe der Konkretisierung von Leistungsansprüchen lehnt auch Hermes, Das Grundrecht zum Schutz von Leben und Gesundheit, S. 118, einen Leistungsanspruch direkt aus Art. 2 Abs. 2 S. 1 GG ab. Vgl. zudem in Bezug auf das Sozialstaatsprinzip Jarass in: Jarass/Pieroth, GG, Art. 20 Rdn. 114.

Daher ist einem Organempfänger kein Anspruch auf Versorgung mit einem Organ einzuräumen.[466] Der Staat hat allenfalls die Möglichkeit, eine Mangelsituation durch geeignete Maßnahmen für die Betroffenen möglichst wenig einschneidend zu gestalten. Die vom deutschen Gesetzgeber gefundene Handhabung ist jedenfalls nicht offensichtlich ungeeignet, den Mangel zu beseitigen, und damit vor dem Hintergrund des weitreichenden gesetzgeberischen Gestaltungsspielraumes[467] verfassungsrechtlich nicht zu beanstanden.

Dass den Versicherten im gesetzlichen Krankenversicherungsrecht in solchen Fällen auch die Erstattung von Auslandsbehandlungskosten verweigert wird, ist auch unter Berücksichtigung des Gleichbehandlungsgrundsatzes nach Art. 3 Abs. 1 GG nicht zu beanstanden. Mit einer Regelung wie in § 18 Abs. 1 Satz 1 SGB V vermeidet der Gesetzgeber, dass der in Deutschland zu beklagende Organmangel durch einen finanziell vom Staat mitgetragenen Transplantationstourismus in andere Staaten exportiert wird. Eine Ungleichbehandlung der Versicherten, die eine Verletzung des verfassungsrechtlichen Gleichbehandlungsgrundsatzes aus Art. 3 Abs. 1 GG darstellen würde, liegt nicht vor, weil alle vergleichbaren Gruppen von Versicherten – das sind vorliegend die potentiellen Organempfänger – gleich behandelt werden.

Die Auffassung des BSG zur Frage des quantitativen Versorgungsdefizits ist auch vor dem Hintergrund der neuesten Rechtsprechungsentwicklung des EuGH aus europarechtlicher Sicht nicht zu beanstanden. So geht der Generalanwalt Geelhoed in seinen Schlussanträgen vom 15.12.2005 in der Rechtssache C-372/04 – The Queen auf Antrag von Yvonne Watts gegen Bedford Primary Care Trust und Secretary of State for Health[468] – zunächst davon aus, dass Wartelisten im Bereich der Medizinversorgung grundsätzlich ein zur Ressourcenverwaltung geeignetes Instrument darstellen. Gleichzeitig stellt er klar, dass allein formale Gründe nicht ausreichen, die Übernahme von Kosten einer im – europäischen – Ausland vorgenommenen Behandlung eines Patienten auf einer Warteliste zurückzuweisen.

Bei der Organtransplantation entsteht allerdings die Wartezeit der Patienten gerade nicht aufgrund mangelnder Krankenhauskapazitäten sondern aufgrund des Mangels an geeigneten Spenderorganen. Deren Beschaffung ist aber – wie soeben dargelegt – nicht Gegenstand des Versorgungsauftrages des nationalen Ge-

---

[466] Das BSG gesteht dem Versicherten daher auch nur dann einen Leistungsanspruch gegen die Krankenkasse zu, wenn ein geeignetes Organ zur Transplantation zur Verfügung steht, BSGE 79, S. 53-57 (55).

[467] Jarass in: Jarass/Pieroth, GG, Art. 20 Rdn. 114.

[468] Inhaltlich beschäftigte sich der EuGH in diesem Vorabentscheidungsverfahren mit der Frage der Europarechtswidrigkeit der Ablehnung der Kostenübernahme für eine im Ausland vorgenommene Behandlung einer Patientin, die im Vereinigten Königreich auf einer Warteliste für eine Krankenhausbehandlung stand, jedoch nach den anzuwendenden Kriterien noch nicht für eine Behandlung anstand.

sundheitssystems. Mit dem Problem knapper Organe hatte sich der EuGH nicht zu befassen. Die vom EuGH in der genannten Rechtssache betrachteten Fragen des Verhältnisses von europarechtlicher Dienstleistungsfreiheit einerseits und Sicherstellung der Finanzierung nationaler Krankensysteme mit Hilfe der Beschränkung von Auslandsbehandlungen andererseits steht in keinem Zusammenhang mit Frage der Organknappheit.

Die vom BSG im Hinblick auf die Erstattung von Kosten für die im Ausland durchgeführte Übertragung eines postmortal gespendeten Organs vertretene Rechtsauffassung ist daher unter keinem rechtlichen Gesichtspunkt zu beanstanden.

(3) Kein Quantitatives Versorgungsdefizit bei der Lebendorganspende

Unter Zugrundelegung der Rechtsprechung des BSG zur Erstattung von Auslandsbehandlungskosten bei postmortaler Organspende ergibt sich auch bei Betrachtung der Lebendorgantransplantation kein anderes Ergebnis. Ein quantitatives Versorgungsdefizit liegt auch in diesen Fällen nicht vor: § 18 Abs. 1 Satz 1 SGB V ist im Rahmen der Lebendspende nur in zwei denkbaren Fallkonstellationen von Bedeutung, bei denen freilich jeweils Voraussetzung ist, dass das Spenderorgan nur im Ausland zur Verfügung steht und die Transplantation daher nur im Ausland durchgeführt werden kann.

Zum einen könnte eine Organtransplantation im Inland deswegen nicht möglich sein, weil die Voraussetzungen des § 8 Abs. 1 TPG nicht vorliegen – etwa weil der Organspender nicht dem nach § 8 Abs. 1 Satz 2 TPG zur Lebendspende zugelassenen Personenkreis angehört.

Schon der Einwand, gerade die Spenderkreisbeschränkung führe zu einem Versorgungsdefizit, kann in diesen Fällen nicht durchgreifen. Denn auch die Spenderkreisbeschränkung des § 8 Abs. 1 Satz 2 TPG stellt eine gesetzgeberische Grundentscheidung dar, die in ihrer Stringenz zwar umstritten sein mag, deren Geeignetheit für die mit der Regelung angestrebten Zwecke[469] verfassungsrechtlich jedoch nicht zu beanstanden ist.[470] Auch für die Beschaffung von Organen lebender Spender kann zudem hinsichtlich des staatlichen Versorgungsauftrages nichts anderes gelten als bei der Beschaffung postmortal gespendeter Organe. Selbst bei einer totalen Freigabe der Lebendorganspende könnte der Staat nicht die Versorgung aller Bedürftigen mit einem geeigneten Organ sicherstellen. Mangels Einflussnahmemöglichkeiten auf das Spendeaufkommen kann die Organbeschaffung daher nicht im staatlichen Versorgungsauftrag liegen.

---

[469] Diesen Zweck verfolgte der Gesetzgeber ausweislich der Begründung zum Gesetzentwurf, BT-Drs. 13/4355, S. 20.

[470] So zutreffend das BVerfG MedR 2000, S. 28-35.

Richtigerweise werden daher solche, im Inland unzulässigen – nach § 19 Abs. 2 TPG für den behandelnden Arzt sogar strafbaren – Behandlungen von der Krankenkasse nicht erstattet. Für Behandlungsleistungen, die im Inland wegen ihrer Unzulässigkeit nicht in den Leistungskatalog der gesetzlichen Krankenversicherung fallen, brauchen die Krankenkassen aber auch keine Kostenerstattung nach § 18 Abs. 1 SGB V zu gewähren, wenn diese im Ausland vorgenommen worden sind.[471]

Bei dem zweiten denkbaren Fall wäre die Transplantation im Ausland zwar zulässig, allerdings aus Gründen, die in den Verantwortungsbereich der Betroffenen Personen fallen, im Inland nicht möglich. Der Empfänger selbst unterliegt in diesem Fall dem Geltungsbereich des SGB V, da er es ist, der Ansprüche auf Kostenübernahme nach § 18 SGB V geltend macht. Tatsächlich können die Gründe für eine Verlagerung der Behandlung ins Ausland daher nur im Verantwortungsbereich des Spenders liegen. Zwar steht in diesem Fall im Inland auch kein Organ eines lebenden Spenders zur Verfügung. Auch hier liegt aber im Inland kein quantitatives Versorgungsdefizit vor. Denn auch hier gilt, dass die Organbeschaffung nicht Gegenstand des Versorgungsauftrages des Staates sein kann. Vorliegend scheitert die Organtransplantation im Inland auch nicht an hier fehlenden Behandlungskapazitäten.

Damit scheidet eine Kostenübernahme nach § 18 Abs. 1 SGB V von im Ausland vorgenommenen Organtransplantationen im Zusammenhang mit der Lebendorganspende in allen denkbaren Fällen aus.

c) Rechtsfolge des § 18 Abs. 1 SGB V: Ermessen der Krankenkasse

Selbst wenn man in den Fällen einer im Ausland vorgenommenen Lebendorganspende das Vorliegen eines Versorgungsdefizits unterstellte, erscheint eine Leistungsverpflichtung der Krankenkasse nach § 18 Abs. 1 SGB V fraglich. Denn die Vorschrift ist als Ermessensvorschrift ausgestaltet. Der Versicherte hat in diesen Fällen also keinen Anspruch auf die Leistung sondern nur einen Anspruch auf ermessensfehlerfreie Entscheidung durch die Krankenkasse gemäß § 39 Abs. 1 Satz 2 SGB I. Dieses Ermessen haben die Krankenkassen nach § 39 Abs. 1 Satz 1 SGB I innerhalb der gesetzlichen Grenzen auszuüben.

Hier ist der Anknüpfungspunkt für eine Argumentation, die in den meisten Fällen von im Ausland vorgenommenen Lebendorganspenden zum Tragen kommen dürfte. Motivation für eine Auslandsbehandlung ist bei der Lebendorganspende bei Vorhandensein eines potentiellen Spenders regelmäßig, dass die Übertragung eines Organs von dem konkret in Betracht kommenden Spender in Deutschland unzulässig ist, weil dieser nicht zum zugelassenen Spenderkreis

---

[471] Das BSG hatte daher bereits 1997 eine Pflicht der Krankenkasse zur Kostenübernahme nach § 18 SGB V für die im Ausland vorgenommene Transplantation einer gegen Entgelt gespendeten Niere verneint, BSG NZS 1997, S. 570-572.

gehört, und / oder die Lebendspendekommission bei ihrer Begutachtung nach § 8 Abs. 3 Satz 2 TPG vor einer in Deutschland zunächst geplanten Transplantation Anhaltspunkte dafür gefunden hat, dass der Spender für die Organspende entlohnt werden soll. Anders als bei der Übertragung eines postmortal gespendeten Organs ist in der Regel bei der Lebendorganspende der Aspekt des Verstoßes gegen in Deutschland geltendes Recht bei der Ermessensentscheidung der Krankenkasse über die Erstattungsfähigkeit von Kosten nach § 18 Abs. 1 SGB V zu berücksichtigen. Dass aber eine Krankenkasse verpflichtet sein soll, Kosten für in Deutschland unzulässige Behandlungsmethoden zu übernehmen, kann ausgeschlossen werden. Denn die Krankenkassen sind als Körperschaften des öffentlichen Rechts nach § 4 Abs. 1 SGB V Behörden im Sinne des SGB X und damit über den verfassungsmäßigen Grundsatz des Art. 20 Abs. 3 GG an in Deutschland geltendes Recht und Gesetz gebunden. Verstößt eine Auslandsbehandlung gegen dieses Recht, muss die an Recht und Gesetz auszurichtende Ermessensentscheidung der Krankenkasse negativ ausfallen. Eine Kostenübernahme für die Auslandsbehandlung kommt in solchen Fällen folglich selbst bei Annahme des Vorliegens der Voraussetzungen des § 18 Abs. 1 SGB V nicht in Betracht.

II. Leistungsumfang der Sozialversicherung nach einer Lebendorgantransplantation im Ausland

Auswirkungen kann die Frage der Vereinbarkeit der Organtransplantation mit deutschem Recht ferner auf die Übernahme von Leistungen durch die Sozialversicherungsträger von Spender und / oder Empfänger haben, die erforderlich werden, nachdem die Beteiligten nach Deutschland zurückgekehrt sind. Konkret stellt sich die Frage, ob die Sozialversicherungsträger von Spender oder Empfänger verpflichtet sind, solche Leistungen zu erbringen, die aufgrund einer in Deutschland unzulässigen Organtransplantation erforderlich werden. In Betracht kommen grundsätzlich sämtliche im Nachgang einer Lebendorgantransplantation im Inland vorzunehmenden medizinischen Behandlungsleistungen. Vorwiegend sind dies jedoch neben den Nachbetreuungsmaßnahmen insbesondere Behandlungen wegen beim Spender auftretender Komplikationen. Darüber hinaus können aber auch Ansprüche der Beteiligten auf rentenähnliche Leistungen in Betracht kommen, wie sie oben im Kapitel F dargestellt worden sind.

1) Ansprüche des Organempfängers

a) Nachbetreuungsmaßnahmen nach § 8 Abs. 3 Satz 1 TPG

§ 8 Abs. 3 Satz 1 TPG ordnet an, dass eine Organentnahme bei Lebenden nur durchgeführt werden darf, wenn sich Organspender und Organempfänger zur Teilnahme an einer ärztlich empfohlenen Nachbetreuung bereit erklärt haben. Wie oben in Kapitel A unter II. ausgeführt, sind die Leistungen für diese Nachbetreuungsmaßnahmen von der Krankenkasse des Organempfängers zu erbringen. Begeben sich die Beteiligten zur Vornahme der Lebendorgantransplantation ins Ausland, haben sie eine entsprechende Verpflichtungserklärung nicht abgegeben.

Im Hinblick auf die Leistungspflicht der Krankenkasse gegenüber dem Empfänger ist dies grundsätzlich unschädlich, da diese von der Verpflichtungserklärung unabhängig allein nach dem Vorliegen der Voraussetzungen des SGB V zu beurteilen ist. Jedoch dürfte die Teilnahme an einem nach einer in Deutschland durchgeführten Lebendorgantransplantation normalerweise stattfindenden Nachbetreuungsprogramm allein daran scheitern, dass die Organübertragung nicht in Deutschland vorgenommen wurde. Der Organempfänger wird daher schon rein tatsächlich nicht in ein entsprechendes Betreuungsprogramm aufgenommen, so dass auch keine diesbezüglichen Leistungen abgerechnet werden müssen.

Nachbetreuung kann daher für den Organempfänger nur auf dessen eigene Initiative stattfinden. Dafür sind aber die allgemeinen Voraussetzungen für eine Leistungspflicht der Krankenkasse des Empfängers nach § 11 Abs. 1 SGB V maßgeblich. Demzufolge kommt eine Leistungspflicht seiner Krankenkasse für Vorsorgeleistungen nach § 23 Nr. 3 SGB V oder, im Falle weiterhin gegebener Behandlungsbedürftigkeit des Organempfängers, für Krankenbehandlungen nach §§ 27 ff. SGB V in Betracht.

b) Behandlungsleistungen nach §§ 27 ff. SGB V

aa) Anspruch auf Behandlung nach § 27 SGB V

Der Organempfänger hat einen Anspruch gegen seine Krankenkasse auf Leistungserbringung, wenn die Voraussetzungen des § 27 Abs. 1 Satz 1 SGB V vorliegen. Erforderlich ist eine Krankenbehandlung zum Zwecke der Erkennung oder Heilung einer Krankheit oder zur Verhütung deren Verschlimmerung. Die „Nachbetreuung" von Organempfängern kann von ihrem Charakter her dazu dienen, eine Krankheit zu erkennen, Beschwerden zu lindern oder die Verschlimmerung einer Krankheit zu verhüten. Insoweit erfüllt sie mehrere der genannten Voraussetzungen.

Unabhängig von der im Ausland womöglich unter Verstoß gegen deutsches Recht durchgeführten Organübertragung kann sich der Organempfänger also jederzeit in ärztliche Behandlung begeben, auch um Beschwerden behandelt zu bekommen, die mittelbar oder unmittelbar aus der Auslandstransplantation herrühren. Sollten daher aufgrund einer nicht dem allgemein anerkannten Stand der medizinischen Erkenntnisse entsprechenden Organtransplantation im Ausland nach seiner Rückkehr nach Deutschland beim Organempfänger Komplikationen auftreten, hat dieser grundsätzlich Anspruch auf Behandlungsleistungen nach den Vorschriften der §§ 27 ff. SGB V.

bb) Ausschluss nach § 52 SGB V

Fraglich ist, ob der Anspruch des Organempfängers wegen der Vornahme einer in Deutschland gesetzeswidrigen Organübertragung ausgeschlossen ist.

§ 27 Abs. 1 SGB V selbst kann für einen solchen Ausschluss nicht herangezogen werden. Diese Vorschrift gewährt bei Vorliegen der Voraussetzungen einen unwiderruflichen Anspruch des Versicherten gegen die Krankenkasse. Aufgrund des im Krankenversicherungsrecht anzuwendenden Finalprinzips,[472] demzufolge es für die Leistungsgewährung grundsätzlich nicht auf die Ursache einer Erkrankung ankommt, verbietet sich eine Leistungsverweigerung unter Bezugnahme auf das gesetzeswidrige Verhalten des Organempfängers im Vorfeld der Krankheit, deren Behandlung benötigt wird.

Dennoch könnte die Leistungspflicht der Krankenkasse des Empfängers beschränkt sein. Eine Möglichkeit zur Leistungsbeschränkung sieht § 52 SGB V für solche Fälle vor, bei denen der Versicherte sich eine Krankheit vorsätzlich oder bei Begehung eines Verbrechens oder vorsätzlichen Vergehens zugezogen hat. Die Krankenkasse kann in diesen Fällen den Versicherten in angemessener Höhe an den Kosten beteiligen.

Maßgeblich für die Anwendung dieser Vorschrift auf die Lebendorgantransplantation ist, wie der Begriff der „Krankheit“ auszulegen ist. Stellt man auf das Grundleiden des Organempfängers ab, nämlich das ursprüngliche Organleiden, so sind die Voraussetzungen für eine Beschränkung der Leistungspflicht nicht gegeben. Das Grundleiden tritt in der Regel ohne – zumindest vorsätzliches oder willentliches – Hinzutun des Organempfängers auf.[473] Daher kommt eine Leistungsbeschränkung nach § 52 SGB V bei dieser Auslegung nicht in Betracht.

Legt man den Krankheitsbegriff des § 52 SGB V hingegen eng aus, so ist nicht auf ein dauerhaft auftretendes Grundleiden sondern auf die in jedem Einzelfall vorliegenden Krankheitsbeschwerden abzustellen. Nach der Rückkehr nach Deutschland auftretende Komplikationen wie beispielsweise Infektionen, Endzündungen oder Abstoßungsreaktionen hat sich der Empfänger nicht vorsätzlich zugezogen, so dass eine Leistungsbeschränkung aufgrund dieser Alternative des § 52 SGB V ausscheidet.

Jedoch sind diese Beschwerden unter Umständen auf ein vorsätzliches – also strafrechtlich relevantes – Vergehen des Organempfängers zurückzuführen. An dieser Stelle ist zu differenzieren: Hat der Organempfänger für das Spenderorgan Geld gezahlt, erfüllt er den Tatbestand des nach § 18 Abs. 1 TPG strafbaren

---

[472] Muckel, SozR, § 8 Rdn. 70.

[473] Natürlich kann zum Beispiel ein Leberleiden auch durch übermäßigen Alkoholkonsum des Versicherten hervorgerufen worden sein. Jedoch dient § 52 SGB V nicht dazu, die gesundheitsschädliche Lebensführung von Versicherten nachträglich zu sanktionieren. Vgl. Muckel, SozR, § 8 Rdn. 71.

Organhandels. Wurde das Organ nur unter Verstoß gegen die Spenderkreisbestimmungen des § 8 Abs. 1 Satz 2 TPG transplantiert, erfüllt das Handeln des Organempfängers keinen Straftatbestand nach § 18 TPG. Eine Leistungsbeschränkung scheidet für letzteren Fall damit ebenfalls aus.

Nur im Fall entgeltlicher Organbeschaffung kommt ein für eine Beschränkung des Leistungsanspruches nach § 52 SGB V vorauszusetzendes Vergehen des Organempfängers überhaupt in Betracht.[474] Weitere Voraussetzung des § 52 SGB V ist, dass sich der Versicherte die Krankheit „bei einem [...] vorsätzlichen Vergehen zugezogen" hat. Erforderlich ist ein kausaler Zusammenhang zwischen Tathandlung und Gesundheitsschädigung.[475] Treten Beschwerden beim Organempfänger erst einige Zeit nach der Rückkehr nach Deutschland auf, ist die Tathandlung des verbotenen Handeltreibens schwer nachzuweisen. Gelingt schon dies nicht, ist der Nachweis eines Kausalzusammenhangs erst recht nicht möglich und daher scheidet eine Beschränkung der Leistungspflicht nach § 52 SGB V auch in diesen Fällen aus. Die Krankenkasse hat insoweit die Behandlungsleistungen vollumfänglich zu erbringen. Anders verhält es sich nur, wenn der Organempfänger unmittelbar nach einer im Ausland kompliziert verlaufenen Organtransplantation zur Behandlung nach Deutschland zurückgebracht wird. Hier könnte aufgrund der zeitlichen Nähe das Vergehen des Organhandels nachweisbar sein. Der erforderliche Kausalzusammenhang ergibt sich dann bereits daraus, dass der Organempfänger im Akutzustand zur Behandlung erscheint.

Bei Vorliegen eines chronischen Grundleidens, wie es regelmäßig bei organkranken Versicherten anzunehmen ist, ist die enge Auslegung des Krankheitsbegriffes vorzugswürdig. Ursache des Verhaltens des Organempfängers ist zwar immer das Ausgangsleiden, Antrieb für das Handeln des Organempfängers einzig sein Bedürfnis, seine Gesundheit so schnell wie möglich wieder herzustellen. Die „Krankheiten", die aus seinem Handeln resultieren können, sind jedoch unterschiedlicher Natur. Die Behandlung eines nach der Organübertragung auftretenden Infektionsleidens oder einer Entzündung steht mit dem Organleiden als solchem in keinem Zusammenhang. Bei Vornahme der Organübertragung in Deutschland wären diese Beschwerden unter Umständen gar nicht aufgetreten, es hätte einer Behandlung also gar nicht bedurft. Hauptursache dieser Krankheiten ist die Organübertragung selbst, nicht hingegen das organische Grundleiden des Versicherten.

Schließlich wird durch diese Handhabung auch dem gesetzgeberischen Willen Rechnung getragen, wie er in den Strafvorschriften des TPG zum Ausdruck

---

474 König in: Schroth u. a., TPG, §§ 17, 18 Rdn. 32 lehnt freilich eine Strafbarkeit des Organempfängers wegen Organhandels unter Hinweis auf die Anlehnung der Vorschrift an den Tatbestand des § 29 Abs. 1 Satz 1 Nr. 1 BtMG gänzlich ab. Ebenso, allerdings mit abweichender Begründung: Rixen in Höfling (Hrsg.), TPG, § 17 Rdn. 23.

475 Schneider in: Schulin (Hrsg.), HdbdSozVersR, Bd. 1, § 22 Rdn. 463.

kommt. Wie gezeigt, trifft die Leistungsbeschränkung nur denjenigen Organempfänger, der sich das Organ entgeltlich beschafft. Nur dieses Verhalten des Organempfängers hat der Gesetzgeber strafrechtlich sanktioniert. Dann ist aber nicht einzusehen, warum sich ein Versicherter, der sich dieser Methoden bedient, sozusagen als „doppelten Boden" auf das deutsche Krankenversicherungsrecht verlassen können soll. Die Gefahr der Leistungsbeschränkung nach § 52 SGB V kann auf diese Weise auch eine die Strafvorschrift des § 18 Abs. 1 TPG unterstützende, präventive Wirkung haben. Denn kann sich ein Versicherter der Übernahme bestimmter Behandlungsleistungen nach der Rückkehr nach Deutschland nicht sicher sein, überdenkt er sein Handeln unter Umständen und entscheidet sich für den rechtlich zulässigen Weg.

Freilich bleibt ein Erkenntnisproblem: Sofern die Krankenkasse keine gesicherten Anhaltspunkte dafür hat, dass für die Organspende Geld geflossen ist, kann sie sich einer Inanspruchnahme nicht verweigern. Von der Leistungsbeschränkung ist allenfalls der Fall erfasst, bei dem der Organempfänger noch in einem Akutzustand nach Deutschland zurückgeführt wird.[476] In diesen Fällen sind die Umstände der kompliziert verlaufenen Organtransplantation verhältnismäßig leicht aufzuklären. Der Patient wird – schon aus Interesse an der Wiederherstellung der eigenen Gesundheit – regelmäßig eine Dokumentation des ausländischen Klinikums vorlegen. Ob sich daraus jedoch Hinweise auf ein gesetzeswidriges Vorgehen ableiten lassen, bleibt fraglich.

c) Rentenleistungen nach dem SGB VI

Tritt bei dem Organempfänger aufgrund von Komplikationen im Zusammenhang mit einer im Ausland entgegen deutschen Rechts vorgenommenen Lebendorgantransplantation eine Minderung der Erwerbsfähigkeit ein, die ihrem Ausmaß nach einen Anspruch nach § 43 SGB VI begründen würde, ist zu prüfen, ob nicht eine Versagung dieser Rentenleistungen nach den §§ 103 ff. SGB VI in Betracht kommt.

Da sich der Organempfänger die den Anspruch auf die Rentenleistung begründende gesundheitliche Beeinträchtigung keinesfalls absichtlich beigefügt hat,[477] scheidet eine Versagung nach § 103 SGB VI aus.

Allerdings kann nach § 104 Abs. 1 Satz 1 SGB VI die Rente wegen verminderter Erwerbsfähigkeit auch dann versagt werden, wenn der Berechtigte sich die erforderliche gesundheitliche Beeinträchtigung bei einer Handlung zugezogen hat, die „nach strafgerichtlichem Urteil ein Verbrechen oder vorsätzliches Ver-

---

476 Beachte insoweit König in: Schroth u. a., TPG, §§ 17, 18 Rdn. 32 und Rixen in: Höfling (Hrsg.), TPG, § 17 Rdn. 23, die beide bereits eine Strafbarkeit des Organempfängers verneinen.

477 Zum Begriff der Absicht im Sinne des § 103 SGB VI siehe bereits oben die Ausführungen in Kapitel F unter II. 2) b) zum Anspruchausschluss des Organspenders.

gehen ist". Die Hürde ist gegenüber § 52 SGB V insofern höher gelegt, als es zur Versagung des Anspruches einer Verurteilung des Betroffenen durch ein Gericht bedarf. Angesichts des geschilderten Erkenntnisproblems dürften entsprechende Fälle selten sein. Gleichwohl muss sich der Organempfänger, der sich das Organ entgeltlich beschaffen möchte, grundsätzlich des Risikos bewusst sein, welches er im Falle von Komplikationen aus versicherungsrechtlicher Sicht eingeht.

d) Sozialhilfeleistungen nach dem SGB XII

Zuletzt stellt sich die Frage, inwieweit einem Organempfänger in den geschilderten Fällen Ansprüche gegen die Träger der Sozialhilfe nach dem SGB XII erwachsen können.

Eine Beschränkung der Leistung der Krankenkasse nach § 52 SGB V bei entgeltlicher Organbeschaffung bewirkt nicht, dass die betreffenden Kosten dem Sozialhilfeträger zur Last fallen. Denn regelmäßig wurde die Leistung, für welche die Krankenkasse eine Beteiligung vom Organempfänger fordert, bereits erbracht. Zu diesem Zeitpunkt war der Organempfänger nicht sozialhilfebedürftig, so dass Leistungsansprüche gegen den Sozialhilfeträger ausscheiden. Etwaige Forderungen der Krankenkasse nach § 52 SGB V betreffen nur deren Verhältnis zu ihrem Versicherten.

Führen schwerwiegende Komplikationen dazu, dass der Organempfänger seine Erwerbsfähigkeit einbüßt und verweigert der Rentenversicherungsträger gleichzeitig Rentenleistungen aufgrund des § 104 SGB VI, fällt der Organempfänger unter Umständen in die Sozialhilfe, weil ihm mangels Erwerbsfähigkeit Ansprüche nach dem SGB II ebenfalls nicht erwachsen. Sollten dann Behandlungsleistungen erforderlich werden, die auf die komplizierte Auslandsbehandlung zurückzuführen sind, stellt sich die Frage, ob der Sozialhilfeträger hierfür in jedem Fall aufzukommen hat oder ob auch er unter Verweis auf den strafrechtlichen Verstoß die Leistung verweigern kann.

Die Leistungen des Sozialhilfeträgers bei Krankheit der Hilfebedürftigen richten sich nach § 48 SGB XII. Dieser verweist auf die §§ 27-43b SGB V, nicht jedoch auf die Vorschrift des § 52 SGB V. Einen Ausschluss der Leistungspflicht des Sozialhilfeträgers trotz Bedürftigkeit kennt das Sozialhilferecht nicht. Allenfalls kommt bei vorsätzlicher oder grob fahrlässiger Herbeiführung der Hilfebedürftigkeit ein Kostenersatzanspruch des Sozialhilfeträgers nach § 103 SGB XII gegen den Berechtigten in Betracht. Erforderlich ist, dass der Sozialhilfeempfänger die Voraussetzungen für die Leistungen der Sozialhilfe vorsätzlich oder grob fahrlässig herbeigeführt hat. Der Verantwortlichkeitsmaßstab richtet sich nach den zivilrechtlichen Definitionen.[478] Vorsätzlich, also mit Wissen und Wollen, hat der Organempfänger regelmäßig nicht gehandelt, da er keinerlei Einfluss auf den Heilungsprozess nach der Transplantation hat. Grobe Fahrlässigkeit im Hinblick auf die Herbeiführung der Hilfsbedürftigkeit ist dann anzunehmen, wenn der Betreffende einfache, ganz naheliegende Überlegungen nicht anstellt und nicht das beachtet, was jedem einleuchtet.[479] Zwar ist die Sorgfaltspflicht nach objektiven, nicht nach subjektiven Maßstäben zu beurteilen. Die psychische und physische Ausnahmesituation, in der sich ein schwer organkranker Mensch befindet, der einer Organtransplantation bedarf, kann hierbei jedoch nicht außer Acht gelassen werden. So wird jeder Mensch in einer vergleichbaren Situation bei der Entscheidung über die Vornahme einer Organtransplantation im Ausland regelmäßig mehr die Chancen denn die Risiken einer solchen Operation sehen. Grob fahrlässig handelt dann aber nur, wer offensichtliche Risiken vollkommen unbeachtet lässt. Das Risiko, nach Komplikationen bei der Organtransplantation dauerhaft erwerbsunfähig zu werden, liegt dabei keineswegs auf der Hand. Daher wird regelmäßig selbst grob fahrlässige Herbeiführung der Leistungen der Sozialhilfe ausscheiden.

Im Ergebnis bleibt der Sozialhilfeträger selbst dann zur Leistung verpflichtet, wenn der Organempfänger, der sich im Ausland gegen Entgelt ein Spenderorgan hat transplantieren lassen, nach Rückkehr nach Deutschland aufgrund von Komplikationen erwerbsunfähig wird und in der Folge mangels Leistungspflicht der gesetzlichen Rentenversicherung Sozialhilfe beantragt. Ansprüche gegen den Hilfsbedürftigen auf Kostenersatz nach § 103 Abs. 1 SGB XII kann der Träger der Sozialhilfe in diesen Fällen nicht erheben.

2) Ansprüche des Organspenders

Der Organspender, der sich zur Organentnahme ins Ausland begeben hat, hat nach seiner Rückkehr nach Deutschland ebenfalls erhebliche Auswirkungen auf seinen sozialversicherungsrechtlichen Status zu erwarten. Ist er bei der in Deutschland vorgenommenen Lebendorganspende weitgehend über die Krankenkasse des Organempfängers abgesichert, fällt dieser Schutz bei einer nicht über die Krankenkasse des Empfängers abgerechneten Organspende ersatzlos weg. Fraglich ist, ob dies durch Leistungsansprüche des Spenders gegen andere Trägere der Sozialversicherung ausgeglichen wird.

Grundsätzlich ist in Fällen, die nicht über die Krankenkasse des Organempfängers abgewickelt werden, davon auszugehen, dass die Auslandstransplantation nur deswegen gewählt wird, weil eine Transplantation in Deutschland rechtlich

---

478 Schaefer in: Fichtner/Wenzel, BSHG, § 92a Rdn. 7. An diesem, zur Vorgängervorschrift des § 103 SGB XII entwickelten Verschuldensmaßstab hat sich durch Überführung des BSHG in das SGB XII nichts geändert.

479 Heinrichs in: Palandt, BGB, § 277 Rdn. 5.

unzulässig ist.[480] Dieser Umstand kann auch auf die möglichen Leistungsansprüche des Spenders Auswirkungen haben.

a) Die Kosten der Organentnahme im Ausland

Die Organentnahme selbst hat im Ausland stattgefunden. Ein Bezug zur deutschen Sozialversicherung besteht in der Regel nicht. Da die Organübertragung in der Regel nach deutschem Recht unzulässig ist, kommen auch Erstattungsansprüche des Organempfängers nach § 18 Abs. 1 SGB V, die sich auf die Leistungen gegenüber dem Organspender erstrecken, nicht in Betracht. Die Kosten der Organentnahme werden in diesen Fällen allein vom Organempfänger getragen.

b) Leistungspflicht für nach der Rückkehr auftretende Komplikationen

Treten nach Rückkehr von der im Ausland vorgenommen Organentnahme beim Spender Komplikationen auf, greift sowohl nach der derzeitigen Gesetzeslage als auch nach den Änderungsvorschlägen in Kapitel E unter VI. grundsätzlich der Unfallversicherungsschutz nach dem SGB VII. Auch eine Organentnahme im Ausland unterliegt dem deutschen Unfallversicherungsschutz. Denn § 2 Abs. 3 Satz 3 SGB VII ordnet für Versicherte nach § 2 Abs. 1 Nr. 13 SGB VII, die im Ausland tätig werden, die Anwendbarkeit des SGB VII an. Nach dieser Regelung unterliegen aber grundsätzlich auch rechtswidrig im Ausland vorgenommene Organspenden dem Anwendungsbereich des SGB VII. Zwar kommt auch im Recht der GUV eine Versagung von Leistungen im Zusammenhang mit strafbaren Handlungen des Versicherten in Betracht. Anders als nach § 52 SGB V ist nach dem insoweit anzuwendenden § 101 Abs. 2 SGB VII allerdings erforderlich, dass der Versicherungsfall bei einer vom Versicherten begangenen Handlung eingetreten ist, die nach rechtskräftigem strafgerichtlichen Urteil ein Verbrechen oder vorsätzliches Vergehen ist. Auf eine rechtskräftige Verurteilung kommt es hingegen für eine Versagung von Leistungen nach § 52 SGB V gerade nicht an.

Als vorsätzliches Vergehen kommt in Bezug auf den Organspender der Tatbestand des verbotenen Organhandels nach § 18 Abs. 1 TPG in Betracht. Von den verschiedenen Tatbestandsalternativen des § 18 Abs. 1 TPG kann der Spender allenfalls das Handeltreiben mit einem Organ verwirklichen.[481] Denn die Alternativen der Entnahme oder Übertragung des Organs stellen nur denjenigen unter Strafe, der die Übertragung auf den Empfänger durchführt, also den behandeln-

---

480 Bereits eingangs dieses Kapitels wurden die möglichen Beweggründe der Beteiligten erläutert, eine Lebendorgantransplantation im Ausland vornehmen zu lassen.

481 Kritisch zur Strafbarkeit des Spenders: Schroth, JZ 1997, S. 1149-1154 (1151).

den Arzt,[482] nicht hingegen denjenigen, der die Übertragung seines Organs auf den Empfänger zulässt. Die Alternative des Übertragenlassens scheidet für eine Anwendung auf den Spender schon vom Wortlaut aus. Ob die für den Versicherungsfall im Sinne des § 101 Abs. 2 SGB VII ursächliche Organentnahme Tathandlung oder lediglich Vorbereitungshandlung im strafrechtlichen Sinne ist, kann dahinstehen. Ausreichend ist, dass der Versicherungsfall „bei" einem Vergehen eingetreten ist. Hierfür reicht es aus, dass die Gesundheitsschädigung kausal auf die Tathandlung zurückzuführen ist.

Nach der derzeitigen Rechtslage muss also der Organspender damit rechnen, dass bei Entdeckung des rechtswidrigen Organhandels und entsprechender strafgerichtlicher Verurteilung für etwaige Nachbehandlungen durch den zuständigen Unfallversicherungsträger Leistungen ganz oder teilweise versagt oder entzogen werden können.

Zu überdenken ist jedoch angesichts der gegenüber § 52 SGB V strengeren Anforderungen des § 101 Abs. 2 SGB VII an eine Versagung von Leistungen, ob nicht von vornherein der Versicherungsschutz schon nur in solchen Fällen gewährt werden sollte, in denen die im Ausland ausgeführte Tätigkeit mit deutschem Recht vereinbar ist.[483] Nach der derzeitigen Regelung in § 2 Abs. 3 SGB VII werden die Risiken ausländischer Transplantationszentren in das deutsche Gesundheitssystem importiert, ohne dass die Träger der GUV Einfluss auf die in diesen Zentren angewendeten Standards haben. Eine solche Belastung der deutschen Unfallversicherungsträger erscheint unbillig. Eine Beschränkung der Leistungspflicht der GUV würde zudem zur wirksamen Vorbeugung des Transplantationstourismus' beitragen.[484] Eine entsprechende Ergänzung des § 3 Abs. 3 SGB VII um einen neuen Satz 4 könnte wie folgt lauten:

§ 2 Abs. 3 Satz 4 SGB VII (neu):
„Satz 3 gilt für eine nach Abs. 1 Nr. 13 lit. b) versicherte Tätigkeit, die im Ausland ausgeübt wird, nur dann, wenn diese nicht gegen die Regelungen des Gesetzes über die Spende, Entnahme und Übertragung von Organen (Transplantationsgesetz – TPG) vom 05. November 1997 verstößt."

---

482 Siehe hierzu bereits die Begründung zum Entwurf des TPG, BT-Drs. 13/4355, S. 31; zur Systematik der Strafvorschriften des TPG: Schroth, JZ 1997, S. 1149-1154; ebenso König in Schroth u. a., TPG, §§ 17, 18, Rdn: 2.

483 Gutmann in: Schroth u. a., TPG, § 23 Rdn. 5, nimmt hingegen ohne eine Auseinandersetzung mit der Frage der Behandlung rechtswidrig im Ausland vorgenommener Organspenden bei Lebendorganspenden im Ausland ohne Beschränkung auf nach deutschem Recht zulässige Sachverhalte einen generellen Unfallversicherungsschutz für Lebendorganspender an.

484 Zur nützlichen Flankierung des Organhandelsverbots nach § 18 TPG durch auf diese abgestimmte Leistungen der GKV siehe bereits oben in diesem Kapitel unter II. 1) b) bb).

c) Nachbetreuungsmaßnahmen nach § 8 Abs. 3 Satz 1 TPG

Nach der oben in Kapitel A gefundenen Lösung sind die Nachbetreuungsmaßnahmen im Hinblick auf den Spender von der Krankenversicherung des Empfängers zu tragen. Wie soeben festgestellt, besteht jedoch aus der Sicht der Krankenversicherung des Empfängers gar kein Zusammenhang zwischen dem bei ihr versicherten Organempfänger und dem Spender, weil die Lebendorgantransplantation bei ihr gar nicht öffentlich geworden ist. Eine Abrechnung von Nachbetreuungsmaßnahmen für den Spender über die Krankenkasse des Empfängers scheidet danach in Fällen der Auslandslebendtransplantation schon deswegen aus.

d) Rentenleistungen nach dem SGB VI

Mangels absichtlicher Herbeiführung der für die Rentenleistung erforderlichen Beeinträchtigung kommt ein Ausschluss nach § 103 SGB VI regelmäßig nicht in Betracht. Entsprechend den Ausführungen zum Organempfänger in diesem Kapitel unter II. 1) c) ist die Versagung von Rentenleistungen auch beim Organspender nach § 104 Abs. 1 SGB VI nur dann zu befürchten, wenn er für die im Ausland unter Verstoß gegen das Organhandelsverbot vorgenommene Spende von einem deutschen Strafgericht verurteilt worden ist. Wegen der auch in diesem Fall bestehenden Erkenntnisprobleme ist dies allerdings nur in seltenen Fällen zu erwarten.

e) Sozialhilfeleistungen nach dem SGB XII

Leistungsansprüche des Organspenders nach dem SGB XII richten sich nach den allgemeinen Vorschriften. Ist der Spender bereits bei der Spende hilfebedürftig, hat er Ansprüche auf Leistungen zur Gesundheit nach den §§ 47 ff. SGB XII oder seine Krankenbehandlung richtet sich nach § 264 Abs. 2 Satz 1 SGB V. Die Möglichkeit der Beschränkung der Hilfe bei Krankheit durch den Träger der Sozialhilfe nach § 48 SGB XII entsprechend § 52 SGB V gibt es auch beim Spender nicht. Wie bei einem hilfebedürftigen Organempfänger kommt eine Verweigerung der Leistungen durch den Träger der Sozialhilfe nicht in Betracht. Allenfalls erwachsen diesem aufgrund der grob fahrlässigen Herbeiführung der Hilfebedürftigkeit durch den Organspender Ersatzansprüche nach § 103 Abs. 1 SGB XII.

III. Zusammenfassung der derzeitigen Rechtslage bei Lebendorgantransplantationen im Ausland

Eine Lebendorgantransplantation im Ausland unterliegt regelmäßig nicht der Erstattungsfähigkeit durch den deutschen Sozialversicherungsträger. Grund hierfür ist im Wesentlichen, dass eine Vornahme im Ausland in der Regel deswegen erfolgt, weil die Lebendspende in Deutschland unzulässig wäre oder weil das Organ Gegenstand verbotenen Handeltreibens ist. Andere Gründe für eine Vornahme im Ausland sind – sieht man einmal von dem bislang einzigartigen Fall der Vornahme einer Überkreuz-Lebendspende am Kantonsspital Basel ab, der seit 1999 bis zum heutigen Tag deutsche Behörden und Gerichte beschäftigt[485] – nicht ersichtlich.

Weder Organempfänger noch Organspender brauchen bei einer im Ausland vorgenommenen Lebendorgantransplantation nach ihrer Rückkehr den generellen Ausschluss des Sozialversicherungsschutzes zu fürchten. Die Behandlung von im Zusammenhang mit der Auslandsorgantransplantation oder Auslandslebendspende stehenden Krankheiten ist selbst bei schweren Komplikationen sichergestellt. Die Betroffenen müssen nur für den Fall, dass strafrechtlich relevantes Verhalten im Zusammenhang mit der Auslandsbehandlung öffentlich wird, mit der Geltendmachung von Erstattungsansprüchen durch die Krankenkasse oder den Träger der Sozialhilfe rechnen.

IV. Stellungnahme zur sozialversicherungsrechtlichen Situation bei Auslandstransplantationen

1) Kosten der Auslandstransplantation

Wie in der Untersuchung gezeigt, handelt es sich bei im Ausland vorgenommenen Lebendorgantransplantationen regelmäßig um in Deutschland aus verschiedenen Gründen unzulässige Behandlungen. Die Einführung eines Anspruches auf Kostenübernahme für eine Lebendorgantransplantation im Ausland über den allgemeinen Anspruch des § 18 Abs. 1 SGB V hinaus ist daher nicht angezeigt. Ein solcher Anspruch würde die Ausweitung des Transplantationstourismus begünstigen. Damit würde die Intention des Gesetzgebers, mit Einführung des TPG den Organhandel zu erschweren, ins Gegenteil verkehrt.

Ein Anspruch eines Organempfängers auf Kostenübernahme widerspräche überdies dem im Krankenversicherungsrecht verankerten Vorrang der Sachleistung vor der Kostenübernahme durch die Krankenkasse. Die medizinischen Kapazitäten zur Durchführung solcher Operationen sind in Deutschland in ausreichendem Maße vorhanden. Eine Abweichung vom Sachleistungsprinzip ist daher nicht zu rechtfertigen.

---

485 Kernfrage des Rechtsstreits ist, ob die Überkreuz-Lebendspende in Deutschland unzulässig ist, weil das nach § 8 Abs. 1 Satz 2 TPG erforderliche Näheverhältnis zwischen Spender und Empfänger fehlt. Der Fall wurde mit BSG-Urteil vom 10.12.2003 – B 9 VS 1/01 R (BSGE 92, S. 19-34) zur erneuten Verhandlung an das Landessozialgericht Nordrhein-Westfalen zurückverwiesen, um auf Tatsachenebene aufzuklären, ob zwischen den Beteiligten im Zeitpunkt der Vornahme der Organtransplantation ein Näheverhältnis im Sinne des § 8 Abs. 1 Satz 2 TPG bestand und die Übertragung damit rechtlich zulässig gewesen wäre. Von der Klärung dieser Frage hängt letztlich die Erstattungspflicht des deutschen Sozialversicherungsträgers ab.

2) Kosten von Folgebehandlungen in Deutschland

Obwohl in den meisten Fällen ein Verstoß gegen deutsches Recht vorliegt, ist die krankenversicherungsrechtliche Situation der Beteiligten unkritisch. Entsprechend besteht diesbezüglich kein gesetzgeberischer Handlungsbedarf.

a) Nachbetreuungsmaßnahmen

Aus wirtschaftlichen Erwägungen sollten die Krankenversicherungen allerdings darüber nachdenken, ob nicht bei erstmaligem Offenkundigwerden der Beteiligung an einer Auslandslebendorgantransplantation auf die Aufnahme der betreffenden Person in ein Nachbetreuungsprogramm gedrängt werden sollte. Dadurch könnte etwaigen Folgekosten wegen Komplikationen durch entsprechende Früherkennung vorgebeugt werden.

b) Komplikationen nach der Organtransplantation

Der Organempfänger genießt im Hinblick auf etwaige Komplikationen nach der Rückkehr von der Auslandstransplantation den Schutz der gesetzlichen Krankenversicherung. Dass er unter den Voraussetzungen des § 52 SGB V für die wirtschaftlichen Folgen solcher Komplikationen selbst aufkommen muss, erscheint insbesondere dann hinnehmbar, wenn man bedenkt, dass eine solche Inanspruchnahme den Nachweis eines vorsätzlichen Vergehens des Organempfängers erfordert. Ist ein solches Verhalten nachgewiesen, ist kein Grund ersichtlich, warum der Betroffene anders zu behandeln sein sollte als andere Versicherte.

Ein Organspender sollte künftig jedoch bei auftretenden Komplikationen nach einer entgegen dem Organhandelsverbot nach § 18 TPG im Ausland vorgenommenen Lebendspende nicht in den Genuss des Schutzes durch die deutsche GUV kommen. Hier gilt das unter 1) Ausgeführte entsprechend: Eine andere Handhabung förderte lediglich den Transplantationstourismus. Ein Verstoß gegen die Regeln zur Lebendorgantransplantation in Deutschland darf nicht durch eine Gleichstellung mit denjenigen belohnt werden, die sich diesen strengen deutschen Regeln unterwerfen. Zudem würden Risiken ausländischer Transplantationszentren in das deutsche Gesundheitssystem importiert, ohne dass die Träger der GUV im Gegenzug Einfluss auf die in diesen Zentren angewendeten Standards hätten. Ein entsprechender Vorschlag zur Ergänzung des § 2 Abs. 3 SGB VII findet sich oben in diesem Kapitel unter II. 2) b). Im Übrigen ist der Spender wegen der Leistungsansprüche nach §§ 27 ff. SGB V gegen seine gesetzliche Krankenversicherung hinsichtlich möglicher gesundheitlicher Folgen geschützt. Mögliche negative wirtschaftliche Folgen, die aufgrund von Berufs- oder Erwerbsunfähigkeit eintreten, muss er bis zur Schwelle der sozialhilferechtlichen Bedürftigkeit selbst tragen.

c) Rentenleistungen

Auch bezüglich der Ansprüche der Beteiligten auf Rentenleistungen nach dem SGB VI hat die Untersuchung keinen gesetzgeberischen Handlungsbedarf offenbart. Die Versagung von Rentenleistungen nach § 104 Abs. 1 Satz 1 SGB VI, weil gesundheitliche Beeinträchtigungen aus einer von einem Strafgericht als vorsätzliches Vergehen beurteilten Tat herrühren, ist auch im Hinblick auf eine Auslandsorgantransplantation rechtlich nicht zu beanstanden. Erfasst werden so die Fälle strafbaren Organhandels, wohingegen Verstöße gegen die Spenderkreisbestimmungen nicht geeignet sind, eine Versagung von Rentenleistungen nach § 104 Abs. 1 Satz 1 SGB VI zu rechtfertigen. Die hohen Hürden, welche der Gesetzgeber für die Versagung der Dauerleistung Rente aufgestellt hat, bedürfen in Bezug auf die Organtransplantation im Ausland keiner Verschärfung. Der Gesetzgeber hat keinen Anlass gesehen, einen Verstoß gegen die Spenderkreisbeschränkungen des § 8 Abs. 1 Satz 2 TPG strafrechtlich zu sanktionieren. Aus dieser nicht zu beanstandenden Grundentscheidung folgt, dass eine Leistungsbeschränkung im Rentenversicherungsrecht für solche Fälle ebenfalls nicht in Betracht kommt.

d) Leistungen der Sozialhilfe

Dass die Sozialhilfe nach dem SGB XII als soziale Grundsicherung schlussendlich in jedem Fall eingreift, ist in den hier betrachteten Konstellationen ebenfalls nicht zu kritisieren. Einem Missbrauch des Systems wird – wie allgemein im Sozialhilferecht – auch bei Fällen der vorliegenden Art über die Vorschrift des § 103 SGB XII wirksam vorgebeugt.

V. Fazit

Kritiker könnten vorbringen, eine solchermaßen generöse Anwendung der Bestimmungen des Sozialversicherungsrechts konterkariere den in den Strafvorschriften der §§ 18, 19 TPG zur Ausprägung gekommenen gesetzgeberischen Gedanken der möglichst effektiven Eindämmung des Organhandels. Wirtschaftliche Einbußen haben die Beteiligten im Sozialsystem allein im Hinblick auf die Kosten der Organtransplantation selbst zu befürchten. Letztlich werden selbst diejenigen, die durch ihr gesetzeswidriges Verhalten erst sozialhilfebedürftig werden, durch das Netz des SGB XII weitgehend aufgefangen.

Diesen Stimmen ist entgegenzuhalten, dass jede Gesetzesmaterie eigene gesetzgeberische Ziele verfolgt. Zweck des Sozialrechts ist es, den Versicherten eine möglichst umfassende und doch für die Solidargemeinschaft wirtschaftlich vertretbare soziale Sicherung zu bieten. Das SGB enthält in eng begrenztem Umfang Vorschriften, die an das strafrechtlich relevante Verhalten seiner Adressaten wirtschaftlich negative Folgen knüpfen. Insoweit wird dem Gedanken der Selbstverantwortung jedes einzelnen – zumindest beschränkt – Rechnung getragen.

Das Sozialversicherungsrecht kann schon von seiner Konzeption nicht dazu dienen, strafrechtliche Sanktionierungen wirtschaftlich zu stützen. Sozialversicherungsrecht ist in erster Linie Leistungsrecht, nicht Leistungsverweigerungsrecht. Sein Missbrauch durch Anspruchsteller, die sich dem System grundsätzlich verweigern, es aber dennoch für sich nutzen wollen, wird durch angemessene wirtschaftliche Sanktionierung verhindert, wie sie etwa § 52 SGB V oder die §§ 103 ff. SGB VI darstellen. Einer möglichen Belastung der deutschen GUV mit nicht in den Anwendungsbereich des SGB VII fallenden Risiken wird durch die vorgeschlagene Gesetzesänderung in ausreichendem Maße vorgebeugt.

Das Sozialhilferecht im Besonderen dient der Wahrung der Menschenwürde jedes Einzelnen[486] und damit letztlich auch der Wahrung des sozialen Friedens. Demzufolge muss es auch denjenigen zur Verfügung stehen, die sich aufgrund eigener Verfehlungen in eine Notsituation manövriert haben. Auch hier wird jedoch in angemessenem Umfang das System der Selbstverantwortlichkeit bemüht, wenn – wie in § 103 SGB XII geschehen – schuldhaftes Verhalten der Hilfebedürftigen zu Ersatzansprüchen der Sozialhilfeträger führen kann.

Bezogen auf den konkreten Fall der Auslandslebendorgantransplantation sind die Regelungsmechanismen des SGB – mit Ausnahme des Änderungsbedarfes im SGB VII – ausreichend. Strafrechtlich relevante Sachverhalte können auch sozialversicherungs- oder sozialhilferechtlich sanktioniert werden. Verstößt ein Versicherter ohne strafrechtliche Folgen gegen deutsches Recht, kann er nach Rückkehr aus dem Ausland auf den Schutz des Sozialsystems vertrauen.

---

[486] Allgemein zu Bedeutung und Funktion der Sozialhilfe: Muckel, SozR, § 13 Rdn. 1, 5 ff.

I Schlussbetrachtung

Die Untersuchung hat gezeigt, dass die Lebendorganspende einen Leistungskatalog umfasst, der durch die geltenden Regelungen des Sozialversicherungsrechts nicht adäquat abgedeckt wird. Im Wesentlichen werden die bisherigen gesetzlichen Regelungen zwar den Anforderungen gerecht, die die Lebendorgantransplantation an sie stellt. Jedoch erfordert die Lebendorganspende aufgrund der Einbeziehung einer weiteren Person in die Versicherungsbeziehungen vereinzelt gesetzlichen Anpassungsbedarf. Die Schaffung gesetzlicher Regelungen stößt aber häufig wegen dieser Notwendigkeit zur Berücksichtigung der Belange des Organspenders auf systematische Schwierigkeiten. Daher wurden nur punktuelle Gesetzesänderungen im Hinblick auf einzelne Leistungen vorgeschlagen.

Abschließend sollen die einzelnen Vorschläge überblickartig dargestellt werden. Dort, wo die Enquete-Kommission in ihrem Zwischenbericht Organlebendspende[487] ebenfalls Vorschläge für gesetzgeberische und organisatorische Maßnahmen unterbreitet hat, werden sie den eigenen Vorschlägen gegenübergestellt und einer kritischen Würdigung unterzogen.

I. Überblick über den gesetzlichen Änderungsbedarf

1) Zuständigkeit der GUV

In Kapitel B unter II. 3) wird zunächst vorgeschlagen, die Lebendspende als einen eigenen Tatbestand des § 128 Abs. 1 SGB VII der Zuständigkeit der Unfallkassen der Länder zu unterstellen. Diesbezüglich finden sich im Zwischenbericht der Enquete-Kommission keinerlei Ausführungen.

Die vorgeschlagene Zuordnung der Lebendorganspende ist zwar ohne Auswirkung auf den Umfang des Versicherungsschutzes des Organspenders, jedoch aus verschiedenen Gründen zur systematisch zutreffenden Einordnung der Lebendorganspende in die GUV unerlässlich:

- Die Lebendorganspende ist mit den sonstigen, der Zuständigkeit der Unfallkassen der Länder zugewiesenen Tätigkeiten mit Aufopferungscharakter vergleichbar.

- Eine versicherungsrechtliche Gleichstellung der Transplantationszentren mit Unternehmen, welche der kommerziellen Gewinnung von Blutspenden nachgehen, die zugleich eine Beitragspflicht der Transplantationszentren zur GUV begründet, berücksichtigt nicht, dass das Transplantationszentrum schon von Gesetzes wegen keinesfalls kommerzielle Ziele

[487] BT-Drs. 15/5050.

mit der Organtransplantation verfolgen darf, die über die Entlohnung der erbrachten medizinischen Behandlungsleistung hinausgehen.[488]

- Die Leistungsbeziehung zwischen Organspender und Krankenhaus ist ein zivilrechtlicher Behandlungsvertrag. Bei Fehlern des Transplantationsteams haftet der Träger gegenüber dem Spender grundsätzlich für jegliches Verschulden. § 104 Abs. 1 Satz 1 SGB VII begrenzt die Haftung des Transplantationszentrums gegenüber dem Spender auf Vorsatz. Durch die Übertragung der Trägerschaft für die Organspende auf die Unfallkassen der Länder entfällt diese Haftungsbeschränkung.

2) Verdienstausfall und Fahrtkosten des Spenders

Zur Erstattung von Verdienstausfall des Organspenders durch die Krankenkasse des Organempfängers wird in Kapitel A unter II. 3) c) dd) eine mögliche gesetzliche Neuregelung skizziert. Danach orientiert sich die von der Krankenkasse des Organempfängers zu erbringende Verdienstausfallerstattung daran, welchen Einkommensstatus der jeweilige Spender bei eigener Krankheit innehätte. Unterliegt er der Entgeltfortzahlung durch den Arbeitgeber, hat die Krankenkasse in entsprechender Höhe Leistungen zu erbringen. Handelt es sich bei dem Organspender um eine privat gegen vorübergehende Arbeitsunfähigkeit abgesicherte Person, erstattet die Krankenkasse des Empfängers in Höhe des Krankentagegeldanspruches des Spenders gegen seine private Krankenversicherung. Erhält der Organspender – etwa als Arbeitsloser – bei eigener Erkrankung Fortzahlung des Arbeitslosengeldes wird ihm in entsprechender Höhe Kompensation geleistet. Zudem ermöglicht die Neuregelung nicht versicherten Spendern die Erstattung von Verdienstausfall auf Nachweis.

Zur Fahrtkostenerstattung wird in Kapitel A unter III. eine allgemeine gesetzliche Klarstellung dahin vorgeschlagen, dass sich bei Zahlungen gegenüber Dritten der Umfang an den Regelungen zur Fahrtkostenerstattung an den Versicherten selbst orientiert.

Die Enquete-Kommission bevorzugt eine Nettoverdienstausfallerstattung und darüber hinaus die Erstattung der vom Organspender zur Weiterführung seiner eigenen Sozialversicherung zu zahlenden Versicherungsbeiträge. Im Übrigen plädiert sie für gesetzliche Regelungen, die alle Aufwendungen des Spenders abdecken sollen.[489]

Die Vorschläge der Enquete-Kommission führen zu ungerechten Ergebnissen. Zwar wird durch die nettoverdienstbezogene Erstattung eine Gleichbehandlung

---

[488] § 17 Abs. 1 Satz 2 Nr. 1 TPG gestattet lediglich die „...Annahme eines angemessenen Entgelts für die zur Erreichung des Ziels der Heilbehandlung gebotenen Maßnahmen, insbesondere für die Entnahme [...] der Organe...".

[489] Zwischenbericht Organlebendspende, BT-Drs. 15/5050, S. 76 f.

der Organspender erreicht. Jedoch entstehen dem Spender sozialversicherungsrechtliche Ausfälle dadurch, dass die Arbeitgeberbeiträge zur Sozialversicherung – und hier insbesondere der Rentenversicherung – nicht weitergezahlt werden. Die von der Enquete-Kommission gewünschte Begrenzung der Verdienstausfallerstattung kann zunächst ebensogut durch die Beschränkung der Kompensationsleistung auf die Höhe des – im Krankheitsfall des Organspenders normalerweise von seiner privaten Versicherung gewährte – Krankentagegeldes erfolgen. Zum Schutz der Krankenkassen vor extrem hohen Verdienstausfallerstattungen wird gleichwohl der Vorschlag der Enquete-Kommission bezüglich einer Kappungsgrenze für sehr hohe Einkommen aufgenommen.

Die Erstattung von einem Spender entstehenden Fahrtkosten auf Grundlage der Regelungen des § 60 Abs. 3 SGB V, die auch für einen gesetzlich Krankenversicherten gelten, sorgt dafür, dass auch bei von weit her anreisenden Spendern nur in angemessenem Rahmen Fahrtkosten erstattet werden müssen. Die Leistungspflichten der Krankenkassen bleiben insoweit auf das notwendige Maß beschränkt.

3) Nachbetreuungsmaßnahmen

Die Enquete-Kommission macht in ihrem Zwischenbericht Organlebendspende zu Nachbetreuungsmaßnahmen keine Vorschläge.

Die Untersuchung hat gezeigt, dass die Kostentragung hinsichtlich der Nachbetreuungsmaßnahmen grundsätzlich der Krankenkasse des Empfängers obliegen sollte. Gleichwohl stößt, da Nachbetreuungsmaßnahmen über einen Zeitraum von mehreren Jahren – unter Umständen noch nach dem Tod des Organempfängers – durchgeführt werden, die praktische Handhabung auf Schwierigkeiten. Die für den Organspender günstigste Handhabung ist daher die Abrechnung der Maßnahmen über seine eigene Krankenkasse. Hier sollte angesichts des regelmäßig überschaubaren Umfanges der Nachbetreuungsmaßnahmen für den Organspender eine pauschalierte Erstattung dieser Leistungen durch die Krankenkasse des Organempfängers bereits anlässlich der Organübertragung Abhilfe schaffen können.[490]

Eine ausdrückliche gesetzliche Regelung der Kostentragungspflicht der bei Vornahme der Organtransplantation für den Organempfänger zuständigen Krankenkasse ist nicht erforderlich. Vielmehr sollte die Kostenerstattung im Zusammenhang mit der Vergütung der Krankenhausleistungen durch die Krankenkassenverbände auf untergesetzlicher Ebene geregelt werden.

---

[490] Diese Lösung ist angelehnt an den Vorschlag Kirstes in: ders. (Hrsg.), Nieren-Lebendspende , S. 89-93 (92).

4) Die Behandlung von Komplikationen

Was die Leistungspflichten insbesondere der GUV bei Komplikationen der Organentnahme betrifft, so geht die Untersuchung andere Lösungswege als die Enquete-Kommission. Während letztere zur Verhinderung von Auseinandersetzungen über die Zuständigkeit zwischen GUV und GKV eine Beweislastumkehr zu Lasten der GUV vorschlägt,[491] wird vorliegend eine von Beweisfragen weitestgehend unabhängige Lösung bevorzugt. Die GUV wird für einen befristeten Zeitraum nach der Organentnahme für die Behandlungsleistungen bezüglich sämtlicher beim Spender auftretenden Erkrankungen unabhängig davon leistungspflichtig, ob es sich um Arbeitsunfälle im Sinne des § 8 Abs. 1 SGB VII handelt. Lediglich bei erkennbar nicht im Zusammenhang mit der versicherten Tätigkeit stehenden Krankheiten des Spenders wird ihr die Möglichkeit eingeräumt, sich von der generellen Leistungspflicht zu befreien. Nach Ablauf dieser Frist entfällt die Leistungspflicht der GUV bezüglich der von der GKV abgedeckten Leistungen gänzlich und besteht nur noch für die im Recht der GKV nicht vorgesehenen Dauerleistungen (Verletzten- und Hinterbliebenenrente).

Der Nachteil der Lösung der Enquete-Kommission liegt darin, dass sie bei Zuständigkeitsabgrenzungsfragen die – regelmäßig teuere und für den Spender unangenehme – Begutachtung nicht erspart sondern lediglich die Beweislast auf den in Anspruch genommenen Unfallversicherungsträger verlagert und dieser damit zunächst für ein entsprechendes Gutachten aufzukommen hat. Eine klarere Zuständigkeitsregelung kann verhindern, dass auf Basis kostenintensiver Gutachten darüber entschieden werden muss, welcher Sozialversicherungsträger für Behandlungsleistungen aufzukommen hat. Da nach der hier vertretenen Auffassung die GUV den Unfallkassen der Länder obliegt und damit steuerfinanziert ist, wird in solchen Streitigkeiten allein entschieden, ob ein beitrags- oder steuerfinanzierter Träger die Kostenlast zu tragen hat. Teure Gutachten rechtfertigt diese Frage gesamtwirtschaftlich betrachtet jedenfalls nicht. Im Übrigen entgeht der Spender der zusätzlichen Belastung, in solchen langwierigen Auseinandersetzungen als Gutachterobjekt oder als Zeuge beteiligt zu werden. Nach der hier vorgeschlagenen Regelung wird daher nur in Ausnahmefällen eine Begutachtung nötig sein.

Die Anregung der Enquete-Kommission, sicherzustellen, dass der zuerst angegangene Sozialversicherungsträger „rasch und unbürokratisch in Vorleistung geht",[492] ist zwar zu begrüßen. Richtet sich der Appell an den Gesetzgeber, ist er allerdings falsch adressiert. Dieser hat mit § 43 Abs. 1 SGB I eine Vorschrift geschaffen, die genau dies bewirken soll. In Fällen von Komplikationen bei einer Lebendorganspende hat unstreitig ein Sozialversicherungsträger zu leisten. Die Leistungsträger selbst sind aber offenbar nicht Willens, im Sinne der Versicherten so unbürokratisch, wie es nach § 43 SGB I möglich wäre, Leistungszusagen zu machen. Hier ist also nicht in erster Linie der Gesetzgeber gefordert

---

[491] Zwischenbericht Organlebendspende, BT-Drs. 15/5050, S. 77.
[492] BT-Drs. 15/5050, S. 77.

sondern die Leistungsträger sind gehalten, ihre restriktive Leistungspraxis zu hinterfragen.

5) Versicherung des infolge der Organspende erhöhten Lebensrisikos durch die GUV

Die Enquete-Kommission schlägt weiterhin vor, der GUV die Leistungspflicht für die Behandlung auch solcher Erkrankungen aufzuerlegen, die auf ein durch die Organspende erhöhtes allgemeines Lebensrisiko des Organspenders zurückzuführen sind.[493] Gemeint sind hier offenbar die Folgen der Einnierigkeit des Spenders.

Für die Absicherung solcher Risiken ist die GUV jedoch der falsche Träger. Ihre Aufgabe beschränkt sich darauf, mögliche gesundheitlich nachteilige Folgen von bestimmten Tätigkeiten abzusichern, die typischerweise mit Risiken für diejenigen verbunden sind, die sie ausüben. Da jedoch die Einnierigkeit das vom Spender bewusst in Kauf genommene notwendige Ergebnis der Organentnahme darstellt, wäre eine Einbeziehung in den Leistungsumfang der GUV systemwidrig. Sie ist eben nicht Risiko der Organspende sondern deren sichere Folge. Verliert ein Spender später seine verbliebene Niere etwa aufgrund eines Unfalles, realisiert sich nicht ein besonderes Risiko der versicherten Tätigkeit Organspende.

6) Privatrechtliche Absicherung eines erhöhten Berufsunfähigkeits- und Todesrisikos

Soll der Spender gegen erhöhte gesundheitliche Risiken abgesichert werden, kann dies, wie in Kapitel F unter IV. gezeigt, über eine private Zusatzversicherung erfolgen, für welche grundsätzlich die Krankenkasse des Organempfängers finanziell eintreten sollte. Der Gesetzgeber hat den Weg für eine Übernahme der Kosten einer solchen Absicherung des Spenders durch den Empfänger insoweit eröffnet, als er in der Begründung zum Entwurf zum TPG eine angemessene Absicherung für ein spendebedingt erhöhtes Risiko der Berufsunfähigkeit des Spenders vom Anwendungsbereich der Strafvorschriften des TPG ausdrücklich ausgenommen hat.[494] Zur Sicherstellung einer Gleichbehandlung aller Organspender sollte der Abschluss einer solchen Zusatzversicherung als Zulässigkeitsvoraussetzung der Lebendorganspende in das TPG aufgenommen werden.

7) Kompensationsleistungen für mittelbare wirtschaftliche Einbußen des Spenders

Neben den durch die Organentnahme erhöhten gesundheitlichen Risiken hat die Einnierigkeit eines Spenders unter Umständen auch mittelbare wirtschaftliche

---

[493] Zwischenbericht Organlebendspende, BT-Drs. 15/5050, S. 77.
[494] BT-Drs. 13/4355, S. 30.

Auswirkungen in Bezug auf dessen eigene Versicherungsverhältnisse, beispielsweise wegen erhöhter Versicherungsprämien für Lebens- oder private Krankenversicherungen.

Wie die Untersuchung gezeigt hat, kommt eine Leistungspflicht der Krankenkasse des Empfängers für diese Einbußen des Spenders nicht in Betracht, weil es am nötigen Zusammenhang mit der Organtransplantation fehlt. Eine direkte Kompensation der mittelbaren wirtschaftlichen Nachteile des Organspenders durch den Empfänger ist wegen der Gefahr der Ausweitung der Kommerzialisierung der Organspende nicht wünschenswert, jedoch auch nicht unzulässig und daher im Ergebnis nicht zu verhindern. Letztlich bleibt in diesen Fällen monetärer Kompensation eine rechtliche Grauzone, die den Rahmen des sozialversicherungsrechtlich Regelbaren sprengt.

8) Lebendorgantransplantationen außerhalb des Sozialversicherungsrechts

Privat krankenversicherte Organempfänger genießen gegenüber gesetzlich krankenversicherten Empfängern einen qualitativ höherwertigeren Versicherungsschutz. Das kommt unter anderem darin zum Ausdruck, dass die im Recht der GKV unzureichend geregelte Verdienstausfallerstattung für den Organspender schon jetzt großzügiger gehandhabt wird. Im Bereich der privaten Krankenversicherung besteht daher hinsichtlich der Versicherungsbedingungen der Lebendorganspende kein Handlungsbedarf.

Soweit der Organempfänger hilfebedürftig im Sinne des Sozialhilferechts ist, wurde durch die jüngsten Gesetzesnovellen eine weitgehende Angleichung an den Standard der GKV erreicht. Die Untersuchung geht in den Bereichen, in denen die Enquete-Kommission eine Leistungspflicht der Sozialhilfeträger ausschließt, von deren Eintrittspflicht aus. Eine Einschränkung der Verdienstausfallerstattung an den Organspender aufgrund der Nichteinbeziehung der Regeln zum Krankengeld in die Verweisung des § 48 Satz 1 SGB XII kommt nicht in Betracht. Diese Ausklammerung hat systematische Gründe. Der Sozialhilfeempfänger erhält schon deswegen kein Krankengeld, weil er beim Auftreten einer Krankheit keine wirtschaftlichen Einbußen erleidet. Er bekommt auch bei Krankheit weiter Sozialhilfe gezahlt. Der Organspender erleidet aber unabhängig vom sozialversicherungsrechtlichen Status immer dann Verdienstausfall, wenn er einer entlohnten Beschäftigung nachgeht. Dieser Verdienstausfall ist ebenso wie die Behandlungskosten des Spenders als Nebenleistung zur Krankenbehandlung zu qualifizieren, nicht aber als Krankengeld an den Organspender. Da der Sozialhilfeträger die Krankenbehandlung des Organempfängers in vollem Umfang zu tragen hat, ist von dieser Verpflichtung auch die Verdienstausfallerstattung an den Organspender erfasst.

Die abweichende Ansicht der Enquete-Kommission[495] mag vor dem Hintergrund leerer Kassen der Sozialhilfeträger nachvollziehbar sein. Rechtlich haltbar ist sie hingegen nicht.

9) Lebendorganspenden mit Auslandsbezug

Die Untersuchung der möglichen Konstellationen von Lebendorganspenden mit Auslandsbezug hat gezeigt, dass diese sich häufig in einer rechtlichen Grauzone abspielen. Dennoch reicht das rechtliche Instrumentarium der Sozialversicherung im Wesentlichen aus, mit derartigen Sachverhalten angemessen umzugehen.

Dabei gilt besonders zu beachten, dass das Sozialversicherungsrecht nicht Sanktionsrecht, sondern Leistungsrecht ist. Die Sanktionierung von rechtlich fragwürdigen oder strafwürdigen Verhaltensweisen ist nicht Aufgabe des Sozialversicherungsrechts. Dort, wo das System der Sozialversicherung einer unangemessenen wirtschaftlichen Ausnutzung durch solche Verhaltensweisen ausgesetzt ist, wirken in ihren Rechtsfolgen angemessene Regelungen der Übervorteilung der rechtstreuen Solidargemeinschaft entgegen. Lediglich im Unfallversicherungsrecht, wo derzeit die Auslandsorganspende unabhängig davon, ob diese unter Verstoß gegen das Organhandelsverbot nach § 18 TPG vorgenommen wird, dem Schutz der GUV unterstellt ist, besteht gesetzgeberischer Korrekturbedarf.

II. Kritische Gesamtwürdigung

Im Ergebnis bleiben hinsichtlich der sozialversicherungsrechtlichen Absicherung der Lebendorganspende trotz grundlegender Gerichtsurteile von BSG und BAG nach wie vor offene Fragen. Sie sollten vom Gesetzgeber möglichst bald aufgegriffen werden. Nachdem die Enquete-Kommission „Ethik und Recht der modernen Medizin“ in der 16. Legislaturperiode vom Bundestag nicht erneut eingesetzt worden ist, steht allerdings zu befürchten, dass in nächster Zukunft eine Gesetzesinitiative nicht zu erwarten ist.

Trotzdem die Einbeziehung weiterer Personen in das Versicherungsverhältnis insbesondere im SGB V auf gesetzessystematische Schwierigkeiten stößt, lassen sich die erforderlichen Regelungen zur Lebendorgantransplantation ohne systematische Brüche integrieren. Diese punktuellen gesetzlichen Anpassungen sind notwendig, um den Beteiligten an einer Lebendorgantransplantation gerade bezüglich der wirtschaftlich bedeutenden versicherungsrechtlichen Fragen Rechtssicherheit zu verschaffen.

Sicher kann bei den derzeit in den Sozialversicherungssystemen bestehenden Sparzwängen keine umfassende Absicherung gesundheitlicher Risiken oder gar

---

[495] Zwischenbericht Organlebendspende, BT-Drs. 15/5050, S. 60 f.

aller mittelbarer wirtschaftlicher Einbußen gewährleistet werden. Dies dürften ohnehin die wenigsten Organspender erwarten. Wer sich freiwillig für einen für sein eigenes Leben derart weitreichenden Akt der Menschlichkeit entscheidet, sollte allerdings zumindest Klarheit über seine sozialversicherungsrechtliche Absicherung haben. Dies zu verwirklichen soll die vorliegende Arbeit einen Beitrag leisten.

Literaturverzeichnis

Bassenge, Peter, u. a.: Palandt Bürgerliches Gesetzbuch, 64. Auflage, München 2005

Bucher, Eugen: Rechtliche Probleme im Zusammenhang der Transplantatbeschaffung in: Largiadèr, Felix (Hrsg.), Organtransplantation, Stuttgart 1966

Deutsch, Erwin: Das Transplantationsgesetz vom 5.11.1997, NJW 1998, S. 777-782

Deutsche Stiftung Organtransplantation (Hrsg.): Organspende und Transplantation in Deutschland, Neu-Isenburg 2003

Edelmann, Hervé: Ausgewählte Probleme bei der Organspende unter Lebenden, VersR 1999, S. 1065-1069

Eichenhofer, Eberhard: Sozialrecht 5. Auflage, Tübingen 2004

Erlenkämper, Arnold / Fichte, Wolfgang: Sozialrecht, 5. Auflage, Köln 2003

Fateh-Moghadam, Bijan / Schroth, Ulrich / Gross, Christiane / Gutmann, Thomas: Die Praxis der Lebendspendekommissionen – Eine empirische Untersuchung zur Implementierung prozeduraler Modelle der Absicherung von Autonomiebedingungen im Transplantationswesen (Teil 1: Freiwilligkeit), MedR 2004, S. 19-34

Fateh-Moghadam, Bijan / Schroth, Ulrich / Gross, Christiane / Gutmann, Thomas: Die Praxis der Lebendspendekommissionen – Eine empirische Untersuchung zur Implementierung prozeduraler Modelle der Absicherung von Autonomiebedingungen im Transplantationswesen (Teil 2: Spender-Empfänger-Beziehung, Organhandel, Verfahren), MedR 2004, S. 82-90

Feyerabend, Erika / Fittkau, Ludger: Eine kleine Niere auf dem Markt – Organhandel in der deutschen Transplantationsmedizin, Kurzfassung eines Beitrages der Autoren zur Sendung „Hintergrund Politik" des Deutschlandfunks am 29.05.2002, nachzulesen unter: http://www.dradio.de/homepage/schwerpunkt-gesundheit-020529.html,

Fichtner, Otto (Hrsg.): Bundessozialhilfegesetz mit Asylbewerberleistungsgesetz und Grundsicherungsrente, 2. Auflage, München 2003

Görlitzer, Klaus-Peter: Geld für Nieren, die tageszeitung v. 14.03.2003

Grossmann, Ruprecht / Schimanski, Werner: Gemeinschaftskommentar zum Sozialgesetzbuch IX: Rehabilitation und Teilhabe behinderter Menschen, Neuwied, Kriftel 2002, (Stand: 21. Erg.-Lieferung, Juli 2005)

Gutmann, Thomas: Für ein neues Transplantationsgesetz – Eine Bestandsaufnahme des Novellierungsbedarfs im Recht der Transplantationsmedizin Berlin, Heidelberg 2006

Gutmann, Thomas: Lebendspende von Organen – nur unter Verwandten?, ZRP 1994, S. 111-114

Gutmann, Thomas: Probleme einer gesetzlichen Regelung der Lebendspende von Organen, MedR 1997, S. 147-155

Gutmann, Thomas: Stellungnahme zum Fragenkatalog zur öffentlichen Anhörung „Organlebendspende" der Enquete-Kommission „Ethik und Recht in der modernen Medizin" am 1. März 2004, Kom.-Drs. 15/135

Gutmann, Thomas / Schroth, Ulrich: Recht, Ethik und die Lebendspende von Organen – der gegenwärtige Problemstand, ZfTxMed 3/2000, S. 174-183

Heemann, Uwe / Demmer, Beate: Versicherungsschutz für die Lebendorganspende, herausgegeben von der Deutsche Transplantationsgesellschaft, Essen 2003, http://www.d-t-g-online.de/aktuelles/versicherungsschutz /img/vortrag_demmer.pdf (28.06.2006)

Heger, Martin: Erwiderung auf Schroth, Die strafrechtlichen Tatbestände des Transplantationsgesetzes (JZ 1997, S. 1149-1154), JZ 1998 S. 506

Hermes, Georg: Das Grundrecht zum Schutz von Leben und Gesundheit, Freiburg 1987

Höfling, Wolfram: Schriftliche Stellungnahme zum Fragenkatalog zur Öffentlichen Anhörung „Organlebendspende" der Enquete-Kommission „Ethik und Recht in der modernen Medizin" am 1. März 2004, Kom.-Drs. 15/143

Höfling, Wolfram (Hrsg.): Kommentar zum Transplantationsgesetz (TPG), Berlin 2003

Jarass, Hans / Pieroth, Bodo: Grundgesetz für die Bundesrepublik Deutschland Kommentar, 7. Auflage, München 2004

Joussen, Jacob: Die Rente wegen voller und teilweiser Erwerbsminderung nach neuem Recht, NZS 2002, S. 294-298

Kater, Horst / Leube, Konrad: Gesetzliche Unfallversicherung SGB VII Kommentar, München 1997

Kirste, Günter (Hrsg.): Nieren-Lebendspende, Rechtsfragen und Versicherungs-Regelungen für Mediziner, Lengerich 2000

Kirste, Günter: Stellungnahme von Versicherungsgesellschaften zum Thema Lebendspende in: Kirste, Günter (Hrsg.), Nieren-Lebendspende, Rechtsfragen und Versicherungs-Regelungen für Mediziner, Lengerich 2000

Kraushaar, Hans Georg: Versicherungsrechtliche Aspekte und Absicherung der Lebend-Organspende in: Kirste, Günter (Hrsg.), Nieren-Lebendspende, Rechtsfragen und Versicherungs-Regelungen für Mediziner, Lengerich 2000

Kreikebohm, Ralf (Hrsg.): Sozialgesetzbuch, Gesetzliche Rentenversicherung – SGB VI – Kommentar, München 1997

Kruse, Jürgen / Hänlein, Andreas: Gesetzliche Krankenversicherung, Lehr- und Praxiskommentar (LPK-SGB V), 2. Auflage, Baden Baden 2003

Largiadèr, Felix: Organtransplantation, Stuttgart 1966

Leube, Konrad: Unfallversicherung bei Organspenden: Unternehmen – Zuständiger Unfallversicherungsträger, Anmerkung und Ergänzung zu dem Artikel von Wolber in „Die Sozialversicherung" Heft 6/1998 Seite 147-150, SozVers 1998, S. 232-234

Link, Peter / Flachmeyer, Stefanie: Ersatz des Verdienstausfalls von Organspendern, AuA 2002, S. 509-511

Lührs, Wolfgang: Überlegungen zur einheitlichen Kodifizierung des Transplantationswesens, ZRP 1992, S. 302-305

Matthies, Silvia: Sozialfall nach Organspende – Krankenkassen verweigern OP-Kosten, Beitrag in der Sendung „report München" des Bayerischen Rundfunks vom 24.01.2005, nachzulesen unter: http://www.br-online.de/daserste/report/archiv/2005/00214/ (28.06.2006)

Münder, Johannes / Armborst, Christian und andere: Sozialgesetzbuch XII Sozialhilfe, Lehr- und Praxiskommentar, 7. Auflage, Baden Baden 2005

Murauer, Michael: Organtransplantation, Recht und Öffentlichkeit, München 1982

Neumann, Dirk / Pahlen, Ronald / Majerski-Pahlen, Monika: Sozialgesetzbuch IX – Rehabilitation und Teilhabe behinderter Menschen – Kommentar, 11. Auflage, München 2005

Nickel, Lars Christoph / Schmidt-Preisigke, Angelika / Sengler, Helmut: Transplantationsgesetz Kommentar, Stuttgart, Berlin u. Köln 2001

Rebmann, Kurt (Hrsg.) / Säcke, Franz Jürgen (Red.): Münchener Kommentar zum Bürgerlichen Gesetzbuch, Band 1 Allgemeiner Teil §§ 1-240, AGB-Gesetz, 4. Auflage, München 2001

Rebmann, Kurt / Krüger, Wolfgang: Münchener Kommentar zum Bürgerlichen Gesetzbuch, Band 2a Schuldrecht Allgemeiner Teil §§ 241-432, 4. Auflage, München 2003

Sauer, Jürgen: Sozialhilfe und Lebendorganspende, NDV 2000, S. 97-101

Schmitt, Jochem: SGB VII Gesetzliche Unfallversicherung Kommentar, 2. Auflage, München 2004

Schreiber, Hans-Ludwig / Wolfslast, Gabriele: Ein Entwurf für ein Transplantationsgesetz, MedR 1992, S. 189-195

Schreiber, Markus: Die gesetzliche Regelung der Lebendspende von Organen in der Bundesrepublik Deutschland, Frankfurt am Main 2004

Schroth, Ulrich: Die strafrechtlichen Tatbestände des Transplantationsgesetzes, JZ 1997, S. 1149-1154

Schroth, Ulrich / König, Peter / Gutmann, Thomas / Oduncu, Fuat: Transplantationsgesetz Kommentar, München 2005

Schulin, Bertram: Handbuch des Sozialversicherungsrechts, Band 1, Krankenversicherungsrecht, München 1994

Schulin, Bertram / Igl, Gerhard. Sozialrecht, 6. Auflage, Düsseldorf 1999

Schwabe, Jürgen: Der Schutz des Menschen vor sich selbst, JZ 1998, S. 66-75

Seidenath, Bernhard: Lebendspende von Organen – Zur Auslegung des § 8 Abs. 1 Satz 2 TPG, MedR 1998, S. 253-256

Sengler, Helmut: Stellungnahme zu rechtlichen Aspekten der Lebendspende aus der Sicht des Bundesgesundheitsministeriums in: Kirste, Günter (Hrsg.), Nieren-Lebendspende, Rechtsfragen und Versicherungs-Regelungen für Mediziner, Lengerich 2000; S. 116-121

Sprenger-Klasen, Irmtraud: Versorgungsmedizinische Aspekte der Lebendorganspende, MedSach 100 (2004), S. 17-22

Stiftung Lebendspende e. V.: Ablauf einer Lebendspende, Internetseite der Stiftung Lebendspende e. V., http://www.stiftung-lebendspende.de/ablauf1.html (28.06.2006)

Thivessen, Rolf: Lohnfortzahlungsanspruch bei Organspenden, ZTR 1989, S. 267-268

Tröndle, Herbert / Fischer, Thomas: Strafgesetzbuch und Nebengesetze, 52. Auflage, München 2004

Ugowski, Patrick J.: Rechtsfragen der Lebendspende von menschlichen Organen, Münster/Westf. 1998

von Mangoldt, Hermann / Klein, Friedrich / Starck, Christian: Das Bonner Grundgesetz, Kommentar, Band 1 Präambel, Art. 1-19, 4. Auflage, München 1999

Weber, Joachim / Lejeune, Stefanie: Rechtliche Probleme des rheinland-pfälzischen Transplantationsgesetzes, NJW 1994, S. 2392-2397

Wissenschaftlicher Rat der Dudenredaktion (Hrsg.): Duden – Das große Wörterbuch der deutschen Sprache – Band 5 (Impu-Leim), 3. Auflage, Mannheim Leipzig Wien Zürich 1999

Wolber, Kurt: Unfallversicherungsschutz bei Organspenden nach dem Transplantationsgesetz, SozVers 1998, S. 147-150

Wolber, Kurt: Erwiderung zu den Anmerkungen von Dr. Leube, SozVers 1998, S. 235

Wolber, Kurt: Anmerkung zu BSG Urteil vom 15.04.1997 – 1 RK 25/95, SGb 1998, S. 484- 485

Zillgens, Barbara: Die strafrechtlichen Grenzen der Lebendorganspende, Frankfurt am Main 2004

Frankfurter Schriften zur Gesundheitspolitik und zum Gesundheitsrecht

Schriftenreihe des Instituts für Europäische Gesundheitspolitik und Sozialrecht an der Johann Wolfgang Goethe-Universität Frankfurt

Herausgegeben von Ingwer Ebsen und Roland Eisen

Band 1 Dominik Roters: Die gebotene Kontrolldichte bei der gerichtlichen Prüfung der Richtlinien des Bundesausschusses der Ärzte und Krankenkassen. 2003.

Band 2 Carsten Wendtland: Die Forschung mit menschlichen embryonalen Stammzellen als Gegenstand der Rechtsetzung. 2005.

Band 3 Johannes Pantel / Gisela Bockenheimer-Lucius / Ingwer Ebsen / Ruth Müller / Peter Hustedt / Alexander Diehm: Psychopharmakaversorgung im Altenpflegeheim. Eine interdisziplinäre Studie unter Berücksichtigung medizinischer, ethischer und juristischer Aspekte. 2006.

Band 4 Christel Köhler-Hohmann: Die Teilnahme der Ärzte- bzw. der Heilkunde-GmbH an der vertragsärztlichen Versorgung. 2007.

Band 5 Laura Sormani-Bastian: Vergaberecht und Sozialrecht. Unter besonderer Berücksichtigung des Leistungserbringungsrechts im SGB V (Gesetzliche Krankenversicherung). 2007.

Band 6 Marcus Assion: Versicherungsrechtliche Fragen der Lebendspende von Organen. 2007.

www.peterlang.de

Peter Lang · Internationaler Verlag der Wissenschaften

Markus Schreiber

Die gesetzliche Regelung der Lebendspende von Organen in der Bundesrepublik Deutschland

Frankfurt am Main, Berlin, Bern, Bruxelles, New York, Oxford, Wien, 2004.
310 S., 1 Tab.
Recht und Medizin. Herausgegeben von Erwin Deutsch, Adolf Laufs und Hans-Ludwig Schreiber. Bd. 65
ISBN 978-3-631-52037-6 · br. € 51.50*

Am 1. Dezember 1997 trat das Transplantationsgesetz in Kraft. Damit besteht erstmals eine gesetzliche Regelung der Organentnahme zu Transplantationszwecken auf Bundesebene. Das Gesetz regelt auch die Organspende durch lebende Spender. Die Arbeit untersucht diese Regelung im Hinblick auf ihre Verfassungsmäßigkeit und ihre Sachgerechtigkeit. Auslegungsfragen werden geklärt. Angesprochen werden die organisatorischen Vorschriften und die Strafvorschriften mit Bezug zur Lebendspende sowie die versicherungsrechtliche Absicherung des Spenders und die Kostentragung bei der Lebendspende. Behandelt werden die gesetzlich nicht ausdrücklich geregelte Überkreuz-Lebendspende und die anonyme Organspende. Über die Regelungen in anderen europäischen Ländern wird ein kurzer Überblick gegeben.

Aus dem Inhalt: Gesetzgebungsgeschichte · Die gesetzliche Regelung der Lebendspende in § 8 TPG · Organisatorische Vorschriften mit Bezug zur Lebendspende · Kostentragung bei der Lebendspende · Versicherungsrechtliche Absicherung des Spenders · Strafrechtliche Vorschriften · Regelung in anderen europäischen Ländern

Frankfurt am Main · Berlin · Bern · Bruxelles · New York · Oxford · Wien
Auslieferung: Verlag Peter Lang AG
Moosstr. 1, CH-2542 Pieterlen
Telefax 00 41 (0) 32 / 376 17 27

*inklusive der in Deutschland gültigen Mehrwertsteuer
Preisänderungen vorbehalten

Homepage http://www.peterlang.de